Hans Otto Eglau

Edzard Reuter

Hans Otto Eglau

Edzard Reuter

ECON Verlag
Düsseldorf · Wien · New York · Moskau

Bildquellenverzeichnis:
Foto 1–7, 9 und 10: Nachlaßverwaltung Ernst Reuter, Landesarchiv Berlin; Foto 8: Privatbesitz Leyla Kudret Erkönen; Foto 11, 15, 19 und 20: dpa; Foto 12: Privatbesitz Lulu Schlage; Foto 13, 14: Archiv Daimler-Benz, Stuttgart; Foto 15 und 19: Bilderdienst Süddeutscher Verlag, München; Foto 16: Keystone-Pressedienst GmbH, Hamburg; Foto 17 und 18: Karikaturen R. Henn Grafik, Hennweiler; Foto 21: Privatfoto Günter Scharein; Foto 22: Pressefoto Kraufmann & Kraufmann, Stuttgart; Foto 23: Horst Rudel, Stuttgart; Foto 24: Joachim E. Röttgers, Stuttgart.

CIP-Titelaufnahme der Deutschen Bibliothek
Eglau, Hans Otto:
Edzard Reuter / Hans Otto Eglau. 2. Aufl. – Düsseldorf; Wien; New York; Moskau: ECON Verl., 1992
ISBN 3-430-12329-1

2. Auflage 1992

Lektorat: Dr. Monika Siedentopf
Gesetzt aus der Garamond, Linotype
Satz: ICS Communikations-Service GmbH, Bergisch Gladbach
Papier: Papierfabrik Schleipen GmbH, Bad Dürkheim
Druck und Bindearbeiten: Bercker Graphischer Betrieb GmbH, Kevelaer
Printed in Germany
ISBN 3-430-12329-1

Inhalt

Vorwort

Über einen Zeitgenossen ein Buch zu schreiben ist eine nicht ganz ungefährliche Sache. Man weiß ja nie, was noch kommt. Was, wenn dem in den hellsten Farben gemalten Bild eines vermeintlichen Helden die Zeit nachträglich dunklere Töne hinzufügt, wenn gar aus einer hehren Lichtgestalt ein arger Finsterling wird? Dem steht ein verbreitetes, legitimes Interesse entgegen, über das Leben und Wirken bestimmter Menschen schon zu einem Zeitpunkt mehr zu erfahren, da diese noch aktiv und damit im Blickfeld der Öffentlichkeit sind. Auf literarischen Nachruhm können in unserer schnellebigen Zeit ohnehin nur wenige hoffen.

Die wenigen Männer der Wirtschaft, die noch nachfolgende Generationen in ihren Bann zogen, gehörten jenem Typus von kraftvollen Unternehmerfiguren an, der bei uns längst ausgestorben ist – Männer wie Hugo Stinnes, Emil und Walther Rathenau, Carl Duisberg oder Robert Bosch. Die Faszination, die von ihnen ausging, beruhte nicht allein auf ihrem wirtschaftlichen Erfolg – dies hätte sie noch nicht zu herausragenden Persönlichkeiten ihrer Zeit gemacht. Daß sie weit über die Industrie hinaus bekannt, ja oft genug Mittelpunkt starker Emotionen und Anfeindungen wurden, beruhte darauf, daß von ihnen direkt oder indirekt, gewollt oder ungewollt, gesellschaftliche, vor allem politische Wirkungen ausgingen. An die Stelle der barocken Gründerpatriarchen und teilweise unumschränkt herrschenden Generaldirektoren sind in der Großwirtschaft inzwischen technokratisch geprägte Manager getreten. »Gezähmt« durch Mitbestimmung, gesetzliche Beschränkungen wie Kartellverbote und Fusionskontrolle, durch die »vierte Gewalt«, die Macht der Presse, und durch demokratischere Unternehmenskulturen mit ihrer Betonung von Teamarbeit, bieten die lautlosen Lenker nur noch selten den Stoff, aus dem farbige Biographien sind.

Aber es gibt Ausnahmen, wenngleich anderer Art. Dieses Buch beschäftigt sich mit einem der profiliertesten deutschen Industriemanager, vielleicht mit der auffälligsten Erscheinung in den Chefetagen unserer Wirtschaft überhaupt. Gleichwohl ist es keine Manager-Biographie im üblichen Sinne, keine Success-Story zwischen Leinendeckeln. Vielmehr schildert es einzelne Lebensabschnitte und berufliche Schlüsselerlebnisse eines Mannes, dessen Weg von den Ereignissen unserer jüngsten Geschichte, der Verfolgung politisch Andersdenkender durch die Nazis, entscheidend bestimmt wurde. Die Jugend und die Kindheit Edzard Reuters, das ist gleichzeitig das Schicksal seiner Eltern, des Sozialdemokraten Ernst Reuter und seiner Frau Hanna. Zweimal steckten Hitlers Schergen den späteren Regierenden Bürgermeister von Berlin ins KZ, bevor die Familie 1935 ins türkische Exil entkommen konnte.

Mit Edzard Reuter trat 1987 ein Manager an die Spitze des heute größten Industriekonzerns der Republik, der durch die Verhältnisse in Deutschland bis an die Schwelle zum Erwachsenenalter zu den Verfemten, zu den Verstoßenen gehörte. Der junge Mann, der da 1946 in das zerstörte Berlin zurückkehrte und als Fremder im eigenen Land seinen Platz suchte, hätte vermutlich in vielen Berufen reüssiert, hätte als Sohn eines prominenten Vaters sicherlich attraktive Positionen im Einflußbereich der Politik erringen können. Seine Bestätigung suchte er jedoch gerade da, wo die Vorbehalte gegenüber der SPD am größten waren, in der Wirtschaft. Und er konzentrierte seinen beruflichen Ehrgeiz auf eine Region und ein

Unternehmen, in denen diese Reserve ganz besonders ausgeprägt war. Die Übernahme der Kanzlerschaft durch Willy Brandt im Herbst 1969 empfanden der eine oder andere in der Führung von Daimler-Benz fast als einen Staatsstreich, zumindest jedoch als eklatanten Verrat durch die FDP und ihren damaligen Vorsitzenden Walter Scheel, der den Regierungswechsel nach 20jähriger CDU-Herrschaft ermöglicht hatte.

Edzard Reuter hat nie versucht, den »Makel«, der ihn in seiner Karriere zeitweise behinderte, zu tilgen. Obwohl ihn mit der Partei, der er noch im Jahr seiner Rückkehr aus Ankara als 18jähriger beigetreten war, inhaltlich immer weniger verband, hätte er, der Sohn Ernst Reuters, sich einen Austritt wohl nie verziehen. Er war aber auch nicht bereit, dem Ruf der sozialliberalen Regierung an die Spitze des VW-Konzerns zu folgen – für den gerade ein Jahr dem Vorstand angehörenden Planungschef ein ungewöhnlich reizvolles Angebot. So wie er wegen seiner Couleur nicht bestraft werden wollte, so widerstrebte es ihm, nur ihretwegen einen der begehrtesten Posten der deutschen Industrie zu übernehmen.

Die enge Bindung an das Unternehmen trotz mancher Enttäuschungen stand für Edzard Reuter nie im Widerspruch zu der starken inneren Unabhängigkeit, die er sich bis heute bewahrte. Für ihn, der mit Politik groß geworden war, gab es nie einen Zweifel, daß sich auch ein Wirtschaftsmanager zu Themen von allgemeinem Interesse zu Wort melden dürfte, ja sollte. Den Anspruch, auch unbequeme Wahrheiten öffentlich auszusprechen, schloß für ihn sogar das Recht zur »Nestbeschmutzung« ein. Mit seiner umstrittenen St. Gallener Rede, in der er 1980 die deutschen Unternehmer mit ihrem Bekenntnis zur »sozialen Marktwirtschaft« der Heuchelei zieh, avancierte er zur gefeierten Leitfigur eines intellektuellen Managers modernen Typs.

In den »einschlägigen Kreisen der Bundesrepublik Deutschland«, so meinte er seinerzeit, würde es nach wie vor »ungewöhnlichen Mannesmutes« bedürfen, Spitzenpositionen der Unternehmensführung jemandem anzuvertrauen, der nicht der richtigen Partei angehört. An sich selbst sollte er sieben Jahre später erfahren, daß sich in dieser Hinsicht einiges verändert hatte. Als Edzard Reuter bei Daimler-Benz 1987 die Führung übernahm, war seine SPD-Mitgliedschaft kein wirkliches Thema mehr. Aufsehen erregte allenfalls, daß der Aufsichtsratsvorsitzende Alfred Herrhausen, der die Ernennung durchgesetzt hatte, den von seinem Vorgänger (auch im Amt des Vorstandssprechers der Deutschen Bank) eingesetzten Konzernchef dazu vorzeitig in Pension schicken mußte.

Nicht einmal sechs Monate nach seiner Wahl feierte der Spätberufene seinen 60. Geburtstag – im Leben eines Managers normalerweise Anlaß, sich innerlich auf den näherrückenden Ruhestand einzustellen. Nicht so Reuter. Er lud sich für die letzte Etappe seiner Karriere das schwerste Gepäck auf, das sich denken läßt. Der auf sein Betreiben hin gewagte Versuch, den schwäbischen Automobilhersteller zu einem breit diversifizierten Technologiekonzern mit weltweiter Akzeptanz umzurüsten, stellt in der jüngeren Industriegeschichte wohl alle Anstrengungen deutscher Großunternehmen in den Schatten, eine höhere Qualitätsstufe zu erreichen. Ob der von Reuter eingeschlagene Weg der richtige ist, scheint vielen – auch bei Daimler-Benz selbst – noch immer zweifelhaft. Die nach wie vor nicht sanierte AEG ist eine schwere Bürde, die Neuordnung der nach der MBB-Übernahme unter dem Daimler-Dach vereinigten deutschen Luft- und Raumfahrtindustrie mit ihrem hohen Rüstungsanteil im Zeitalter der Ost-West-Entspannung eine auf mittlere Sicht kaum zu lösende Aufgabe.

Dieses Buch stützt sich vor allem auf Edzard Reuters eigene Erinnerungen. Insbesondere die Beschreibung seines Elternhauses, seiner ersten Kindheitseindrücke, der Exiljahre in Ankara und seiner Erlebnisse im Berlin der Nachkriegszeit wären ohne seine Schilderung der Ereignisse kaum möglich gewesen.

Für die vielen langen Gespräche, die wir im Laufe der letzten beiden Jahre führten, bin ich außerordentlich dankbar. Auch allen Mitarbeitern der Daimler-Benz AG, die mir mit Informationen und Unterlagen behilflich waren, dem Landesarchiv Berlin, das den persönlichen Nachlaß von Ernst und Hanna Reuter aufbewahrt, Reuters betagter Lehrerin und seinen Jugendfreunden in der Türkei sowie all den vielen sonstigen Weggefährten aus Wirtschaft, Politik und Kunst, die mir ihr Wissen zur Verfügung stellten, sei auf diesem Wege herzlicher Dank gesagt.

Düsseldorf, im Sommer 1991 — Hans Otto Eglau

1. Zwei Welten finden zueinander

Ein »Roter« im Reich von Flick, Abs und Quandt

Am Montag, dem 2. Juni 1986, morgens um sieben Uhr, startete vom Flughafen Stuttgart-Echterdingen eine zweistrahlige Privatmaschine vom Typ »Falcon 10« der Daimler-Benz AG. An Bord: Finanzvorstand Edzard Reuter und seine Ehefrau Helga. Ziel der Reise: Ankara. Pünktlich um 11.20 Uhr Ortszeit landete der neunsitzige Silbervogel auf dem Flughafen der türkischen Hauptstadt. In der Ankunftshalle erwartete bereits ein Fahrer der Daimler-Landesgesellschaft »Otomarsan« die Gäste. Die knapp einstündige Autofahrt durch die eintönig-bräunliche Landschaft Anatoliens mit ihren ärmlichen Bauernhütten und die strukturlosen Außenbezirke Ankaras endete vor dem Gebäude der Fakultät für Politische Wissenschaften der Universität. Hier hatten sich an diesem Tag türkische und deutsche Wissenschaftler versammelt, um Ernst Reuter, Edzard Reuters Vater, der hier als Emigrant gelehrt hatte, zu ehren.

Fast genau fünfzig Jahre war es her, seit der von den Nazis aus dem Amt gejagte Magdeburger SPD-Oberbürgermeister nach zweimaliger Haft im KZ Lichtenburg durch Vermittlung englischer Quäkerfreunde in der Türkei Zuflucht gefunden hatte. Als Sachbearbeiter für allgemeine Tariffragen im Wirtschaftsministerium (ab 1939 im neu errichteten Verkehrsministerium) hatte der einstige Berliner Verkehrsstadtrat die Aufgabe übernommen, ein modernes Tarifsystem für Eisenbahn und Küstenschiffahrt aufzubauen. 1938 hatte er darüber hinaus das Angebot erhalten, als Professor an der (mittlerweile in die Universität Ankara integrierten) Verwaltungshochschule Vorlesungen über Gemeindeverwaltung, Stadtplanung und Kommunalfinanzen zu halten. Bis zu seiner Rückkehr nach Deutschland ging praktisch der gesamte für höhere Positionen ausgebildete Verwaltungsnachwuchs durch seine Schule. Am Rande der Gedächtnisfeier führte der Dekan der Fakultät seinen Gast in das einstige Arbeitszimmer Ernst Reuters und in die Vorlesungssäle, die der Sohn als Kind nie betreten hatte.

Für den 58jährigen Daimler-Manager bedeutete das Reuter-Memorial die Konfrontation mit einem Abschnitt seines Lebens, der für ihn nicht nur zeitlich unendlich weit entrückt schien und der doch seine ganze persönliche Entwicklung so entscheidend geprägt hatte. Als da vor seinen Augen Professor Fehmi Yavuz, Ernst Reuters treuer Mitarbeiter und späterer Nachfolger, das besondere Einfühlungsvermögen seines Lehrers in die Kultur und Sprache des Gastlandes rühmte (sein in Türkisch verfaßtes Lehrbuch über Kommunalpolitik wurde eine Art Standardwerk), tauchten plötzlich wohlvertraute Bilder wieder vor ihm auf: die gemeinsamen Picknickausflüge, die befreundete Emigrantenfamilien an den Wochenenden in die Umgebung Ankaras unternahmen, ihr kleines Haus außerhalb des Stadtkerns in Bahçeli evler (zu deutsch: »Häuser mit Gärten«), sein allmorgendlich zur Hochschule radelnder Vater – mit der obligaten, auf Türken etwas fremd wirkenden Baskenmütze auf dem Kopf, die später fast zu einem Markenzeichen des »Regierenden« von Berlin werden sollte.

Doch neben dem »türkischen« Reuter, der in Briefen an seine Mutter und seinen als Pfarrer in Bethel wirkenden Bruder Karl die herbe Schönheit der Landschaft und die liebenswürdigen Eigenschaften der Menschen pries, gab es den Ausgestoßenen, den zu lähmender politischer Untätigkeit verurteilten Sozialdemokraten, an dessen ungeduldiges Warten auf die ersehnte Rückkehr an diesem Vormittag der 86jährige Nestor der deutschen Finanzwissenschaft, Fritz Neumark, erinnerte. Als junger Professor an der Universität Frankfurt hatte er aus rassischen Gründen 1933 seine Heimat verlassen müssen und durch Vermittlung der von der Schweiz aus wirkenden »Notgemeinschaft Deutscher Wissenschaftler im Ausland« einen Ruf nach Istanbul angenommen. Die Familien Reuter und Neumark verband ein enges freundschaftliches Verhältnis. In den in Ankara meist unerträglich heißen Sommerferien fuhr Edzard regelmäßig zu den Neumarks an den Bosporus; dafür durfte deren Sohn Matthias im Herbst einige Wochen bei den Reuters verbringen.

Am Nachmittag jenes 2. Juni 1986, als er im Deutschen Kulturinstitut in der Atatürk Bulvari zu Beginn des zweiten Teils der Gedenkveranstaltung über »Mein Vater und meine Kindheit« sprach, konnte Edzard Reuter auch eine Zuhörerin begrüßen, die sein Leben sicherlich mehr als jeder andere außerhalb seines Elternhauses beeinflußt hat: die zu diesem Zeitpunkt bereits 90jährige Leyla Kudret Erkönen, seine einstige Lehrerin in Ankara. Die Frage, in welche Schule sie ihre Kinder schicken sollten, stellte die meisten Emigranten vor schwer lösbare Probleme. Ein rein türkischer Unterricht schied in aller Regel aus, nicht allein wegen der fehlenden Kenntnis der Landessprache. Insgeheim glaubten doch fast alle von ihnen, in absehbarer Zeit wieder in ihre Heimat zurückkehren zu können. Wozu dann eine rein türkische Schulausbildung? Die einzige Alternative, die deutsche Botschaftsschule in Ankara, war für die meisten politisch und rassisch Verfolgten erst recht tabu. Wenn Ernst Reuter die ab 1939 von Exreichskanzler Franz von Papen geleitete Botschaft überhaupt einmal betrat, dann einzig zu dem Zweck, in der Konsularabteilung wieder einmal seinen Paß verlängern zu lassen.

Für seine beiden Kinder aus erster Ehe hatte er das Schulproblem bereits vor seinem Weggang aus Deutschland auf andere Weise gelöst. Seine 1920 geborene Tochter Hella blieb zunächst bei ihrer Mutter, Lotte Reuter, geborene Scholz, in Berlin und kam erst nach ihrem Abitur nach Ankara nach. Sein ein Jahr jüngerer Sohn Gerd (später Harry genannt) erhielt an der Leys School in der englischen Stadt Cambridge einen der beiden für Emigrantenkinder reservierten Freiplätze. Edzards Halbbruder besuchte die Familie während der gesamten Emigrationszeit nur ein einziges Mal, wurde später Mathematikprofessor am Imperial College in London und lebt heute mit britischem Paß als Pensionär wieder in Cambridge.

Was sollte aber mit dem siebenjährigen Edzard geschehen, der zusammen mit seiner Mutter Anfang August 1935 in Istanbul aus dem Orientexpreß kletterte und von seinem bereits am 4. Juni in der Türkei eingetroffenen Vater abgeholt wurde? Als Abc-Schütze in Magdeburg und anschließend in Hannover, wo die Familie vor dem Abschied von Deutschland bei Hanna Reuters Mutter vorübergehend Unterschlupf gefunden hatte, war er gerade ein Jahr zur Schule gegangen. Schon bei seinen ersten Kontakten mit deutschen Emigranten in Ankara und Istanbul war Ernst Reuter die Privatlehrerin Kudret Erkönen als besonders fähige und bereits vielfach erprobte Pädagogin empfohlen worden.

Die gebürtige Augsburgerin – ihr Vater hatte einst in leitender Stellung bei MAN gearbeitet – war, davon hatte sich Ernst Reuter schnell überzeugen können, in der Tat eine ungewöhnliche Frau. Nachdem sie 1912 am Realgymnasium ihrer Geburtsstadt (»als erstes Mädchen«, wie sie mit unüberhörbarem Stolz betont) ihr Abitur bestanden hatte, studierte sie zunächst in München Mathematik und Physik, danach Germanistik und schließlich an der Pariser Sorbonne auch noch Französisch. Mit ihrem türkischen Ehemann, einem in Deutschland ausgebildeten Maschinenbauingenieur, der im

Auftrag Kemal Atatürks in seiner Heimat die westeuropäischen Maße und Gewichte einführen sollte, zog die inzwischen fest bestallte Studienrätin Ende der zwanziger Jahre zunächst nach Istanbul und später nach Ankara. Um in ihrem Beruf zu bleiben, begann sie, in ihrer Wohnung Emigrantenkinder zu unterrichten. Als ihr im Herbst 1935 Ernst Reuter seinen »Edzi« brachte, wie sein Jüngster zu Hause und auf der Straße genannt wurde, legte er ihr besonders ans Herz, nicht allein Wissen zu vermitteln. »Er soll das lernen, was ein Kind in der Schule lernen muß, aber vor allem auch, ein Mensch zu sein«, hat die inmitten riesiger, schmuckloser Wohnsilos in einem winzigen Häuschen im Zentrum von Ankara lebende Lehrerin die Worte ihres damaligen Besuchers in Erinnerung behalten.

»Die Ku«, wie sie von ihren Schülern genannt wurde, unterrichtete Gruppen von drei bis fünf Kindern, und zwar streng nach dem Lehrplan deutscher Gymnasien in sämtlichen Fächern bis zum Wissensstand des Abiturs. Dabei mußten ihre Schüler zum Teil unter schwierigen Bedingungen büffeln. Aus Mangel an neueren Lehrbüchern waren sie immer stärker darauf angewiesen, den Unterrichtsstoff in ausführlichen Mitschriften festzuhalten. Überdies fehlten in Chemie und Physik die für kompliziertere Experimente nötigen Geräte. Ein Mikroskop älterer Bauart, das sie sich irgendwo beschafft hatte, ermöglichte es der leidenschaftlichen Botanikerin immerhin, in Biologie bestimmte Versuche durchzuführen. Nachdem sie einmal – nach ihrer festen Überzeugung durch eine Denunziation aus der deutschen Botschaft – mitten aus dem Unterricht als angebliche Spionin verhaftet worden war, hielt sie anschließend ihre Stunden vorsichtshalber reihum in den Wohnungen ihrer Schüler ab.

Über die schulischen Fortschritte seines Edzi konnte Ernst Reuter seinem Bruder Karl in einem Brief Ende 1940 nur das Beste berichten: »Er lernt erstaunlich gut, spricht Türkisch, Englisch und Französisch ganz fließend ohne jede Schwierigkeit, und nur meine einstweilen noch unbestreitbare Überlegenheit dadurch, daß ich Griechisch kann, erhält mein Prestige aufrecht.« Ebenso großen Wert wie auf Fremdsprachen legte die vielseitige Studienrätin auf eine intensive Pflege der klassischen deutschen Literatur. Gemessen an der Zahl der Gedichte, Balladen und Dramen, die sie mit den ihr anvertrauten Emigrantenkindern durchnahm, dürfte sich das Lehrplanpensum deutscher Gymnasien heute einigermaßen bescheiden ausnehmen. Nach dem Kriege übernahm Frau Kudret Erkönen, die zweimal mit dem Bundesverdienstkreuz ausgezeichnet wurde (zuletzt durch Bundespräsident von Weizsäcker zu ihrem 90. Geburtstag 1985), die Leitung der deutschen Botschaftsschule.

Die Begegnung mit seiner betagten Lehrerin konnte Edzard Reuter nicht darüber hinwegtäuschen, daß ihn mit dem Land, in dem er fast seine gesamte Kindheit verbracht hatte, außer Erinnerungen nicht mehr allzuviel verband. Die meisten Deutschen, die in Istanbul und Ankara eine vorübergehende Heimat gefunden hatten, waren sofort nach dem Zusammenbruch des Naziregimes zurückgekehrt oder hatten sich entschieden, Europa den Rücken zu kehren und in Amerika ein neues Leben zu beginnen. Unter ihnen war auch Edzard Reuters engster Schulfreund Karl Ernst Zimmer (genannt »Kez«), Sohn eines im türkischen Amt für Bodenforschung untergekommenen Geologen. Die beiden waren auf ihren Rädern der Schrecken der Ankaraer Verkehrspolizisten. Zimmer ist heute Professor für Linguistik an der University of California in Berkeley. Doch auch den einen oder anderen seiner türkischen Freunde, wie seinen Tennispartner Bekir Arpag, dessen Vater Gesandter in Wien und bis 1939 Botschafter in Berlin gewesen war, zog es über den Atlantik. Als Edzi mit seinen Eltern am 4. November 1946 in Istanbul das Schiff in Richtung Marseille bestieg, war ihm klar, daß er ein Stück seines Lebens zurücklassen würde, dessen Spuren sich kaum noch einmal wiederfinden lassen würden.

Trotz vieler guter Erinnerungen an die für einen Jungen seines Alters weitgehend noch unbeschwerten Emigrationsjahre hat Edzard Reuter kaum ein intensiveres inneres Verhältnis zur Türkei gewonnen. Immerhin sollte es 35 Jahre dauern, bis er – bereits acht Jahre im Vorstand von Daimler-Benz – zum erstenmal wieder nach Ankara kam. Doch war das Besuchsprogramm eher das eines ausländischen Staatsgastes als das eines sentimentalen Wiederentdeckers seiner eigenen Vergangenheit: Cocktailempfänge, ein Essen beim deutschen Botschafter, ein Round-table-Gespräch beim Präsidenten des Bundes Türkischer Unternehmer und ein Besuch beim Wirtschaftsminister und Vizepremier Turgut Özal, dem heutigen Staatspräsidenten. Was war alles geschehen zwischen jenem Spätherbsttag 1946, als er, der Sohn eines politisch verfolgten Emigranten, die Stadt in eine ungewisse Zukunft verlassen hatte, und jenem Besuch 1981, als er als allseits hofierter Finanzchef des weltweit bekanntesten deutschen Industriekonzerns von Termin zu Termin hastete! Hier schloß sich ein Kreis, und Edzard Reuter war sich dessen nur allzu bewußt. In einer Besprechungspause ließ er sich, so als wolle er alles noch einmal im Zeitraffer nacherleben, in die Gegend chauffieren, in der er einst jeden Baum, jedes Haus gekannt hatte. Mit einiger Wehmut mußte er jedoch feststellen, daß vieles, was in seiner Erinnerung diese Zeit ausgemacht hatte, nur noch in seiner Vorstellung existierte. Zwar fand er noch den auf einem Hügel gelegenen Wasserturm, in dessen unmittelbarer Nähe die Reuters zunächst gewohnt hatten. Auch das Schwimmbad, das Stadion und seinen einst heißgeliebten Fallschirmturm, von dem türkische Soldaten Absprünge aus großer Höhe simulierten, entdeckte er noch an vertrauter Stelle. Doch nach Bahçeli evler, »seinem« Stück Ankara, suchte er vergeblich; die einst weit außerhalb gelegene Gartensiedlung hatte die überbordende Millionenstadt mit ihrer monotonen Einheitsarchitektur längst geschluckt.

Als Kemal Atatürk, der Vater der modernen Türkei, 1923 Ankara zum Regierungssitz bestimmte, war die im ostanatolischen Hochland gelegene Stadt ein ziemlich heruntergekommenes Provinznest mit gerade 30 000 Einwohnern. Den deutschen Städteplaner Hermann Jansen beauftragte der Präsident, eine moderne Verwaltungsmetropole für 250 000 Menschen zu errichten – ein Vorhaben, das viele damals für völlig überdimensioniert hielten. Heute zählt die Stadt mehr als zehnmal so viele Einwohner. Als nach der Machtübernahme Hitlers viele rassisch oder politisch diskriminierte Künstler, Wissenschaftler und Politiker Deutschland verlassen mußten, wies Atatürk seinen Botschafter in Berlin an, Ausschau nach geeigneten und an einer Tätigkeit in seinem Land interessierten Leuten zu halten. Als besonders fruchtbar sollte sich der Kontakt zu dem von den braunen Kultureiferern verfemten Komponisten Paul Hindemith erweisen. Obwohl er nicht ständig in Ankara arbeitete, war er maßgeblich am Aufbau der dortigen Musikschule beteiligt und holte zudem eine Reihe bedeutender Künstler nach. Einer von ihnen war Ernst Praetorius, bis 1933 Generalmusikdirektor in Weimar, der mit einer Jüdin verheiratet und deshalb bei den Nazis in Ungnade gefallen war. Ebenfalls auf Empfehlung Hindemiths kam der Pianist und spätere Musikpädagoge Eduard Zuckmayer, der ältere Bruder Carl Zuckmayers, nach Ankara. An der Atatürk-Lehrerakademie bildete er bis nach dem Krieg einen großen Teil der türkischen Musikerzieher aus. Den größten Beitrag zur Entwicklung des kulturellen Lebens im Lande leistete jedoch zweifellos der Schauspieler, Regisseur und Intendant Carl Ebert, bis 1933 Leiter der Städtischen Oper in Berlin. Mit seiner Lehrtätigkeit und zahlreichen Inszenierungen gilt er bei vielen als der Begründer der modernen türkischen Oper.

Auch in anderen Disziplinen machten sich deutsche Emigranten einen Namen. Rudolf Nissen, Ferdinand Sauerbruchs Lieblingsschüler und zeitweilig engster Mitarbeiter, verhalf der chirurgischen Abteilung der Universitätsklinik Istanbul zu hohem Ansehen. An der Juristischen Fakultät wirkte der aus rassischen Gründen in Frankfurt relegierte Rechtsgelehrte Ernst Hirsch, der nach seiner Rückkehr auf Betreiben Ernst Reuters an die Freie Universität berufen wurde und in dessen Vorlesungen über Handelsrecht auch Sohn Edzard saß. Bei den Nationalökonomen bildeten zusammen mit Fritz Neumark die nach dem Krieg als »Chefideologen« der marktwirtschaftlichen Ordnungstheorie bekannt gewordenen Wilhelm Röpke und Alexander Rüstow das – wie es Neumark nannte – »Knochengerüst der reformierten Wirtschaftswissenschaft«.

Viele dieser Männer, die mit dem offiziellen Deutschland gebrochen hatten, gingen bei den Reuters ein und aus. Wenn der Altphilologe Alfred Rohde (auch er wurde später an die FU berufen und war zeitweise deren Rektor) zu Gast war, las man die griechischen Klassiker im Urtext. Der Sonntagnachmittag war häufig einem zünftigen Skat vorbehalten. Urdeutschem Wandertrieb folgend, pilgerten die befreundeten Familien an schönen Sommerwochenenden an entlegene Bade- und Picknickplätze oder spürten bei ausgedehnten Busfahrten ins Innere Anatoliens den steinernen Relikten der Antike nach.

Freunde haben den Lebenszuschnitt der Reuters als durchaus »großbürgerlich« beschrieben. Mit monatlich 800 Lira verdiente der in der türkischen Regierungshierarchie hoch eingestufte Tarifexperte wesentlich mehr als etwa Lehrer (40 bis 100 Lira), Richter (80 bis 200 Lira) und sogar Parlamentarier (300 Lira). Man beschäftigte ein Hausmädchen und hatte aus Deutschland Möbel, Bilder und einen Teil des Hausrats bis hin zum Weihnachtsschmuck mitnehmen dürfen. »Meine Mutter«, erinnert sich Edzard Reuter, »hat diesen Schmuck wie ihren Augapfel gehütet; unsere Weihnachten waren so richtig bürgerlich deutsch, mit Weihnachtsbaum, Vor-der-Tür-Warten, Bescherung, Singen und Laubsägearbeiten.« Einen betont christlichen Charakter hatte das Fest nicht. Statt von Religiosität war die Stimmung vielmehr von »Wärme, Familienzusammensein« (Reuter) getragen.

Was die normalen Freizeitfreuden eines Heranwachsenden betrifft, so mußte der schon seiner blonden Haare wegen auf den ersten Blick als Ausländer, als »Yabanci«, zu erkennende Emigrantensohn kaum etwas missen. Ausgiebig spielte er in einem in unmittelbarer Nähe des Reuterschen Hauses gelegenen Club Tennis, fuhr im Winter mit türkischen Freunden zum Skilaufen und durfte sogar Reitunterricht nehmen. In den Ferien verbrachte er nicht nur einige Wochen bei den Neumarks in Istanbul, sondern machte mit seinen Eltern auch eine Dampferfahrt die Schwarzmeerküste entlang und eine Kurzreise nach Athen. Gelegentlich nahm ihn sein Vater zu Pferderennen mit und ließ sich dabei auch mal das Geld für kleinere Wetteinsätze entlocken.

Ansonsten erschien der Junge Freunden der Familie eher als etwas verzogenes Mutterkind. Hanna Reuter, so will Edzards Lehrerin Kudret Erkönen beobachtet haben, habe ihre ganze Liebe auf den Jüngsten, ihr einziges leibliches Kind, konzentriert. »Meine Mutter«, räumt der Daimler-Chef selber ein, »hat mich sehr intensiv betreut, wobei sie ständig in Sorge lebte, daß mir etwas passieren könnte. Mein Vater in seiner trockenen, humorigen Art hat dabei sicherlich das eine oder andere relativieren helfen.«

Wie alle anderen deutschen Emigranten, so hatten auch die Reuters voller Ungeduld dem Kriegsende und damit dem Tag ihrer Rückkehr entgegengehofft. Je näher die Kapitulation heranrückte, desto gereizter bedrängte Ernst Reuter die amerikanische Botschaft, für ihn und seine Familie eine Einreiseerlaubnis zu erwirken. Doch lange Zeit rührte sich nichts. Voller Bitterkeit mußte er, nachdem seit dem Zusammenbruch des Naziregimes schon Monate vergangen waren, feststellen, daß Washington offenbar wenig Neigung verspürte, die politischen Emigranten wieder in ihre Heimat zurückzulassen. Er brachte dies mit den Diskussionen in der US-Regierung über die Pläne politischer Kreise um den Finanzminister Henry Morgenthau, das besiegte Deutschland in einen entmilitarisierten Agrarstaat zu verwandeln, in Verbindung. An seine englische Quäker-Freundin Elizabeth Howard, die im Herbst 1934 über einen einflußreichen Mittelsmann bei Himmler seine Befreiung aus dem KZ Lichtenburg erwirkt hatte, schrieb er am 7. Februar 1946: »Es bedrückt mich bei allem auch die Lage meines Jungen hier, der nun durch diese ganze sinnlose Trödelei seine beste Zeit mit Warten verbringen muß. Hier kann er nicht anfangen zu studieren; die türkische Staatsangehörigkeit, die wir hätten haben können, haben wir uns ferngehalten, aber nach Hause können wir nicht, und die Versuche, ihn wenigstens vorübergehend nach Cambridge zu bringen, scheinen auch nicht sehr aussichtsreich.«

Edzards strenge Lehrerin hatte es schon im Frühjahr geschafft, ihren Zögling auf die Abiturprüfung vorzubereiten, die man als Externer an der privaten deutschen Oberschule in Istanbul ablegen konnte. Als jedoch im Februar 1945 die Türkei unter alliiertem Druck in den Krieg gegen Deutschland eintrat, wurde die Schule geschlossen. Ohne Hoffnung auf eine baldige Rückkehr in die Heimat beschloß der 18jährige, zu seinem Bruder nach Cambridge zu gehen, um dort Physik und Mathematik zu studieren. Dazu verlangten die überfüllten englischen Universitäten von Ausländern, sich einer schwierigen Scholarship-Prüfung, in Reuters Fall mit den Schwerpunkten Naturwissenschaften und Fremdsprachen, zu unterziehen. Doch noch während Edzard unter Anleitung eines Privatlehrers in Ankara Algebra, Geometrie, Infinitesimalrechnung und Mechanik paukte, kam im September 1946 plötzlich die erlösende Nachricht, daß die Familie Einreisepapiere für die Rückkehr nach Deutschland erhalten werde. Die Erlaubnis ging vor allem auf eine Intervention der neuen britischen Labour-Regierung unter Clement Attlee zurück, die gleichzeitig einer

Gruppe in London lebender Sozialdemokraten um den späteren Parteivorsitzenden Erich Ollenhauer grünes Licht für einen politischen Neubeginn in ihrer Besatzungszone gab.

Am 3. November 1946 stiegen Ernst, Hanna und Edzard Reuter in den Nachtzug nach Istanbul. Hella sollte vorerst in Ankara bleiben. Am anderen Tag verließen sie an Bord des Passagierschiffes »Ege« das Land, das für sie mehr als eine Zuflucht geworden war. »Das hat ordentlich Tränen gegeben«, erinnert sich Reuter, »mir war sehr bewußt, daß ich aus all dem herausgerissen wurde, was mein Leben war, daß meine Jugend irgendwie zu Ende war. Ich habe lange Zeit eine innere Sperre gehabt, in die Türkei zurückzukommen.«

Wer konnte ahnen, daß er diesem Land eines fernen Tages im Auftrag eines Unternehmens wiederbegegnen würde, das während der Jahre der Emigration mit seiner Nähe zum braunen Ungeist und seiner exponierten kriegswirtschaftlichen Stellung für das aggressive Deutschland stand? Wer hätte sich ausmalen können, daß er, der Sohn des »roten Reuter«, 1964 für ein Unternehmen erstmals wieder in die Türkei (allerdings noch nicht nach Ankara) kommen würde, das unter dem beherrschenden Einfluß von Flick, Abs und Quandt als das vielleicht »kapitalistischste« der Nachkriegszeit gelten durfte? Damals sondierte er zusammen mit zwei Kollegen über eine Woche lang in Istanbul die Voraussetzungen für den Aufbau einer Omnibus-Produktion am Bosporus. Nicht mit einem einzigen Wort gab Reuter dabei gegenüber seinen ahnungslosen Verhandlungspartnern zu erkennen, daß er in der Türkei groß geworden war und die Landessprache immer noch recht gut beherrschte. Auf der Fahrt zu einem Besprechungstermin passierte es jedoch, daß die Mercedes-Manager an der weltberühmten Hagia Sophia vorbeikamen. Als Elfjähriger hatte er einst beim Verlassen der Kirche zusammen mit seiner Mutter und seiner Schwester die Nachricht vom Ausbruch des Zweiten Weltkrieges erfahren, die sich wie ein Lauffeuer durch die ganze Stadt verbreitete. Als jetzt der byzantinische Kuppelbau vor ihm auftauchte, ertappte er sich dabei, wie er, hingerissen von dem grandiosen Anblick, aufgeregt und in bestem Türkisch bat, für eine kurze Besichtigung zu halten. Die Vergangenheit hatte Edzard Reuter eingeholt.

2. Fremder im eigenen Land

Rückschläge und Enttäuschungen – ein Sohn sucht seinen Weg

Was wäre wohl aus Edzard Reuter geworden, wenn sein Vater nicht in die Politik zurückgekehrt, sondern Stahltreuhänder an der Ruhr geworden wäre? Eine müßige Frage, vielleicht. Aber genau mit dieser beruflichen Alternative vor Augen blickte Ernst Reuter nach elfjähriger Emigration seiner weiteren Zukunft entgegen. Es gab für ihn sogar gute Gründe, ernsthaft darüber nachzudenken, die ihm von der Berliner SPD im neugebildeten Magistrat zugedachte Position eines Stadtrats für Verkehr und Versorgungsbetriebe auszuschlagen. Insgeheim hatte er gehofft, die Partei würde ihm anstelle seines alten Ressorts aus den zwanziger Jahren den Posten des Oberbürgermeisters anbieten. Dieses Amt war jedoch bereits einem anderen versprochen worden. Es hätte ihn durchaus gereizt, in einer sozialisierten Montanindustrie, wie sie der Labour-Regierung, aber auch den deutschen Gewerkschaften, der SPD und dem linken CDU-Flügel vorschwebte, die Funktion eines Treuhänders zu übernehmen. In Düsseldorf mußte er jedoch feststellen, daß die Pläne der Engländer bei weitem noch nicht so ausgereift waren, wie er geglaubt hatte. Nach einem klärenden Gespräch mit Kurt Schumacher ging er, so Willy Brandt und Richard Löwenthal in ihrer Reuter-Biographie, mit »recht gedämpftem Optimismus« an seine Arbeit in Berlin. Er konnte nicht ahnen, daß der neue Oberbürgermeister Otto Ostrowski schon im April 1947 durch ein von der SPD beantragtes Mißtrauensvotum zum Rücktritt gezwungen werden würde. Am 24. Juni 1947 wählten die Berliner Stadtverordneten Ernst Reuter gegen die Stimmen der SED zu seinem Nachfolger.

Wie für seine Eltern, so war auch für Edzard die plötzliche Konfrontation mit der zerstörten Heimat ein unerhörter Schock gewesen. Seinem Freund Matthias Neumark beschrieb er das Bild, das sich ihm am Morgen des 26. November 1946 bot, als der von Paris kommende »Nordexpreß« in Aachen einlief: »Noch ist es dunkel, doch man sieht schon: Wo einst Aachen-Hauptbahnhof war, steht jetzt nur noch ein zerfetztes Eisengerippe. Die ersten deutschen Menschen sehen müde und hungrig aus, obwohl es Eisenbahner sind, die also noch ihr Einkommen usw. haben. Ein paar Stunden später, in der Dämmerung, Köln. Überall sieht man halbe Häuser, durch leere Fenster sieht man den grauen Himmel und nirgends Leben. Es wird hell, wir sind in Osnabrück. Vorher in Münster sehen haß- und neiderfüllte Gesichter in den Speisewagen, wo die Menschen friedensmäßig essen und Bohnenkaffee trinken.«

Am Ende der Odyssee, in Hannover, dann die bestürzende Gewißheit: Auch Hanna Reuters Elternhaus steht nicht mehr. »Meine Mutter«, so berichtet Edzard Reuter seinem Freund, »macht sich also auf den Weg zur Odeonstraße, zum Parteivorstand. Später erzählt sie, es war der schwerste Gang ihres Lebens. Zuerst findet sie den Weg nicht, denn man erkennt ja nichts wieder. Später fahren auch mein Vater und ich mit dem geschickten Wagen dorthin: Mitten in Schutt und Asche stehen noch die Trümmer des Hinterhauses des alten Gewerkschaftshauses. Eine Etage hat man erst ausgebaut: Darin lebt und arbeitet der Parteivorstand der größten Partei Deutschlands. Es ist schon gegen Abend, wir werden also bei einer Genossin alle drei untergebracht, es soll ja nur für ein paar Tage sein. Am nächsten Tag geht mein Vater gleich zu Schumacher, der am nächsten Tag nach England abreist, wir sehen uns etwas die Stadt an. Man kann es sich, lieber Piffi, von draußen einfach gar nicht vorstellen. Stadtviertel um Stadtviertel sind in Ruinen gelegt.«

Wenig später kommt die Familie nach achtstündiger Bahnfahrt in einem Dritte-Klasse-Abteil bei klirrender Kälte in Berlin an. Gute Freunde bringen die drei in Tempelhof in zwei »schaurig dunklen und verfaulten Zimmern« unter, wie Edzard einer Freundin in Ankara berichtet. Da die Wohnung obendrein nur einen kaputten Kachelofen hat, ziehen sie schon bald in das wenigstens geheizte alte Studentenheim der Technischen Hochschule an der Hardenbergstraße um. Doch der nunmehr fast 19jährige fühlt sich wie hineingeworfen in die völlig zerstörte Stadt, empfindet sich wie ein Fremder im eigenen Land. Haben andere seines Alters Straßenkumpel und Klassenkameraden, so ist er allein, kennt niemanden, erlebt das für ihn Neue ohne seine Geschwister. Von den Grauen des Krieges, den Bombenangriffen, dem Einmarsch der russischen Truppen, den Vergewaltigungen von Frauen weiß er nur vom Hörensagen; einigermaßen hilflos steht er dem Überlebensgesetz jener Zeit gegenüber, das »Organisieren«, Hamstern und Schwarzmarkthandel heißt. Nicht, daß die Not der Berliner ihn nicht berührte, »aber ich hatte einfach nicht das richtige Gespür für das individuelle Leid. Rein emotionsmäßig konnte ich es nicht nachvollziehen«, beschrieb er Jahre später in einem Interview seine Schwierigkeiten, mit dem abrupten Wechsel von einer »friedlichen Oase« (wie Ernst Reuter in einem Brief an seinen Bruder Karl das anatolische Exil nannte) ins chaotische Nachkriegsdeutschland innerlich fertig zu werden.

Wenig verbindet ihn auch mit jenen jungen Kriegsheimkehrern, mit denen er im Frühjahr an der Steglitzer Paulsenschule einen halbjährigen Sonderkursus zur Erlangung des Abiturs beginnt. Viele der jungen Männer, mit denen er in einem ungeheizten Raum mit zerborstenen Fensterscheiben die Schulbank drückt, wurden als Primaner an die Front beordert, die Mädchen meist zur Arbeit in Rüstungsbetrieben dienstverpflichtet. Einige seiner aus allen Teilen der Stadt kommenden Mitschüler sind bereits weit über Zwanzig, der eine oder andere verlobt oder sogar schon verheiratet. So unterschiedlich ihr persönliches Schicksal auch ist, so sehr fühlen sie sich durch das Erlebte und Erlittene in einer bestimmten Weise miteinander verbunden – ein Gefühl, das der aus der Emigration Heimgekehrte nicht teilen kann, angesichts dessen er sich als Außenseiter sieht.

Das Fehlen wirklicher Freunde hindert ihn indes nicht daran, sich in Berlin schnell heimisch zu fühlen. Er geht ins Theater, besucht ein Konzert der Philharmoniker mit ihrem jungen rumänischen Dirigenten Sergiu Celibidache – »eine Offenbarung«, wie er in einem Brief in die Türkei schwärmt –, läßt sich von der politischen Aufbruchstimmung, die er aus der Nähe zu führenden sozialdemokratischen Politikern unmittelbar erlebt, mitreißen. Nach Ankara berichtet er: »Ich möchte schon sehr gern hier in Berlin bleiben, weil es hier politisch ungeheuer interessant ist und ich mich sicher auch irgendwie betätigen könnte. Aber erst einmal will ich studieren, was in dem weltfremden Göttingen sehr viel leichter ist als im Trubel von Berlin. Politiker kann ich hinterher immer noch werden, falls ich mich dann dazu entscheide. Im Moment stehe ich noch zwischen zwei Feuern, und ich weiß nicht, ob ich das eine oder das andere wählen werde.« Und seinen Freund Matthias Neumark beschwört er am 11. Januar 1947: »Ich rate Euch, kommt, so schnell Ihr könnt. Besonders Du, gehe nicht nach Amerika. Glaube mir, das Gefühl, unter Menschen zu sein, die Deine eigene Sprache sprechen und die Du verstehst, wirst Du drüben niemals haben können. Du hast hier, das muß man erkennen, auch die viel größeren Möglichkeiten, denn Du bist unverbraucht und Deiner ganzen Erziehung nach dazu geschaffen, hier zu helfen, zu helfen, aus diesem Stück Erde wenigstens wieder ein lebensfähiges Land und ein geachtetes Glied der Völkerfamilie Europas zu machen. Wir stehen hier nicht auf verlorenem Posten, und ich bin überzeugt, daß endlich einmal Friede auf Erden werden wird. Die Menschheit muß und wird einsehen, daß sie durch einen neuen Krieg sich selber für immer auslöschen würde. Also noch einmal: Zögert nicht, kommt. Wir brauchen Euch hier alle.«

Statt im »weltfremden« Göttingen sein Mathematik- und Physikstudium zu beginnen, entschließt sich der 19jährige letztlich für das unruhige Berlin. Doch obwohl er seine Reifeprüfung mit Auszeichnung bestanden hat, verweigert ihm die im Ostsektor gelegene Humboldt-Universität die Zulassung. Grund: In einem Aufsatz, den er als Bestandteil der Aufnahmeprüfung schreiben mußte (Reuter: »Da ging es irgendwie um Formen und Inhalte von Demokratie«), hatte er sich ein paar spitze Bemerkungen über die Verhältnisse im Kommunismus nicht verkneifen können. Das reichte, um ihn für ein Studium, das mit Weltanschauung nicht das geringste zu tun hatte, als »demokratisch unzuverlässig« abzulehnen. Ernst Reuter war empört und intervenierte schriftlich bei einem alten Bekannten: Paul Wandel, in der Ostzone Präsident der Deutschen Zentralverwaltung für Volksbildung. Erst nachdem sich der Altkommunist und Moskau-Emigrant persönlich für ihn verwendet hatte, durfte Edzard Reuter zum Wintersemester 1947/48 sein Studium beginnen.

In Zehlendorf, wohin die Familie unterdessen gezogen ist, beginnt der Studiosus nun auch privat Fuß zu fassen. Freundschaftlichen Kontakt findet er zu einem Kreis um die Tochter der seinen Eltern eng verbundenen Annedore Leber, der Witwe des nach dem 20. Juli 1944 von den Nazis hingerichteten Sozialdemokraten Julius Leber. Völlig frei von seinen Ängsten und Komplexen aber wird er erst durch die Zugehörigkeit zu einer Clique vielversprechender Söhne aus meist gutbürgerlichem Hause, die es in nahezu jeder freien Minute auf die

Anlage des traditionsreichen Tennisclubs »Zehlendorfer Wespen« zieht. Hier, nur wenige hundert Meter von seinem Elternhaus in der Bülowstraße 33 entfernt, findet er, was ihm nach der Rückkehr aus Ankara bisher versagt geblieben war: wirkliche Freunde, die, wenn sie nicht gerade der Filzkugel nachjagen, knobeln, Skat spielen oder heiße Feste feiern. »Hier gibt es Kameradschaft, die echt ist, weil sie nicht mißbraucht wird«, schwärmt er 1961 in der zum 50jährigen Clubjubiläum herausgegebenen Festschrift, »hier kann man sich als Freund unter Freunden fühlen, weil keinem erlaubt wird, sich selbst zu ernst zu nehmen.« Mit ein paar Verschworenen stürzt er den autokratisch herrschenden Altherrenvorstand, betreibt erfolgreich den Wiederaufbau des Clubhauses und erreicht es als Sportwart, daß dem Verein 1953 erstmalig die Austragung der Berliner Tennismeisterschaften übertragen wird. Daß dieses Turnier seither alljährlich auf der »Wespen«-Anlage stattfindet, erfüllt den Daimler-Chef mit noch größerem Stolz als der Gewinn der Clubmeisterschaft im Herreneinzel drei Jahre zuvor. Als Turnierleiter hat er Gelegenheit, seine organisatorischen Fähigkeiten unter Beweis zu stellen. Mit einem präzise bis ins letzte Detail ausgetüftelten Ablaufplan sitzt er während der Spiele von morgens früh bis spätabends an seinem Regietisch und vermerkt – »wie eine Buchhaltung klassischer Form« – akkurat alle einlaufenden Ergebnisse, für ihn eine »praktische Lernaufgabe«.

Beim Tennis, so Reuter später einmal, habe er auch gelernt, mit Haltung zu verlieren: »Das war noch die Zeit eines Gottfried von Cramm, damals gab es auf dem Tennisplatz kein Stöhnen und Fluchen, da hatte man zu lächeln, auch wenn man noch so miserabel spielte.«

Zwischendurch muß Edzard Reuter noch einen Schritt in seiner Entwicklung tun, der ihm nicht eben leichtfällt. Gutem Rat folgend, wechselt er zum Wintersemester 1948/49 nach Göttingen, einer Hochburg der Naturwissenschaften. Er empfindet die Stadt als provinziell, leidet in der trüben Winterstimmung unter Trennungsschmerz und vergräbt sich in seinen Hölderlin. Hinzu kommen bald Zweifel an der Richtigkeit seiner Studienwahl. Er nimmt selbstkritisch an der naturwissenschaftlichen Begabung eines Kommilitonen Maß, mit dem er im Fridtjof-Nansen-Heim das Zimmer teilt, und kommt zu dem Schluß, daß es zum Nobelpreis, den er keck anvisiert hatte, vielleicht doch nicht reichen würde. Der Zufall will es, daß er in dem Studentenheim auf den angehenden Juristen Horst Ehmke stößt. »Der gab mir damals ein Lehrbuch für Römisches Recht, das in seinem stringenten, logischen Aufbau der Mathematik sehr ähnlich ist, das hat mich damals ungeheuer begeistert und mir geholfen, das war eigentlich der Umbruch in meinem Leben«, erinnert sich Reuter.

»Früher war ja mein einziger (welch kleiner!) Ehrgeiz, ein berühmter Physiker zu werden. Das habe ich jetzt Gott sei Dank hinter mir«, schreibt er schon bald an seine Eltern. Außer Zweifeln an seinem Talent bekräftigen ihn obendrein auch noch andere, sehr praktische Überlegungen in seinem Sinneswandel. »Während bei der Mathematik alles festgelegt ist«, böten sich, wie er seiner Mutter am 23. November 1948 auseinandersetzt, Juristen »so vielseitige Möglichkeiten, daß man nicht besorgt sein muß«. Was ihn »sehr reizen« würde, wäre, einmal Journalist oder Diplomat zu werden – aber nicht nur das. »Der Schritt in die Politik wird ja auch unvermeidbar sein«, läßt sich der 20jährige aus Göttingen vernehmen.

Auf der Suche nach dem richtigen privaten wie beruflichen Weg ist Edzard Reuter weitgehend auf sich allein gestellt. »Man denkt immer, daß diese berühmten Väter alles dominieren und niedermachen. Das war bei meinem Vater eigentlich nie der Fall«, antwortete er einer Jugendzeitung auf die Frage, wie er erzogen worden sei. Vokabeln wie »du mußt«

oder »du sollst« sind in dem von Toleranz geprägten Elternhaus tabu. Nicht einmal während der Pubertät kommt es zwischen Vater und Sohn zu nennenswerten Konflikten.

Edzard Reuter ist überzeugt, daß die große Toleranz seines Vaters ihre Wurzel in den bitteren Auseinandersetzungen im eigenen Elternhaus gehabt habe. Ernst Reuters Vater, ein im nordschleswigschen Apenrade geborener Kapitän der Handelsmarine und danach Lehrer an der Navigationsschule in Leer, hatte es nie verwinden können, daß sein Sohn nach dem Studium die ihm sichere Stelle eines Oberlehrers ausgeschlagen hatte, weil er nicht glaubte, mit seinen sozialistischen Überzeugungen im preußischen Obrigkeitsstaat Beamter werden zu dürfen. Der Bruch mit seinen Eltern war, so schien es, kaum noch zu kitten, als er auch noch demonstrativ aus der protestantischen Kirche austrat, die ihm durch die Verbindung von Thron und Altar nachgerade als »geistlicher Arm des von ihm bekämpften Staates« (so der Reuter-Biograph Peter Reichardt) erschien. Als er wegen seiner SPD-Mitgliedschaft in Bielefeld seine Hauslehrerstelle verlor, weigerten sich seine enttäuschten Eltern, den ohne festes Einkommen als Wanderredner umherziehenden Renegaten finanziell zu unterstützen – jedenfalls solange er seinen Irrtum nicht eingesehen und sich ihren Wünschen unterworfen habe.

Ernst Reuters durch das Trauma seiner eigenen Jugend geprägte Art der Erziehung hat seinen Sohn später mit der Frage konfrontiert, ob ihm in bestimmten Phasen seiner Entwicklung eine festere Führung gutgetan hätte. »Manchmal wäre es vielleicht besser gewesen, man hätte mir gesagt, wo es langgeht, dann hätte ich unter Umständen den einen oder anderen Fehler vermieden«, sagt er und meint damit vor allem seine erste Ehe. Christel Willner, jüngste Tochter des einstigen Ullstein-Finanzdirektors Gustav Willner, und Edzard Reuter hatten sich auf dem Tennisplatz kennengelernt. Nach der Hochzeit am 4. Oktober 1952 durfte sich das Paar im Obergeschoß des Willner-Hauses eine Wohnung einrichten. Mit der um einiges älteren gelernten Pressefotografin trat eine Frau in die Familie Reuter, die für ihren Schwiegervater eine schwärmerische Verehrung empfand. Davon zeugen zahlreiche Aufnahmen, die sie bei dienstlichen Anlässen, aber auch im privaten Kreis von ihm machte. Edzard Reuter mußte nach einigen Jahren erkennen, daß es ein Fehler gewesen war, sich als 24jähriger Student bereits endgültig zu binden. Die Ehe, aus der ein Sohn hervorging (ein weiteres Kind wurde adoptiert), war nicht von Dauer. Rückblickend sieht es Edzard Reuter als »Kehrseite dieser großen Toleranz« an, daß es sein Vater nicht über sich gebracht hatte, ihm vor der folgenschweren Entscheidung seinen Rat anzubieten.

Am 29. September 1953 stirbt Ernst Reuter nach mehreren kurz aufeinanderfolgenden Herzanfällen. Edzard erhält die Nachricht durch seine Frau beim Tennisspiel. Der Schock über den plötzlichen Tod des »Regierenden« lähmt die Stadt. Als es dunkel wird, stellen die Berliner brennende Kerzen in ihre Fenster, ohne daß es eines Aufrufs zu dieser Trauerbekundung bedurft hätte. »Es war der Anfang einer tagelangen Demonstration der Liebe und des Schmerzes von Millionen, die ohne Beispiel in der Geschichte Berlins war«, heißt es bei Brandt/Löwenthal.

Edzard Reuter ist immer wieder gefragt worden, ob der bedeutende Vater für ihn eher eine Belastung oder ein Ansporn gewesen sei. In einem ZDF-Interview sagte er 1989 dazu: »Dieser große Vater – er war ein großer Mann – war für mich eigentlich Vorbild, aber nicht Vorbild im Sinne einer Karriere, sondern Vorbild als Mensch. Das gilt übrigens auch für meine Mutter. Sie waren voller Toleranz, voller Verständnis für andere Meinungen, voller tiefer humanistischer Bildung und voller Liebe zu anderen Menschen. Und das ist alles in seinem Leben durch böse und schwere Erfahrungen gefestigt gewesen, nicht zuletzt durch die Erfahrung des Naziregimes und die

Notwendigkeit zu emigrieren, mitten in einer erfolgversprechenden Berufslaufbahn herausgehen zu müssen aus dem Land. Dieses hat mich schon für mein ganzes Leben geprägt, aber nie unterdrückt.«

In einem ARD-Fernsehporträt wird er noch deutlicher: »Daß da nun die berühmte Feder in mir steckt, die mich dazu zwingt, jeden Morgen aufzustehen und mich vor meinem Vater zu beweisen, das habe ich noch nie gehabt, wie ich umgekehrt auch noch nie die Versuchung gespürt habe, weil ich einen so bedeutenden Vater hatte, zu resignieren. Das alles rechne ich aber nicht mir zu, sondern das ist meine Erziehung, und die wiederum ist allerdings das Werk meiner Eltern gewesen.«

Eine ehrliche Selbstanalyse? Sicherlich. Ist sich der Mensch jedoch immer bewußt, welche Kräfte ihn antreiben? Edzard Reuter hat sich selber als »ehrgeizigen oder sehr ehrgeizigen Menschen« bezeichnet. Nur, wieviel sagt das aus? Ehrgeizige gibt es, unabhängig von der Beschaffenheit des jeweiligen Elternhauses, zuhauf – gerade in der Wirtschaft. Vielleicht führt jedoch ein anderer Schlüssel zum Kern der Dinge. Wie schon sein Vater im Verhältnis zur SPD, so hat sich auch Edzard Reuter in der konservativ geprägten Führungsetage von Daimler-Benz stets ein hohes Maß geistiger Unabhängigkeit zu bewahren versucht. Mit seinen intern bisweilen umstrittenen öffentlichen Reden hat er diese Wesensverwandtschaft auch nach außen hin deutlich werden lassen. Dies und seine SPD-Mitgliedschaft könnten mindestens auf der mühsamen Schlußetappe zur Konzernspitze durchaus einen gewissen kompensatorischen »Karrieredruck« ausgelöst haben.

Sollte Edzard Reuter, nachdem er 1955 die Zweite Juristische Staatsprüfung (»mit Auszeichnung«) bestanden hatte, geglaubt haben, als Sohn eines prominenten Politikers in der Wirtschaft mit offenen Armen empfangen zu werden, so wurde er enttäuscht. Der Privatbankier Friedrich Ernst, Mitinhaber des Bankhauses Delbrück Schickler & Co., der seinem Vater vor allem bei der Eingliederung Berlins in das Finanzsystem des Bundes helfend zur Seite gestanden hatte, gab ihm zwar allerlei gute Ratschläge mit auf den Weg; das von Reuter wohl insgeheim erwartete Angebot, in die Bank zu kommen, blieb jedoch aus. Mit leeren Händen kehrte er auch von einem Besuch bei Hans Heyne, dem mächtigen Generaldirektor von Telefunken und späteren Vorstandschef des AEG-Konzerns, zurück. Juristen, das merkte er schnell, wurden allenfalls für die Rechts- oder Personalabteilungen gesucht. Doch eine Karriere in diesem Bereich entsprach so gar nicht seinen auf interessantere Aufgaben gerichteten Vorstellungen.

Erfolgreicher schien sich dagegen der Kontakt zu Lothar Hennies, seinerzeit Leiter der Berliner Niederlassung von Daimler-Benz, zu entwickeln. Den späteren Büssing-Chef hatte Edzard Reuter bei einer Mercedes-Vorführung für seinen Vater an dessen Urlaubsort Freudenstadt kennengelernt. Ernst Reuter war, wie sich der Daimler-Chef erinnert, zwar ein begeisterter, aber schlechter Autofahrer. Dem Regierenden Bürgermeister und Daimler-Kleinaktionär (er besaß eine einzige 1000-Mark-Aktie) bereitete es großen Spaß, ein neues Dienstwagenmodell – im Schwarzwald damals den Mercedes 170 S – privat probezufahren.

Durch Vermittlung des Berliner Niederlassungsleiters erhielt Edzard Reuter im Juli 1956 aus Untertürkheim die Einladung zu einem Einstellungsgespräch mit dem Personaldirektor Hanns Martin Schleyer. Konkret faßten beide eine Tätigkeit im Finanzbereich oder – wegen Reuters guter Sprachkenntnisse – im Export ins Auge. In dem sicheren Gefühl, mit Schleyer über alles einig geworden zu sein, fuhr der 28jährige nach Berlin zurück. »Wir haben schon eine Wohnung gesucht und den Umzug geplant«, so Edzard Reuter, »als plötzlich ein Absagebrief kam.« Das war im März 1957. Als Grund für den plötzlichen Rückzieher nannte Schleyer darin interne Sparmaßnahmen, die ihn bei Neueinstellungen zu äußerster Zurückhaltung verpflichteten. Das wahre Motiv war jedoch ein anderes. Reuter: »Der Schleyer hat mir später erzählt, daß dies mit dem ›roten‹ Vater zu tun gehabt habe.«

Jedenfalls galt es nach dieser kalten Dusche, von neuem zu suchen, Bewerbungsbriefe zu schreiben. Einer von ihnen ging an die Filmgesellschaft Ufa. Die hatte per Annonce die Stelle eines Leiters ihrer Rechtsabteilung ausgeschrieben. Edzard Reuter war diesmal weniger wählerisch, als er es am Anfang seiner Bewerbungen gewesen war, und griff zu. Hinter den drei Initialen, einer Abkürzung für »Universum Film AG«, verbarg sich die bizarre Geschichte des einst größten europäischen Film- und Filmtheater-Imperiums. 1917 mit Hilfe der Deutschen Bank gegründet, ging es erst in das Eigentum des Medien-Tycoons Alfred Hugenberg und anschließend unter der Regie Josef Goebbels' auf das Reich über. Auf Geheiß der Alliierten sollte der Filmgigant nach dem Krieg liquidiert werden. Der als Treuhänder eingesetzte Arno Hauke brachte jedoch das Kunststück fertig, den Konzern trickreich zu reformieren und auszubauen, statt ihn auftragsgemäß zu zerschlagen. Im Frühjahr 1958 drehte der 1,92 Meter große Hüne mit der obligaten Zigarre steil im Mundwinkel (Spitzname: »Sir Arno«) seinen ersten Ufa-Kinofilm, das biedere Familienlustspiel »Ist Mama nicht fabelhaft?« mit Luise Ullrich. Edzard Reuter, der am 1. Mai 1957 seinen Dienst mit einem Anfangsgehalt von 950 Mark angetreten hatte, spürte vom hektischen Atelierbetrieb allerdings zunächst noch nicht viel. Er mußte so banale Routineaufgaben übernehmen, wie Zahlungsbefehle herausschicken und Geldforderungen einklagen. Schnell wurde ihm klar, daß er in eine berufliche Sackgasse geraten war.

Glück für ihn, daß der von Hauke angeheuerte Produktionschef Kurt Hahne gerade einen Mitarbeiter suchte, der ihm die lästigen Vertragsdinge abnehmen sollte. Reuter nutzte die Chance, aus der langweiligen Rechtsabteilung herauszukommen, und stieß zur Produktion. Da die im Osten gelegenen

Ateliers am Stammsitz Babelsberg nicht mehr zur Verfügung standen (hier hatte die DDR-Gesellschaft Defa Einzug gehalten), produzierte Haukes Ufa in den Studios an der Oberlandstraße in Tempelhof. Hahne lernte schnell das juristische und finanzwirtschaftliche Talent seines jungen Kollegen zu schätzen und nahm ihn schon bald regelmäßig zu den Projektbesprechungen mit Hauke mit.

So war es nur eine Frage der Zeit, bis er vom Aufsichtsrat Prokura erhalten würde. Daß er auf die Ernennung ein paar Monate länger als geplant warten mußte, hatte er sich indes selber zuzuschreiben. Arno Hauke hatte ihm die anstehende Beförderung nicht angekündigt, sondern ihn nur gebeten, sich während der Sitzung in seinem Büro verfügbar zu halten. Tatsächlich ging an besagtem Tag plötzlich die Tür zu Reuters Zimmer auf, und herein trat der Ufa-Chef, in seinem Schlepptau der Aufsichtsratsvorsitzende Eberhard Freiherr Ostmann von der Leye von der Deutschen Bank. Hauke schmetterte Reuter ein markiges »Kann ich Sie mal vorstellen, Herr Direktor?« entgegen. Der revanchierte sich postwendend im gleichen Ton: »Das ist aber eine hohe Ehre, Herr Generaldirektor!« Reuter heute: »Ich dachte, wenn der mich veräppelt, kann ich das ebenso.« Hauke mißfiel die forsche Art seines Prokuristen in spe jedoch so sehr, daß er die geplante Ernennung auf die nächste Aufsichtsratssitzung verschieben ließ. So durfte Edzard Reuter erst vom 5. Januar 1960 an seine Briefe mit dem Zusatz »ppa.« zeichnen und sich über eine deutliche Gehaltserhöhung freuen.

Als kaufmännischer Direktor war Reuter vor allem für die Verträge mit Autoren, Regisseuren und Schauspielern zuständig. Helmut Käutner engagierte er für die Regie des deutsch-französischen Streifens »Die Gans von Sedan« (mit Hardy Krüger in der Hauptrolle) und die Verfilmung von Eugène Scribes »Ein Glas Wasser« (mit Gustaf Gründgens und Lieselotte Pulver), William Dieterle für Carl Zuckmayers »Fastnachtsbeichte« (mit Hans Söhnker) und Georg Tressler für »Das Totenschiff« nach dem Roman von B. Traven (mit Horst Buchholz, Elke Sommer und Mario Adorf). »Das war eine aufregende Geschichte, von einem nichtexistierenden Autor Filmrechte zu erwerben«, erinnert sich Reuter an den im Oktober 1959 uraufgeführten Film. Der geheimnisumwitterte Schriftsteller war, wie sich später herausstellte, in frühen Jahren in Mexiko untergetaucht und starb dort 1969.

Als Hahne mangels überzeugender Erfolge seinen Hut nehmen mußte, avancierte Reuter gegen Ende seiner »Filmkarriere« sogar noch zum Produktionschef. Kaum etwas, wofür er sich nicht zuständig fühlte, von der Auswahl neuer Filmstoffe über die gelegentliche Schlichtung eines bei Dreharbeiten plötzlich ausgebrochenen Streits zwischen einem Regisseur und seinem Hauptdarsteller bis hin zu den Honneurs beim Besuch illustrer Gäste wie dem des Filmdenkmals Marlene Dietrich. Gemeinsam mit Reuter schaute sie sich im hypermodernen Ufa-Tonstudio noch einmal ihren 1930 mit Emil Jannings gedrehten Klassiker »Der blaue Engel« an. »Mir hat das alles«, blickt der Daimler-Chef heute etwas belustigt auf seinen Karrierestart zurück, »einen Riesenspaß gemacht, wobei ich jedoch nicht eine Sekunde darüber nachgedacht habe, ob das ewig so weitergehen könne.«

Viel nachzudenken gab es über die Zukunft der Ufa Anfang der sechziger Jahre jedoch schon nicht mehr. Der Siegeszug des Fernsehens und das rasant fortschreitende Kinosterben zeigten deutlich den Trend an. Hauke hatte zwar schon Ende 1956 sechs Ufa-Produktionen bei der Fernsehkommission der westdeutschen Rundfunkanstalten unterbringen können – aber nur zu Preisen, die nicht annähernd ihre Herstellungskosten deckten. Da auch die meisten Kinofilme das Geld, das sie gekostet hatten, nicht wieder einspielten, mußte der bis dahin nahezu unumschränkt herrschende Arno Hauke im August 1960 auf Betreiben der mißtrauisch gewordenen Deutschen Bank von einem Tag auf den anderen seinen Chefschreibtisch räumen.

Das Zukunftsmedium Fernsehen hatte aber nicht allein die etablierten Filmproduzenten alarmiert, sondern auch eine Reihe großer Publikumsverlage, an ihrer Spitze den Gütersloher Bertelsmann-Konzern. Eine unter dem Namen »Bertelsmann Fernseh-Produktion« mit Sitz in München konzentrierte Truppe versuchte vor allem mit dem gerade im Entstehen begriffenen Zweiten Deutschen Fernsehen (ZDF) ins Geschäft zu kommen. Reuter, bei der Ufa gleichfalls um einen erfolgreichen Einstieg in Mainz bemüht, war bei den Bertelsmännern längst kein Unbekannter mehr, so daß er nicht sonderlich überrascht sein durfte, als ihm Verlagsinhaber Reinhard Mohn das Angebot machte, in die Geschäftsführung seiner Münchener TV-Tochter einzutreten. Obendrein sollte Reuter einer der beiden Geschäftsführer der im November 1961 von Bertelsmann und einer Reihe anderer deutscher Verlagshäuser gegründeten »Arbeitsgemeinschaft Fernsehen GmbH« werden – ein, wie es schien, nicht ungeschickter Schachzug. Denn diesem Verlegerclub sollte die Aufgabe zufallen, mit dem ZDF zentral für sämtliche Mitglieder Verhandlungen über die Lieferung ganzer Programmblöcke zu führen. Hierfür zuständig war in Mainz nach dem zwischen den Parteien ausgekungelten Ämterproporz ein der SPD angehörender Programmdirektor.

Da sich Mohns Kandidat bei der perspektivlos operierenden Ufa innerlich längst auf dem Absprung befand, war er nur allzugern bereit, die Offerte anzunehmen und bei seiner Zukunftsplanung auf den dynamischen Medienkonzern zu setzen. Der Bertelsmann-Verleger ließ es sich seinerseits nicht nehmen, Reuter samt Ehefrau nach Gütersloh einzuladen, ihn nach einer Besichtigung der Verlagszentrale und Druckerei persönlich mit seiner auf Delegation von Verantwortung basierenden Führungsphilosophie vertraut zu machen. In Berlin an Haukes autoritäre Herrschaft gewöhnt, war Reuter mehr denn je davon überzeugt, die richtige Wahl getroffen zu haben. »Selten habe ich mit soviel Hoffnung und Vertrauen einer neuen Aufgabe entgegengesehen«, schrieb er nach seiner Rückkehr an Mohn.

Auch beim ZDF schienen die Voraussetzungen für eine gedeihliche Zusammenarbeit günstig. Schon kurz nach seiner Wahl zum ersten Intendanten versprach Professor Karl Holzamer, bei der Programmgestaltung das Angebot freier Produzenten zu berücksichtigen. Doch schon in den ersten Gesprächen wurde deutlich, daß das ZDF gar nicht daran dachte, die Programmgestaltung durch Vergabe ganzer Sendeblöcke an Externe weitgehend aus der Hand zu geben. Statt dessen wollte es von Fall zu Fall Einzelaufträge vergeben, aber auch diese nicht an einen Pool, sondern nur an einzelne freie Produzenten. Damit war der Arbeitsgemeinschaft Fernsehen GmbH von Anfang an die Daseinsgrundlage entzogen. Folgerichtig beschloß die Gesellschafterversammlung schon im September 1962 die Auflösung des ehrgeizigen TV-Verbunds.

Reuters Wirken blieb somit auf die Bertelsmann Fernseh-Produktion, die in der liquidierten Arbeitsgemeinschaft die tonangebende Rolle gespielt hatte, beschränkt. Aber auch hier sah er sich innerhalb kurzer Zeit aufs Abstellgleis geschoben. Entgegen der ihm im Anstellungsvertrag zugesicherten Position eines Mitgliedes in einem kollegialen Leitungsgremium setzte ihm Reinhard Mohn plötzlich einen gesamtverantwortlichen Geschäftsführer vor die Nase. Anfang August 1962 deutete Reuter in einem Brief an Bertelsmann die Möglichkeit an, aus der Fernsehfirma auszuscheiden. In der Antwort aus Gütersloh fehlt jeder Hinweis auf die von Mohn seinerzeit übernommene Verpflichtung, Reuter »im Falle einer Nichtverwendung im Fernsehen . . . eine möglichst äquivalente Stellung im Konzern« anzubieten. Nur bei der Suche nach einem neuen Arbeitgeber wolle man ihm behilflich sein – durch eine sofortige Beurlaubung.

Edzard Reuter war empört. Verbittert schrieb er Mohn, daß er dessen Offerte als Angebot einer »echten Lebensstellung«

verstanden habe. Nur deshalb habe er seine Position bei der Ufa aufgegeben und Bertelsmann vor zwei anderen bekannten Unternehmen, die ihn ebenfalls gerne engagiert hätten, den Vorzug gegeben. Wörtlich schrieb er dem Verleger: »Ich bin, das wissen Sie, noch nie in meinem Leben mit größeren inneren Erwartungen und einer größeren Bereitschaft, mein Bestes zu tun, an eine Aufgabe herangegangen als an die Mitarbeit in Ihrem Hause. Um so tiefer mußte wohl dann die Enttäuschung sein, daß Sie mir nie Gelegenheit zu wirklicher verantwortlicher Arbeit gegeben haben.«

Reuter hatte schon früh den Eindruck gewonnen, daß Mohn die Arbeitsgemeinschaft Fernsehen GmbH durch seine parallel betriebene Politik gegenüber dem ZDF bei den Versuchen, in Mainz Vorbehalte gegen eine Zusammenarbeit mit der Verlegergemeinschaft abzubauen, gestört habe. Die Geschäftsführung der »Bertelsmann Fernseh-Produktion« habe durch ihr ungeschicktes Vorgehen überdies die journalistischen und künstlerischen Mitarbeiter der Anstalt innerlich gegen den Medienriesen aufgebracht und »alles Porzellan gründlich zerschlagen«. Der Bruch war vollkommen. Auch Mohns am Ende mit den Abfindungsverhandlungen beauftragter Generalbevollmächtigter Manfred Köhnlechner konnte nicht verhindern, daß das Schlußkapitel des kurzen Reuter-Gastspiels an der Isar im Münchener Arbeitsgericht stattfand.

Edzard Reuter, inzwischen 35 Jahre alt, befand sich nach dem gescheiterten Abenteuer Fernsehen, das war ihm nur allzu klar, in einer äußerst schwierigen Lage. All seine Hoffnungen, mit denen er sich in die neue Aufgabe gestürzt hatte, waren wie eine Seifenblase zerplatzt. Wie würde er nach diesem Rückschlag die Kraft für einen neuen Anfang finden? Wo vor allem würde sich ihm eine Chance, den Karriereknick zu überwinden, eröffnen? Und dann der erreichte Lebensstandard, den er – mit einem behaglichen Häuschen in München-Neuried – inzwischen erreicht hatte. Würde er all dies wieder aufgeben müssen? Wenn der spätere Daimler-Chef in Interviews von Enttäuschungen und Niederlagen sprach, dann meinte er stets diese unerquickliche Phase seiner Karriere. Sowenig hoffnungsvoll Reuter 1963 seiner weiteren Zukunft entgegensehen konnte – wenigstens ein Gutes hatte das kurze Intermezzo für ihn gehabt: die erste Bekanntschaft mit seiner zweiten Frau, Helga Roeder, in jenen Tagen Sekretärin eines wie er von der Ufa zu Bertelsmann gewechselten Dramaturgen.

3. In der Zucht des Herrn

Höhenflug eines Hauptsekretärs

Am 10. Juni 1963 entschloß sich Edzard Reuter zu einem Schritt, der ihm nicht gerade leichtfiel: Er schrieb noch einmal an Hanns Martin Schleyer. Nicht für einen Moment hatte er die Umstände verdrängt, unter denen er sieben Jahre zuvor die sichere Hoffnung auf eine Einstellung bei Daimler-Benz hatte begraben müssen. Doch durfte er annehmen, daß der unerwartete Widerruf der mit Schleyer mündlich getroffenen Vereinbarung auf einer höheren Ortes gefällten »politischen« Entscheidung beruhte. Nunmehr war die Situation eine völlig andere. Der einstige Direktor Schleyer gehörte jetzt selber dem Vorstand an und verfügte damit über einen ganz anderen Einfluß. Schließlich – an dieser betrüblichen Feststellung führte kein Weg vorbei – hatten alle bis dahin unternommenen Versuche des bei Bertelsmann gescheiterten Fernsehmanagers, wieder irgendwo Fuß zu fassen, zu nichts geführt. Am weitesten waren die Gespräche dabei noch mit dem Verleger Axel Springer gediehen, bei dem er sich schriftlich beworben hatte. Doch das bei einem Besuch im Hause des konservativen Pressemagnaten in Aussicht genommene Engagement wurde, wie Reuter vermutet, im Springer-Verlag auf zweiter Ebene durch bewußtes Hinauszögern torpediert.

Zumindest seinem Brief nach zu urteilen, erwartete er auch

von dem erbetenen Gespräch mit Schleyer nicht gerade Wunderdinge. »Selbst wenn sich dabei – wofür ich natürlich Verständnis hätte – keine konkreten Möglichkeiten ergeben sollten«, so schrieb er, »würde es mich sehr freuen, auf diese Weise den Kontakt zu Ihnen aufrechtzuerhalten.« Um so erfreulicher, daß der Besuch in Untertürkheim Anfang Juli bei Reuter doch weitergehende Hoffnungen weckte. Sofort nach seiner Rückkehr schickte er Schleyer persönliche Unterlagen und nannte ihm für etwaige Rückfragen Referenzen.

Gleichzeitig wandte sich Hanna Reuter, die alle Versuche ihres Sohnes, wieder eine Stellung zu finden, intensiv verfolgt hatte, an einen guten alten Bekannten, den Stuttgarter Oberbürgermeister Arnulf Klett. Wenn er sich, so ihr Anliegen, unmittelbar mit Daimler-Generaldirektor Walter Hitzinger in Verbindung setzen würde, könnte das der Sache ihres Sohnes förderlich sein. Schon bald konnte ihr Klett die gute Nachricht übermitteln, daß Hitzinger persönlich Reuters Arbeitsunterlagen erwartete. Reuter selber hielt es für angebracht, sich bei Schleyer für die mütterliche Nachhilfe zu entschuldigen. Doch der beruhigte ihn: »Wegen der Intervention Ihrer Frau Mutter«, so Schleyer, »brauchen Sie sich keine Gedanken zu machen, da wir nicht so empfindlich sind, daß wir auf einen solchen neuerlichen Anstoß negativ reagieren.« Gleichzeitig teilte er Reuter mit, daß sich sein für das Finanzressort verantwortlicher Vorstandskollege Joachim Zahn überlegen wolle, wo er ihn bei sich möglicherweise einsetzen könne.

Mit einiger Spannung sah Edzard Reuter denn auch dem Rendezvous entgegen, zu dem ihn Zahn für einen Freitagnachmittag in den »Bayerischen Hof« nach München gebeten hatte. Der jedoch schien den Termin vergessen zu haben. Reuter wartete eine Stunde, glaubte schon an ein Mißverständnis und wollte gerade wieder gehen, als der Finanzchef plötzlich in der Lobby auftauchte. Zahn ließ sich ausführlich Reuters bisherigen Berufsweg schildern, zog mitten im Gespräch ein Stück Papier aus seiner Westentasche und malte darauf zwei Berge, getrennt durch ein tiefes Tal. »Hier stehen Sie jetzt«, deutete er auf die linke Spitze, »bevor Sie aber hierhin wollen«, und dabei zeigte er auf die rechte Spitze, »müssen Sie erst mal hier unten durch.« Reuter indes ließ sich durch die bildliche Darstellung seiner Situation nicht beirren. »Um den Eindruck etwas zu verwischen, als hätte ich mich bisher nur in spektakulären Höhen bewegt«, schickte er Zahn eine Reihe aus seiner Feder stammender Finanzausarbeitungen – in der Erwartung, daß sie dazu beitragen würden, »eine Investition in den ›jungen Mann‹ doch als nicht allzu risikoreich zu beurteilen«.

Joachim Zahn, Jurist, Wirtschaftsprüfer und später Vorstandsmitglied bei den Aschaffenburger Zellstoffwerken, nahm bei Daimler-Benz in dieser Zeit eine Stellung ein, die – gemessen an ihrem Einfluß – über die Position eines normalen Finanzchefs weit hinausging. Dies hing vor allem damit zusammen, daß der 1961 auf Betreiben von Friedrich Flick an die Spitze des Konzerns berufene Diplomingenieur Walter Hitzinger nie die mit seinem Amt verbundene Führungsautorität errungen hatte. Von wichtigen Entscheidungen blieb er praktisch ausgeschlossen. Über den »Herrn Generaldirektor«, wie sich der jovial-polternde Österreicher ansprechen ließ, kursierten im Hause unzählige Witze. Unter den Hitzinger-Gegnern wußte Zahn das entstandene Machtvakuum am wirkungsvollsten zu nutzen. Der Finanzchef, nicht etwa der erste Mann des Konzerns, hielt die Großaktionäre Flick (39 Prozent), Deutsche Bank (28,5 Prozent) und Quandt (14 Prozent) über die geschäftliche Entwicklung auf dem laufenden. Ebenso führte er in der alljährlichen Bilanz-Pressekonferenz und in den Hauptversammlungen das entscheidende Wort.

Zahn ließ sich von zwei persönlichen Assistenten zuarbeiten, beschäftigte aber darüber hinaus in seinem Stab regelmäßig noch einige jüngere Leute für Sonderaufgaben. Da er zu diesem Zeitpunkt an den Aufbau einer Abteilung zur Betreuung der in seiner Ressortzuständigkeit liegenden Daimler-Beteiligungen dachte, war er durchaus interessiert, noch einen zusätzlichen Mann einzustellen – Edzard Reuter. Ohne Rang und Titel, sondern, wie es schmucklos-trocken hieß, »zwecks Verwendung im Rahmen der Beteiligungsgesellschaften im Bereich Finanz- und Rechnungswesen« trat der 36jährige am 1. März 1964 in das Unternehmen ein, dessen Geschicke er 23 Jahre später als Vorstandsvorsitzender bestimmen sollte. Sein erstes Monatsgehalt betrug 3250 Mark.

Die ihm von Zahn im »Bayerischen Hof« verheißene Talfahrt konnte Reuter auch an seinem Bürostandard ablesen: In einem Nebengebäude des Hochhauses war ihm nahe der Betriebsratsräume ein Zimmer zugewiesen worden, das er sich im ersten Jahr auch noch mit einer Sekretärin teilen mußte. Aber weniger deshalb fühlte er sich in der ersten Zeit, wie er heute bekennt, »verdammt unwohl«. Was ihn täglich mehr frustrierte, war, daß ihn Zahn vergessen zu haben schien. Reuter: »Ich habe da drei bis vier Monate schlicht herumgesessen und nichts zu tun gehabt. Mit einem Kollegen, der zusammen mit mir eingetreten war, habe ich Schiffeversenken gespielt, bis der den Bettel hinschmiß und woandershin ging.«

Reuter jedoch blieb und erhielt seine Chance. Eines Spätnachmittags wurde er in das Büro von Zahn gerufen. Dort mußte er erst einmal wieder fast zwei Stunden warten. Reuter: »Das war üblich; ich habe mich wahnsinnig geärgert und mir gesagt: Jetzt reicht es, ich gehe. Aber dann wurde ich endlich hereingerufen.« Zahn hatte ein Schriftstück vor sich liegen und eröffnete das Gespräch mit den Worten: »So, nun können Sie mal zeigen, was Sie gelernt haben. Ich habe hier so ein Grundstücksgeschäft zu bearbeiten; unsere Rechtsabteilung ist momentan mit einer anderen Sache beschäftigt, vielleicht könnten Sie sich mal damit befassen und mir möglichst bald einen Vorschlag machen, wie wir dabei am besten vorgehen sollten.« Sagte es und reichte ihm die Unterlage. »Da habe ich erst einmal geschluckt«, erinnert sich Reuter, »und im stillen geflucht: Da hast du nun so lange herumgesessen und gewartet, und was da kommt, ist ein Grundstückskauf!«

Zurück an seinem Schreibtisch, wurde ihm jedoch schon durch einen kurzen Blick in die Akte klar, worum es bei diesem sogenannten »Grundstücksgeschäft« in Wirklichkeit ging, nämlich um den Kauf eines ganzen Unternehmens: die Maschinenfabrik Esslingen AG, die seit 1920 mehrheitlich dem Ruhrkonzern Gutehoffnungshütte (GHH) gehörte. Reuter: »Mir standen die Haare zu Berge, ich hatte noch nie zuvor eine Firma bewertet und die Modalitäten ihrer Übernahme erarbeitet.« Daß Zahn den beabsichtigten Erwerb als »Grundstückskauf« bezeichnet hatte, entsprach seinem vorrangigen Interesse bei diesem Geschäft: Das Werk Mettingen der Maschinenfabrik lag nämlich in unmittelbarer Nähe des Daimler-Stammwerkes Untertürkheim. Eingezwängt in das enge Neckartal, hatte die Fertigungsstätte für Pkw-Aggregate – Motoren, Getriebe und Achsen – kaum noch Ausdehnungsmöglichkeiten. Auf längere Sicht, daran gab es keinen Zweifel, würden die Kapazitätsprobleme in Untertürkheim Daimler-Benz daran hindern, die Pkw-Produktion in seinem Montagewerk Sindelfingen entsprechend der großen Nachfrage hochzufahren. Schon jetzt betrugen die Lieferfristen für bestimmte Modelle 22 Monate.

Die vielleicht letzte Chance, an ein großes Industriegrundstück im Neckarraum zu kommen, hatte sich im Juni 1964 bei einem Gespräch zwischen Zahn und dem GHH-Vorstandsmitglied und späteren Konzernchef Dietrich Wilhelm von Menges ergeben. An sich ging es um Finanzierungsprobleme in Südamerika. Doch ganz nebenbei fragte von Menges plötzlich, ob Daimler-Benz nicht Interesse an der Maschinenfabrik Esslingen habe. Für die GHH hatte das Unternehmen jegliche langfristige strategische Bedeutung verloren. Bis auf die Gabelstapler wurde das Esslinger Produktionsprogramm gleichzeitig in anderen Werken der GHH und ihrer Tochter MAN hergestellt; zudem litt die Gießerei an chronischer Rentabilitätsschwäche, für die aus dem Neckartal stammenden Dampfloks, daran gab es keinerlei Zweifel, würde sich schon bald kaum noch jemand interessieren. Entsprechend schrieb Zahn an das Präsidium seines Aufsichtsrates: »Unser Hauptinteresse an der ME bezieht sich nicht auf deren bisheriges Fabrikationsprogramm, sondern ausschließlich auf die Immobilien . . . und die Belegschaft.«

Im Auftrag Zahns entwickelte Edzard Reuter ein Konzept, das parallel zum Abbau oder zur Verlagerung der bisherigen Produktion eine stufenweise Verpachtung des Geländes an Daimler-Benz vorsah. Dabei waren nicht allein juristische Fragen zu klären, sondern auch technische, organisatorische und vor allem personalpolitische Probleme zu lösen – für den Neuling keine leichte Koordinationsaufgabe. »Ich habe mich Tag und Nacht in die Sache reingekniet und bei dieser Arbeit viele Leute in anderen Ressorts kennengelernt«, blickt er auf sein Gesellenstück zurück. Vier Tage vor Weihnachten konnte er Zahn den fertigen Vertragsentwurf auf den Tisch legen, den der Daimler-Vorstand noch vor Jahresultimo der GHH zuleitete. Sichtbaren Ausdruck fand die darin vereinbarte »langfristige und enge Zusammenarbeit« zwischen beiden Konzernen durch eine 25prozentige Beteiligung von Daimler-Benz an der Maschinenfabrik Esslingen AG, die die Stuttgarter durch Zukäufe von GHH und über die Börse bis Ende 1965 auf über 85 Prozent aufstockten. Doch damit war der Fall für Reuter noch nicht abgeschlossen. Umstritten blieb im Vorstand die Frage: Wohin mit der Gabelstaplerfertigung? Eine Gruppe um Hanns Martin Schleyer plädierte dafür, in diesem Markt zu bleiben und so das eigene Unimog-Programm abzurunden. Zahn neigte demgegenüber dazu, diese Produktion lediglich als Kapazitätsreserve für die steigende Pkw-Produktion zu halten. Tatsächlich zwang der Erfolg der neuen Mercedes-Modelle den Daimler-Vorstand schon 1968, Maschinen und Vorräte für den

Gabelstaplerbau an die zur Quandt-Gruppe gehörende Hamburger Konkurrenzfirma Still zu veräußern. Da die Quandt-Unterhändler über die zögerliche Taktik der Daimler-Spitze sehr verärgert waren, mußte Reuter sein ganzes Geschick aufbieten, um auf Expertenebene zu einer Einigung über alle Modalitäten des Verkaufs zu kommen. Der Erweiterung des Werkes Untertürkheim stand jetzt nichts mehr im Wege. Dies wiederum machte es möglich, die Kapazitäten in Sindelfingen zwischen 1965 und 1975 zu verdoppeln.

Edzard Reuter hatte gezeigt, daß er dank seiner analytischen und konzeptionellen Fähigkeiten in der Lage war, auch schwierige Projekte erfolgreich und zügig durchzuziehen. Die in dieser Phase äußerst enge Zusammenarbeit mit Zahn hatte ihn allerdings auch die Grenzen seiner Leidensfähigkeit erkennen lassen. Bei einer Verhandlung mit der GHH hatten Zahn und von Menges im Hotel »Hessischer Hof« in Frankfurt ihre Delegationen allein gelassen und sich zu einem Tête-à-tête zurückgezogen. Was danach passierte, erzählte Reuter 1989 bei einem Geburtstagsempfang für den 75 Jahre alt gewordenen Zahn: »Die Schar der Stabsoffiziere, zu der ich gehörte, saß beieinander, als die beiden Götter von ihrem zurückgezogenen Gespräch zurückkamen. Sie wollten uns also verkünden, worauf sie sich geeinigt hatten, und Zahn fragte: ›Na, was meinen Sie, Reuter, auf was für einen Kurs wir uns nun geeinigt haben?‹ Und ich sagte: ›218.‹ Hinterher hat er mich vor der Tür zur Seite genommen und wollte mich rausschmeißen, denn das war tatsächlich der Kurs, auf den sie sich geeinigt hatten.« Als sich Reuter wenig später von seinem gerade in Bad Wiessee weilenden Chef wegen einer Lappalie (Reuter: »Da ging es um so eine Betriebsratsgeschichte bei der Maschinenfabrik Esslingen«) noch einmal den Kopf waschen lassen mußte, war dem Zahn-Mitarbeiter klar: »Mit dem Mann wird das nie etwas werden.«

Edzard Reuter (»Ich war entschlossen zu gehen«) nahm

Kontakt zu einflußreichen SPD-Freunden auf und erfuhr, daß es beim ZDF die Position des Programmdirektors zu besetzen galt. Zwar war es Sache des Intendanten, einen Kandidaten zur Wahl vorzuschlagen. Nach den Gepflogenheiten der Länderanstalt hatte jedoch, wie erwähnt, die SPD für dieses Amt ein informelles Vorschlagsrecht. Allerdings war Reuter nicht der einzige Bewerber, über den die einem »Freundeskreis« unter Vorsitz des Mainzer Oberbürgermeisters Jockel Fuchs angehörenden sozialdemokratischen Medienpolitiker zu Rate saßen. Mit im Rennen waren der frühere »Vorwärts«-Redakteur und Bonner SPD-Fraktionssprecher Franz Barsig sowie der ehemalige DGB-Pressechef und spätere Rundfunkjournalist Joseph Viehöver, auf den schließlich die Wahl fiel. Gegen Reuter, der vor allem von Egon Bahr, einem Vertrauten aus Berliner Tagen, unterstützt wurde, sprach eindeutig die im Vergleich zu seinen beiden Konkurrenten geringe Medienerfahrung.

Reuter hatte es nicht versäumt, Zahn frühzeitig darüber zu informieren, daß er beim ZDF für den Posten des Programmdirektors im Gespräch sei. Die Nachricht verfehlte ihre Wirkung auf den Finanzchef nicht. »Von dem Tage ab, an dem er erfuhr, daß ich auch woandershin gehen könnte, ist so etwas nie wieder passiert«, erinnert sich Reuter. Er hatte damit bei Zahn eine Position erreicht, um die ihn die meisten seiner gleichaltrigen Kollegen, aber auch der eine oder andere in der Zucht des Herrn ergraute Daimler-Veteran beneiden konnte. Sie hatten es längst aufgegeben, sich des oft bissigen Spotts zu erwehren, mit dem der anspruchsvolle Chef Leistungen, die seinen Erwartungen nicht entsprachen, zu kommentieren pflegte.

Nahezu von Anfang an galt Edzard Reuter als jemand, der im Dienst mehr als alle anderen Distanz zu seiner Umgebung hielt. Ganz und gar auf seine Aufgabe fixiert, beschränkte sich seine Kommunikation auf das unbedingt Notwendige. Manch einem erschien er auf diese Weise unnahbar. Sowenig er anderen Einblick in sein eigenes Privatleben gewährte, sowenig nahm er von der Privatsphäre seiner Mitarbeiter Notiz. Selbst die Entgegennahme von Glückwünschen zum Geburtstag kostete ihn Überwindung, wenn er sich nicht sogar jeder Begegnung entzog. Nach Feierabend erlebten Zahns Assistenten und Direktoren dann meist einen anderen Reuter – etwa wenn sie, nachdem »der Chef« gegangen war, noch irgendwo auf der Etage gemeinsam eine gute Flasche leerten. Diese abendlichen Zusammenkünfte dienten nicht zuletzt der Information. Aus dem, was jeder wußte, ergab sich wie bei einem Puzzle oft erst das Gesamtbild dessen, was »oben« gerade gespielt wurde. Reuter gehörte auch einem kleinen Kreis unternehmungslustiger Zahn-Zuarbeiter an, denen die zweistündige Autofahrt ins elsässische Örtchen Illhäusern nicht zu weit war, um im Drei-Sterne-Restaurant »Auberge de l'Ill« zu speisen. Zwischen den Mitgliedern dieses »Freundeskreises Haeberlin« (so genannt nach den Inhabern der weithin bekannten Gourmet-Pilgerstätte) entwickelte sich eine interne Geheimkorrespondenz. Die um frei erfundene Geschäftsvorgänge und Personen (Edzard Reuter ließ in einem mehrseitigen Brief etwa einen gewissen Freiherrn von Tramin auftreten) angestellten Terminsondierungen zielten jeweils auf die nächste Abendtour ins Elsaß.

Reuter war für Zahn, der nach dem unfreiwilligen Ausscheiden von Hitzinger 1966 die Rolle eines Vorstandssprechers übernommen hatte, mittlerweile zu einem unverzichtbaren Mitarbeiter geworden. Besonders deutlich wurde dies im Herbst 1967, als ein Nachfolger für den noch von Hitzinger eingesetzten Leiter des Hauptsekretariats gefunden werden mußte. Bei dieser Position handelte es sich um eine ebenso interessante wie einflußreiche Vertrauensstellung. Der Hauptsekretär bearbeitet nämlich nicht nur alle Vorstandsangelegenheiten; über seinen Schreibtisch geht auch die gesamte Korrespondenz mit dem Aufsichtsrat und damit insbesondere mit den Großaktionären. Nicht ohne Grund galt dieses Amt gerade damals als ideales Karrieresprungbrett. Denn schon Hanns Martin Schleyer war über das Hauptsekretariat (unter Könecke) in den Vorstand gelangt. Nicht alle Kollegen Zahns waren jedoch begeistert, als sie erfuhren, daß sich Zahn mit Schleyer auf den im Juli 1966 zum Hauptabteilungsleiter beförderten Reuter als Kandidaten verständigt hatte. Mußte man, so fragte sich vor allem die konservative alte Garde, denn unbedingt einem »Roten« Einblick in brisante Dinge wie vertrauliche Personalunterlagen oder die Korrespondenz über Parteispenden gewähren? Sosehr das Thema auch für Casino-Gesprächsstoff sorgte – in der entscheidenden Vorstandssitzung ging der Personalvorschlag Zahns und Schleyers ohne Komplikationen durch. Reuter selber erfuhr von seiner geplanten Beförderung erst, als die Weichen längst gestellt waren. Am 5. September 1967 unterrichtete ihn Zahn in einem an seinen tunesischen Urlaubsort adressierten Brief über »eine Möglichkeit für Ihre weitere Laufbahn«. Zwar werde die neue Funktion an ihn erhöhte Anforderungen stellen; »ich glaube aber«, so fügte er gleich hinzu, »daß es sich in der Tat für Sie um eine außerordentlich erfreuliche Chance handelt, für die sich ein entsprechender Einsatz durchaus lohnen dürfte«. Auf alle Fälle habe er die Angelegenheit bereits »in der heutigen Vorstandssitzung . . . weitgehend positiv behandelt«.

So dicht Edzard Reuter die Aufgabe, die er am 1. Januar 1968 übernahm – rein äußerlich gesehen –, auch an das Zentrum der Macht heranführte, so klar war andererseits sein Aktionsfeld durch die vom Vorstand beschlossenen geschäftspolitischen Entscheidungen begrenzt. Ein kluger und vor allem ehrgeiziger Sekretär begnügt sich aber nicht mit dem bloßen Verwalten des Führungsapparates. Schon im Vorfeld von wichtigen Beschlüssen zeigte er Zahn Wege auf, schwierige Vorhaben durchzusetzen, und bemühte sich mit Hilfe seiner eigenen internen Verbindungen, zugunsten der Vorstellungen seines Chefs auf andere Vorstandsmitglieder einzuwirken. Das war schon deshalb oft nötig, weil Zahn im Vorstand häufig auf Widerstand stieß und seine Funktion als Sprecher im Verhältnis zu seinen Kollegen nicht das Gewicht eines Vorsitzenden hatte.

Eine der wichtigsten Aufgaben Reuters war es, in den Vorstandssitzungen Protokoll zu führen. Dies war nicht nur einigermaßen zeitraubend, sondern verlangte ein erhebliches dramaturgisches Geschick. Denn Zahn hielt sich nur ungern an die offizielle Tagesordnung, sondern griff nach eigenem Belieben bestimmte Themen heraus, ging, ohne daß diese schon zu Ende beraten worden wären, zum nächsten oder übernächsten Punkt über, um dann im weiteren Verlauf der Sitzung wieder auf die eingangs behandelten Fragen zurückzukommen. Edzard Reuter kam jetzt zustatten, daß er schon in Ankara bei Frau Kudret und zu Hause bei seiner Schwester Stenographie gelernt hatte, so daß er die zwei- bis dreistündigen Sitzungen im Wortlaut mitschreiben konnte. Mit Hilfe von Farbstiften markierte er anschließend die an verschiedenen Stellen des Wortprotokolls auftauchenden Passagen zu einem bestimmten Tagesordnungspunkt und setzte sie wie ein Mosaik zusammen. Reuter: »Auf diese Weise entstand ein Protokoll, das so aussah, als hätte der Vorstand alles der Reihe nach behandelt.«

Als die »eigentliche Schule des Hauptsekretariats« betrachtet es der Daimler-Chef rückblickend, »das Unternehmen in seiner ganzen Breite sehr genau kennengelernt« zu haben. Reuter: »Ich habe nach sehr kurzer Zeit in Vorstandssitzungen schon selber mal die Klappe aufgemacht, und sei es nur, um die Fakten zurechtzurücken, wenn jemand etwas sagte, was nicht durch Tatsachen gestützt war, was oft der Fall war.« Was den Hauptsekretär jedoch ärgerte, war, daß seine wegen ihrer sprachlichen Brillanz allgemein gelobten Protokolle bei Zahn meist wochenlang unter Verschluß lagen, bevor sie – von diesem unterschrieben – die übrigen Vorstandsmitglieder erreichten. Die Folge war, daß protokollierte Beschlüsse erst mit erheblicher Verspätung ausgeführt wurden. Reuter entwikkelte daher aus eigener Initiative (»Den Zahn habe ich gar nicht gefragt«) sogenannte »Vorstands-Veranlassungen«, die er unmittelbar nach den Sitzungen diktierte. Anhand dieser auf der Grundlage der getroffenen Entscheidungen erteilten Handlungsanweisungen wußte jedes Vorstandsmitglied schon am nächsten Tag, was sein Ressort zu unternehmen hatte. Passierte nichts, konnte das Hauptsekretariat den betreffenden Punkt erneut auf die Tagesordnung setzen. Erreicht wurde so eine erhebliche Systematisierung und Disziplinierung der Vorstandsarbeit.

Das Protokoll führen mußte Edzard Reuter aber nicht nur in den Sitzungen des Vorstandes, sondern auch im meist viermal jährlich tagenden Aufsichtsrat. Er rückte damit automatisch ins Blickfeld jener drei Männer, die als Vertreter der Großaktionäre das Präsidium bildeten. Als Reuter die Leitung des Hauptsekretariats übernahm, waren dies als Aufsichtsratsvorsitzender der in gleicher Funktion bei der Deutschen Bank tätige Hermann Josef Abs sowie die Industriellen Friedrich Flick und Herbert Quandt. Die drei bildeten das eigentliche Machtzentrum des Konzerns. Ob größere Investitionen, Vorstandsbesetzungen oder die Entwicklung eines neuen Modells – alle wichtigen Vorhaben wurden erst einmal im Präsidium vorbesprochen und vorentschieden. Reuter begleitete Zahn, wenn sich dieser allein oder im Beisein weiterer Vorstandskollegen mit den Präsiden – meist in der Frankfurter Zentrale der Deutschen Bank – traf, und führte auch hier das Protokoll. Dazwischen fuhr er häufig nach Düsseldorf, um im Hause Flick mit dem Generalbevollmächtigten Eberhard von Brauchitsch Jahresabschluß und größere Investitionsvorhaben vorzubesprechen.

Brauchitsch, dessen forsches Auftreten und »turmartige Gewaltigkeit« (Reuter) dem intellektuell-feinnervigen Zahn-Adlatus nicht unbedingt lagen, mit dem er jedoch sehr eng zusammenarbeitete, spielte bei der im Vorstand zunehmend schärfer werdenden Rivalität zwischen Zahn und Schleyer im

Hintergrund die entscheidende Rolle. Der Flick-Manager setzte alles daran, seinen Freund Schleyer gegen den vorerst nur als Primus inter pares fungierenden Vorstandssprecher aufzubauen. Allerdings hatte dieser den Vorteil, im Vergleich zu seinem für das Personalressort zuständigen Konkurrenten den vor allem aus der Sicht der Großaktionäre bei weitem bedeutenderen Finanzbereich unter sich zu haben. Brauchitsch setzte es daher gegen Abs durch, daß Schleyer zum 1. Juli 1968 im Vorstand das Aufgabengebiet »Zentral-Planung« übertragen wurde – gegen den erklärten Willen Zahns. Damit hatte Schleyer ein Instrument in der Hand, mit dem er vor allem Einfluß auf die Investitionspolitik nehmen konnte.

Der sachliche Streit, der den persönlichen Machtkampf der beiden überlagerte, entzündete sich insbesondere an der Frage, ob Daimler-Benz seine Fertigungskapazitäten für Nutzfahrzeuge weiter ausbauen solle. Während Schleyer, unterstützt von seinem für die Nutzfahrzeugproduktion zuständigen Kollegen Ulrich Raue, für eine deutliche Steigerung in den Inlandswerken auf 225 000 Einheiten jährlich plädierte, befürwortete Zahn, an der erreichten »Kammlinie« von 175 000 Fahrzeugen festzuhalten. Nach der Inbetriebnahme des neuen Lkw-Montagewerkes Wörth (gegenüber Karlsruhe auf der linken Rheinseite) 1965 und der Übernahme der Hanomag-Henschel-Werke von Rheinstahl 1969, so der Vorstandssprecher, sei eine weitere Expansion nicht zu verantworten.

Reuter stand in dieser Streitfrage, schon aufgrund seiner Funktion, auf der Seite Zahns. An allen Alternativplanungen des Finanzressorts, die auf den pessimistischen Konjunkturerwartungen Zahns beruhten, war er unmittelbar beteiligt. Man tut Reuter sicherlich nicht unrecht, wenn man unterstellt, daß er sich dabei durchaus im klaren war, daß ein Sieg des Finanzchefs (hinter dessen vorsichtiger Investitionspolitik im übrigen die Deutsche Bank stand) auch für seine eigene Karriere günstigere Perspektiven verhieß. Mit dem Wechsel Brauchitschs von

Flick zum Springer-Konzern und dem damit verbundenen Ausscheiden des Schleyer-Freundes aus dem Daimler-Aufsichtsrat kam Zahn seinem Ziel im Sommer 1970 denn auch einen großen Schritt näher. In einer dramatischen Präsidialsitzung unter Leitung des Abs-Nachfolgers Franz Heinrich Ulrich stellte sich das Dreiergremium einmütig hinter die Politik des Vorstandssprechers. Ein langer, zäh geführter Machtkampf war entschieden. In der Aufsichtsratssitzung vom 29. Juli 1971 teilte Ulrich mit, daß ihn Schleyer gebeten habe, »mit dem heutigen Tag die Planungsaufgabe abzugeben«. Gleichzeitig wurde Zahn – späte Genugtuung – zum Vorstandsvorsitzenden ernannt.

Unabhängig von ihren unterschiedlichen Standpunkten in den Auseinandersetzungen zwischen dem Finanz- und Planungsressort verband Reuter und Schleyer jedoch persönlich ein ausgesprochen gutes Verhältnis. Dabei imponierten dem konsensorientierten Sozialdemokraten vor allem Schleyers soziales Engagement und dessen gute Beziehungen zu den Gewerkschaften. Als sich die beiden am 2. September 1977, einem Freitag, im Vorstandszimmer des Daimler-Casinos zum Mittagessen trafen, schien der rund um die Uhr von der Polizei bewachte Arbeitgeberpräsident alle Sorgen um sein Leben vorübergehend verdrängt zu haben. Von Reuter frotzelnd auf seinen immensen Zigarettenkonsum und sein Übergewicht angesprochen, scherzte er zurück, er werde ohnehin einmal ganz anders als an zu vielem Essen oder Rauchen sterben. Am darauffolgenden Montag wurde Hanns Martin Schleyer von RAF-Terroristen in Köln entführt.

Zurück zu den Vorgängen im Sommer 1971. Nur wenige Tage nachdem er Vorstandsvorsitzender geworden war und in dieser Funktion auch die bis dahin von Schleyer betreute Planung übernommen hatte, berief Zahn am 5. August Edzard Reuter zum Leiter des Direktionsbereichs Unternehmensplanung und Organisation. In dieser Berufung kam die Anerkennung zum Ausdruck, die der Konzernchef seinem Hauptsekretär für dessen bisherige planerische Arbeiten im Finanzressort zollte. Die Aufgabe, mit der sich Reuter jetzt konfrontiert sah, war jedoch um ein Vielfaches schwieriger als diejenige, mit der er es bisher zu tun gehabt hatte. Planung, wie man sie bis dahin bei Daimler-Benz kannte, bestand im wesentlichen darin, die Investitionspolitik entsprechend dem vorgegebenen Finanzrahmen zu steuern.

Doch schon als Hauptsekretär hatte er sich – über diesen »Finanzchef-Standpunkt« (Reuter) hinausgehend – anhand von Lehrbüchern und durch Kontakte zu Professoren und Experten anderer Unternehmen an die Entwicklung eines »integrierten Planungssystems« gemacht. In ihm sollten Entwicklungsprogramme, Absatzschätzungen, Investitionspläne, Ergebnis- und Finanzvorschauen in einem Regelkreis aufeinander abgestimmt werden. Eine Unternehmensplanung, wie er sie verstand, sollte sich an systematisch erarbeiteten langfristigen Zielen orientieren. Dazu strebte er, wie er in einem Zwischenbericht an den Vorstand ausführte, »die Erfassung aller maßgeblichen Daten und Faktoren durch sorgfältige Analysen von Umwelt, Märkten, Konkurrenzverhalten, technologischen Tendenzen und gesellschaftlichen Entwicklungen« an.

Die Aussicht, mit Hilfe moderner Methoden der Organisation und Datenverarbeitung unternehmenspolitische Entscheidungen auf der Basis alternativer Planungen zu treffen, erschien vielen geradezu als revolutionär. Entsprechend schwierig war die Implementierung der neuen Instrumente. Noch im November 1972 klagte Reuter in einer Notiz an Zahn, daß über die Notwendigkeit einer integrierten Unternehmensplanung »ja wohl teilweise nach wie vor Unklarheit besteht«. Eine zuverlässigere Abstützung aller weiteren strategischen Schritte war jedoch schon durch die inzwischen erreichte Größe des Konzerns unverzichtbar geworden. Allein zwischen 1960 und 1970 hatte sich die Zahl der produzierten Personenwagen und Nutzfahrzeuge von 195 644 auf 476 568, die der Beschäftigten von 67 521 auf 144 372 und der Umsatz von 2,9 auf 11,7 Milliarden Mark erhöht. Hinzu traten schwerwiegende externe Herausforderungen: eine außer Kontrolle geratene Konjunktur mit starken Preissteigerungen und überzogenen Lohnforderungen der Gewerkschaften, eine importierte Inflation durch Dollarzuflüsse in Milliardenhöhe und schließlich am 9. Mai 1971 die von Bonn in höchster Not beschlossene Freigabe der Wechselkurse. Am 15. August, also nur wenige Tage nachdem Reuter die Unternehmensplanung übernommen hatte, suspendierte US-Präsident Richard Nixon die Einlösepflicht für Dollar gegen Gold und verhängte zur Lösung der amerikanischen Zahlungsbilanzprobleme eine zehnprozentige Importabgabe.

Wie brisant Daimlers Großaktionäre die Lage für das Unternehmen einschätzten, wurde deutlich, als Ende August Aufsichtsratschef Ulrich und Friedrich Karl Flick nach Untertürkheim kamen, um in einem Planungsgespräch mit Reuter auf eine Drosselung der Investitionen bei gleichzeitiger Erhöhung der Reservemittel zu drängen. Die Folge war, daß die Planungen kräftig nach unten korrigiert wurden. Doch schneller als erwartet verzogen sich die düsteren Wolken am Konjunkturhimmel wieder. Schon bald tauchte erneut das Schreckgespenst zu knapper Kapazitäten, vor allem bei Pkw, auf. Im Januar 1972 brachte Reuter daher eine Diskussion über die Frage in Gang, »inwieweit die derzeitige Zuordnung der einzelnen Werke zu den großen Produktionsbereichen auch unter dem Gesichtspunkt der mittel- bis langfristigen Planung ausreichend durchdacht ist«. Das Montagewerk Sindelfingen, in dem 1971 fast 285 000 Mercedes-Personenwagen vom Band rollten, war mit einer Belegschaft von 30 000 Beschäftigten allein wegen des leergefegten Arbeitsmarktes kaum noch weiter ausbaufähig. Demgegenüber war auf der Nutzfahrzeugseite das 1969 von Rheinstahl übernommene Werk Bremen, in dem Leichttransporter montiert wurden, bei weitem nicht voll ausgelastet.

Reuter hatte mit seinem Denkanstoß einen Planungsprozeß in Gang gesetzt, der sieben Jahre später unter dem Namen »Langfristige Produktionsordnung« zu einer Neuaufteilung der Funktionen zwischen den inländischen Werken führen sollte.

Schon im Verlauf des Jahres 1972 setzte sich bei Zahn und auch bei Ulrich die Auffassung durch, daß es mit Blick auf die anstehenden großen Planungsaufgaben ratsam sei, diesem Bereich Vorstandsrang zu verleihen. Und am 9. März 1973 beschloß der Aufsichtsrat, Edzard Reuter zum stellvertretenden Vorstandsmitglied für das Ressort Unternehmensplanung und Organisation zu ernennen. Neun Jahre nach seinem Eintritt ins Unternehmen hatte der mittlerweile 45jährige eine Sprosse auf der Karriereleiter erklommen, auf der einmal zu stehen er nach den Enttäuschungen und Rückschlägen seiner ersten Berufsstationen kaum zu träumen gewagt haben dürfte. Dabei hatte er das große Glück gehabt, zum richtigen Augenblick in die Nähe des richtigen Mannes gelangt zu sein. Joachim Zahn, der 14 Jahre und damit länger als jeder andere Daimler-Chef vor und nach ihm an der Spitze des Konzerns stand, war zwar ein vorsichtiger und bisweilen sogar mißtrauischer Mann; dennoch ließ er Reuter den nötigen Freiraum, um seine besonderen Talente zu beweisen – vor allem sein Denken in komplizierten Zusammenhängen und Größenordnungen, Ausdruck seiner mathematischen Begabung, aber auch seine scharfe und im Ausdruck brillante Analyse sowie nicht zuletzt eine ausgeprägte Bereitschaft, unbequeme Dinge frühzeitig anzupacken.

Sosehr sich Zahns Unternehmensplaner damit für eine Berufung in den Vorstand anbot – ganz ohne Magengrimmen brachten es die Königsmacher an der Spitze des Aufsichtsrates schon damals nicht über sich, das Parteibuch ihres Kandidaten einfach zu ignorieren. Nachdem Reuter im Vorfeld seiner Ernennung, um der Konvention zu genügen, sogar noch den Gang zum Standesamt angetreten hatte, war er um so mehr überrascht, als ihn kurz vor der Entscheidung der Aufsichtsratsvorsitzende noch einmal »ins Gebet« nahm. Im Beisein von Zahn fragte ihn Ulrich, ob er sich zur freiheitlich-demokratischen Grundordnung und zur sozialen Marktwirtschaft bekenne. Der Großbankier spürte schnell die peinliche Wirkung seiner Frage und beeilte sich hinzuzufügen, daß ihn das Präsidium beauftragt habe, diesen Punkt zu klären. Reuter, innerlich tief verletzt, aber äußerlich ruhig, antwortete Ulrich, wie er sich noch heute erinnert: »Ja, aber ich sage dieses Ja nicht, ohne hinzuzufügen, daß meine Familie möglicherweise mehr für die freiheitlich-demokratische Grundordnung getan hat als Sie, der Sie mich danach fragen.«

4. Eine »gemischte Raubtiergruppe«

Rivalitäten und Rankünen im Zentrum der Macht

Ich bin übrigens sicher, daß Niederlagen ein unverzichtbarer Bestandteil jeder Persönlichkeit sein müssen. Wer in seinem Leben nicht einmal eine Niederlage erlitten hat, der kann kein freier und gelöster Mensch sein.
(Edzard Reuter 1990 in einem Interview mit der Schweizer Zeitschrift »Politik und Wirtschaft«)

»Die Aufnahme in den Vorstand«, erinnert sich Edzard Reuter, »war außerordentlich herzlich; gleich nach der Aufsichtsratssitzung gab es einen kleinen Umtrunk; Zahn, Schleyer und die anderen gratulierten mir.« Rein äußerlich hatte sich kaum etwas geändert, denn als früherer Hauptsekretär kannte er seine neuen Kollegen sämtlich bestens und hatte als Protokollant mit ihnen jahrelang am Tisch gesessen. Aber das war, wie gesagt, nur der äußere Rahmen.

Sehr schnell wurde ihm klar, daß er mit dem Ressort Unternehmensplanung und Organisation ein schwieriges Amt übernommen hatte. Im Unterschied zu den meisten übrigen Mitgliedern des elfköpfigen Führungsgremiums, die klar abgegrenzte Funktionalbereiche wie etwa Forschung und Entwicklung oder Produktion Personenwagen betreuten, lag Reuters Arbeitsschwerpunkt sehr viel stärker in der Koordination der auf den verschiedenen Stufen erstellten Pläne. Für die einzelnen Ressortchefs bedeutete dies eine erhebliche Umstellung. Sie hatten sich daran gewöhnt, daß der Vertrieb mit seinen Absatzprojektionen den Orientierungspunkt setzte, an dem alle übrigen Bereiche ihre eigenen Planungen ausrichteten. Reuter sah seine Aufgabe jetzt darin, diese Praxis durch eine Planung aus einem Guß zu ersetzen, in die alle Ressorts von Anfang an einbezogen waren. Das war leichter gedacht als getan. Denn Altkollegen wie die Produktionschefs Wilhelm Langheck (Personenwagen) und Ulrich Raue (Nutzfahrzeuge) hatten sich bislang nicht gerade durch ein Höchstmaß an Transparenz hervorgetan. Auf der anderen Seite waren beide hoch erfreut, daß es Reuter gelang, auch den Forschungs- und Entwicklungs-Bereich unter Professor Hans Scherenberg an das neue Planungssystem heranzuführen. Allein an den Materialeinkauf traute sich der neuernannte Planungsvorstand nicht heran. Der bis 1974 für dieses Gebiet verantwortliche Otto Jacob blockte, so Reuter, »mit brutalster Gewalt« alles ab, was auf eine Offenlegung seiner Einkaufsabschlüsse hinausgelaufen wäre.

Außer der normalen Geschäftsplanung verfolgte Reuter gleichzeitig aber auch die für die weitere Entwicklung des Konzerns entscheidenden strategischen Überlegungen in der Modell- und Standortpolitik. Dazu gehörten insbesondere die »Langfristige Produktionsordnung« (LPO) mit der Neuverteilung der Fertigungsaufgaben innerhalb der Inlandswerke, die zur Kompaktklasse führenden Planungen einer dritten Modellreihe und schließlich auf der Nutzfahrzeugseite die Frage nach dem weiteren Ausbau der Auslandsproduktion mit der Möglichkeit einer Arbeitsteilung zwischen den einzelnen Werken.

Das breite Feld seiner Arbeit ließ es dem Planungschef gerechtfertigt erscheinen, mit einigem Optimismus seiner weiteren Karriere entgegenzusehen. Daß ihn der Aufsichtsrat nicht schon, wie üblich, nach zwei, sondern erst nach drei Jahren (mit Wirkung vom 24. März 1976) zum ordentlichen Vorstandsmitglied beförderte, hatte besondere Gründe, die nichts mit seiner Person zu tun hatten. Einen bereits ein Jahr vor Reuter berufenen Kollegen hätte man anstandshalber gleich mit zum Vollmitglied machen müssen, wozu sich die Runde jedoch nicht entschließen konnte. Auch die Altersstruktur des Vorstandes mußte Reuter in der Einschätzung bestärken, daß er bei der in einigen Jahren anstehenden Wahl eines Zahn-Nachfolgers gute Karten haben werde. Nicht weniger als fünf von zehn Mitgliedern, die er bei seiner Berufung vorfand, erreichten noch vor dem Vorstandschef die Altersgrenze, von den drei übrigen »Ordentlichen« stand der Jüngste nur drei Jahre nach Zahn zur Pensionierung an. Wer also eines Tages die Kandidaten sein würden, hing somit wesentlich von den Nachrückenden ab.

Im Sommer 1973 erfuhr Reuter durch Zahn von dessen Absicht, das bei VW für Beteiligungen zuständige Vorstandsmitglied Gerhard Prinz für das bei Daimler-Benz frei werdende Ressort Materialwirtschaft vorzuschlagen. Zahns Frage, ob er etwas dagegen habe, konnte er guten Gewissens verneinen. Er hatte, noch als Hauptsekretär, Prinz bei Sondierungen über ein Zusammengehen beider Unternehmen als äußerst kooperativen Kollegen empfunden. Prinz entstammte der Inhaberfamilie einer mittelständischen Solinger Besteckfabrik und war im Gefolge von Kurt Lotz aus der Führungsetage des Mannheimer Elektrounternehmens BBC nach Wolfsburg gewechselt. Zahn war klug genug gewesen, sich für den Prinz-Transfer schon früh die Zustimmung Friedrich Karl Flicks zu sichern. Damit hatte er die Weichen für eine zügige Behandlung der Angelegenheit im Aufsichtsratspräsidium gestellt.

Sicherlich hatte Zahn dem VW-Manager, den er auf einer gemeinsamen Reise einer Wirtschaftsdelegation nach Indien näher kennengelernt hatte, keine bindende Zusage geben können, daß er einmal sein Nachfolger werden würde. Ganz davon abgesehen, daß eine so frühe Festlegung auf einen Kronprinzen unklug gewesen wäre, wußte der im Umgang mit seinen Großaktionären erfahrene Vorstandschef nur allzugut, wo diese Frage letztlich entschieden wurde. Formal hatte der schlaue Taktiker also durchaus recht, wenn er Edzard Reuter vor der Berufung von Prinz mit dem Hinweis beruhigte, daß damit kein Präjudiz für die ja erst in sechs Jahren fällige Nachfolgeregelung verbunden sei. Dies um so mehr, als der an der Spitze des Aufsichtsrates stehende Deutsche-Bank-Sprecher Franz Heinrich Ulrich Prinz eher reserviert gegenüberstand und zu ihm auch in späteren Jahren nie ein uneingeschränkt positives Verhältnis entwickelte.

Subjektiv war Zahn jedoch – zumindest zunächst – davon überzeugt, den richtigen Mann für seine Nachfolge gefunden zu haben. Aus seiner Sicht sprachen für Prinz vor allem dessen operative Erfahrungen als zeitweiliger Chef der VW-Tochter Audi NSU. In Reuter habe er, so Zahn, demgegenüber damals einen »reinen Stabs-Mann« gesehen, der sich als Vorsitzender gegen Prinz und den 1976 für das Ressort Produktion in den Vorstand berufenen Werner Niefer nie hätte durchsetzen können. In den Köpfen von Spitzenmanagern spielen sich jedoch, was die Einschätzung von Kollegen betrifft, bisweilen schwer nachvollziehbare Sinneswandlungen ab. Jedenfalls veranlaßten stark im Persönlichen begründete Enttäuschungen Zahn am Ende seiner Amtszeit, sich von seinem Favoriten abzuwenden und kurz vor der Entscheidung plötzlich Niefer ins Gespräch zu bringen. So wurden in dem unerträglich langen Tauziehen um den neuen Mann an der Konzernspitze zusammen mit Prinz und Reuter schließlich drei Vorstandsmitglieder in der Presse als aussichtsreiche Kandidaten »gehandelt«.

Da die Quandt-Gruppe ihr Daimler-Aktienpaket schon Ende 1974 an das Scheichtum Kuwait verkauft und wenig später auch die Familie Flick ihren Besitz bis auf einen Restbestand von zehn Prozent an die Deutsche Bank abgegeben hatte, fiel dieser jetzt auch in allen wichtigen Personalangelegenheiten die bestimmende Rolle zu. Seit dem Ausscheiden Ulrichs aus dem aktiven Dienst der Bank 1976 war in Frankfurt Wilfried Guth neben Friedrich Wilhelm Christians als Co-Sprecher getreten. Da Ulrich (anders als vor ihm Abs) unmittelbar nach seinem Wechsel in den Ruhestand sein Aufsichtsratsmandat bei Daimler-Benz niedergelegt hatte, nahm sein Nachfolger noch im selben Jahr die strahlendste Perle aus dem industriellen Besitz der Bank in seine Obhut.

Für den in Personaldingen eher zögerlichen Seiteneinsteiger – Guth arbeitete vor dem Eintritt in den Vorstand der Deutschen Bank bei der Kreditanstalt für Wiederaufbau – war die Regelung der Zahn-Nachfolge nicht allein wegen der Qual der Wahl delikat. Hinzu kam nämlich, daß ein Kollege aus seinem eigenen Vorstand hörbar Interesse an dem vielleicht attraktivsten Spitzenposten der deutschen Industrie bekundete: Alfred Herrhausen, bei Daimler-Benz seit 1976 im Aufsichtsrat und in seinem eigenen Haus noch mindestens bis 1985 (dem Jahr der Pensionierung Guths) ohne Chance auf ein Sprecheramt. Doch ebensowenig, wie ihn seine Kollegen in Frankfurt ziehen lassen wollten, gedachten die Herren im Untertürkheimer Vorstand, sich einen Chef von außen präsentieren zu lassen, dazu noch einen Branchenfremden. Außerdem hatten sich die Arbeitnehmervertreter im Aufsichtsrat von Anfang an auf einen Mann aus dem Hause festgelegt. Guth traf seine Entscheidung in der für ihn typischen Art erst, nachdem er sich ausgiebig bei guten Freunden und Vertrauten Rat geholt hatte. Vor allem einflußreiche Kreise der baden-württembergischen Wirtschaft, an ihrer Spitze Bosch-Geschäftsführer Hans Merkle, und Präsidiumsmitglieder des Bundesverbandes der Deutschen Industrie (BDI) überkam ein leichtes Frösteln bei dem Gedanken, daß ausgerechnet Daimler-Benz von einem Sozialdemokraten regiert werden könnte. Wirkung erzielte bei Guth auch der Einwand, daß eine Wahl Reuters die überwiegend konservative

Daimler-Kundschaft verprellen und womöglich in die Arme der BMW-Verkäufer treiben könnte. Drei Jahre nach Einführung der paritätischen Mitbestimmung fragten sich einige Anteilseignervertreter schließlich, ob ein Vorstandsvorsitzender mit SPD-Parteibuch die Machtbalance nicht vielleicht ein Stück zu stark zugunsten der Betriebsräte und Gewerkschaften verändern könnte. Damit waren die Würfel praktisch gefallen.

In der Aufsichtsratssitzung vom 26. April 1979, in der die Wahl des Zahn-Nachfolgers auf der Tagesordnung stand, hob Guth die künftige Ressortverteilung im Vorstand hervor, die bei den Nachfolgeüberlegungen eine wichtige Rolle gespielt habe. »Vorgesehen sei«, so berichtete er laut Protokoll, »daß nach dem Ausscheiden von Zahn Reuter das Ressort Finanz- und Rechnungswesen übernehme und dafür sein bisheriges Ressort Unternehmensplanung weitgehend an Prinz übergebe. Dieser Wechsel in den Zuständigkeiten erscheine sinnvoll, zumal schon lange vor dem Beginn der Nachfolgedebatte daran gedacht gewesen wäre, das Ressort Finanz- und Rechnungswesen nicht mehr beim Vorsitzenden zu belassen. Die Kumulierung von Finanz- und Rechnungswesen und Unternehmensplanung bei einem Vorstandsmitglied hätte andererseits eine zu schwergewichtige Konzentration von Vorstandsaufgaben dargestellt. Es erscheine daher richtig, diese strategische Verantwortung unter Aufgabe des gesonderten Vorstandsressorts dem Vorsitzenden zu übertragen. Damit werde einer weiteren wichtigen Zielvorstellung im Zusammenhang mit dem bevorstehenden Wechsel Rechnung getragen, nämlich die Vorstandsbesetzung noch etwas zu straffen.«

Edzard Reuter tat sich schwer, die Niederlage, als die er die Wahl von Prinz empfand, innerlich zu verkraften. Allzu deutlich ließ er sich die Enttäuschung darüber anmerken, trotz seiner längeren und fundierteren Kenntnis des Unternehmens und seiner unbezweifelbaren Sachkompetenz übergangen worden zu sein. Seinen Mitarbeitern erschien er in den ersten

Wochen nach der Nachfolgeentscheidung ausgesprochen still und in sich gekehrt. Er habe »geschmollt« und sich »abgekapselt«, erinnert sich sein Vorstandskollege Werner Niefer. Voller Verbitterung notierte sich Reuter die Erklärungen, die ihm Guth unmittelbar vor der Aufsichtsratssitzung für seinen Personalvorschlag gegeben hatte. Zwar hatte ihm dieser ausdrücklich attestiert, als Chef des Planungsressorts das Unternehmen wie kein zweiter zu kennen und an wesentlichen geschäftspolitischen Schritten mitgewirkt zu haben; wenn es jedoch darum gehe, wer die »größere unternehmerische Erfahrung« habe und bereits selbständig getroffene gestaltende Entscheidungen vorweisen könne, dann neige sich die Waagschale zugunsten von Prinz. Auch habe er, Guth, in Gesprächen mit anderen Vorstandsmitgliedern feststellen müssen, daß Reuters Integrationsfähigkeit im Hause nicht so groß wie die von Prinz sei. Dies war ein deutlicher Hinweis auf die politischen Vorbehalte, die in der Daimler-Spitze gegen Reuter, wenngleich nicht offen, so zumindest unterschwellig immer vorhanden gewesen waren – und nicht nur dort. Obwohl, wie er Reuter versicherte, dessen Parteizugehörigkeit für ihn persönlich keine Rolle gespielt habe, habe er doch nicht ignorieren können, daß dies in der Deutschen Bank ein wichtiger Diskussionspunkt gewesen sei.

Von der quälenden Nachfolgediskussion war auch das Verhältnis zwischen Reuter und Prinz nicht völlig unberührt geblieben. Die von Anfang an gespannte Beziehung wurde obendrein noch zusätzlich dadurch belastet, daß Prinz das bislang von Reuter verwaltete Planungsressort gegen dessen Willen selber übernahm. Der Vorstandsvorsitzende seinerseits verübelte dem Finanzchef die öffentlichen Reden, mit denen dieser auf sich aufmerksam machte. Vorsichtig ventilierte er daher die Möglichkeit, seinen unbequemen Kollegen durch ein attraktives Angebot von außen loszuwerden. So versuchte er, Reuter an die Spitze der Deutschen Lufthansa zu lancieren.

Doch der Versuch schlug fehl. Das Rennen machte dort 1982 mit Heinz Ruhnau ein anderer Sozialdemokrat.

Trotz ihrer nie ganz überwundenen Rivalität waren sich Prinz und Reuter jedoch in den wichtigen Fragen der Geschäftspolitik durchaus einig. So hatte Reuter beispielsweise den von Prinz noch in der Ära Zahn realisierten Kauf der amerikanischen Firma Euclid Inc. in Cleveland (Ohio), Hersteller von Schwerlastfahrzeugen für Großbaustellen, Erz- und Kohleabbau, uneingeschränkt befürwortet. Allerdings erwies sich das Engagement schon sehr bald als Fehler, den Daimler-Benz mit dem Weiterverkauf der Gesellschaft an den Baumaschinenkonzern Clark Equipment sieben Jahre später wieder korrigierte. Auch die zweite große US-Akquisition, die Übernahme des Lkw-Produzenten Freightliner Corporation in Portland (Oregon) im Juli 1981, fand seine Unterstützung.

Umgekehrt akzeptierte Prinz Reuters Ressortpolitik vorbehaltlos, vor allem auch die von ihm für sich beanspruchte »Bremserfunktion des Finanzchefs« sowie die bei Daimler-Benz bis heute übliche Führung des Unternehmens »über das Betriebsergebnis« als interne Meßlatte für den wirtschaftlichen Erfolg. Entsprechend der erzkonservativen Finanzpolitik des Hauses liegt die Meßlatte außerordentlich hoch: Durch die ergebnismindernde Einbeziehung kalkulatorischer Sonderbelastungen wie höhere Abschreibungen, Zinsen und Aufwendungen für Altersversorgungsansprüche von Mitarbeitern rechnet sich der Konzern, salopp ausgedrückt, künstlich arm. Dies führt dazu, daß die Gesellschaft, würde sie einmal ein Betriebsergebnis null ausweisen, in Wahrheit bereits eine standesgemäße Dividende verdient hätte.

Unübersehbar für die übrigen Mitglieder des Vorstandes rückten Prinz und Reuter 1983 deutlich enger zusammen, so daß innerhalb der Führung bereits von einem »Burgfrieden« der beiden Rivalen die Rede war. Unvorhergesehene Probleme trugen dazu nicht unwesentlich bei. Prinz und Reuter war zu diesem Zeitpunkt bereits klar, daß Euclid wieder verkauft werden mußte – für den Vorstandschef ein außerordentlich schwerer Entschluß, weil damit auch sein persönliches Prestige auf dem Spiel stand. Zum anderen bedrückte ihn das in diesem Umfang nicht erwartete Abgleiten des Betriebsergebnisses. Reuter: »Ich habe viele Stunden mit ihm darüber diskutiert, was wir in dieser Lage tun könnten.«

Am 29. Oktober 1983, einem Samstag, starb Gerhard Prinz 54jährig auf seinem Heimtrainer an Herzversagen. Reuter erfuhr vom Tod des Vorstandsvorsitzenden zu Hause durch einen Anruf seines Kollegen Werner Breitschwerdt. Nicht einmal vier Jahre hatte die Ära Prinz gedauert. Einmal mehr stand Wilfried Guth vor der Aufgabe, den besten Mann für die Nachfolge zu nominieren. Viel Zeit hatte er dafür nicht. Das Unternehmen verlangte nach einer festen Führungshand. In der routinemäßigen Aufsichtsratssitzung am 2. November teilte er mit, er werde sich unmittelbar nach der Trauerfeier für Prinz der Nachfolgefrage annehmen. Gleichzeitig forderte er alle Mitglieder des Gremiums auf, sich keinesfalls an möglichen Personaldiskussionen in der Öffentlichkeit zu beteiligen.

Wenn Wilfried Guth in der Lage gewesen wäre, über seinen Schatten zu springen, hätte es eigentlich keines längeren Nachdenkens bedurft, um zu einer Entscheidung, der in dieser Situation einzig richtigen Entscheidung, zu kommen. Edzard Reuter war jetzt ziemlich genau 20 Jahre im Unternehmen, hatte in dieser Zeit eine makellose Karriere durchlaufen und war mit 55 Jahren genau in dem Alter, um noch zwei volle Amtsperioden das Unternehmen zu führen. Doch was bedeuten solche Einsichten, wenn zwischen zwei Männern, wie man so schön sagt, die »Chemie« nicht stimmt! Trotz äußerlich korrekten Umgangs miteinander hatte Reuter Guth niemals vergessen, daß dieser in seinen Augen 1979 nicht »mannhaft zu seiner Entscheidung gestanden«, sondern Beurteilungen und politische Bedenken anderer als Beweggründe für seine Wahl in den Vordergrund gestellt hatte. Entsprechend wenig war Reuter in der Zwischenzeit daran gelegen gewesen, bei seinem Aufsichtsratschef positivere Gefühle seiner Person gegenüber zu wecken. Hinzu kam, daß Guth im Laufe der Zeit zu Prinz ein intensives Vertrauensverhältnis entwickelt und damit dessen Position gegenüber Reuter gestärkt hatte.

Chancen, Prinz-Nachfolger zu werden, rechnete sich außer Reuter auch Produktionschef Niefer aus. Zuständig sowohl für die Personenwagen- als auch für die Nutzfahrzeug-Fertigung, nahm er im Vorstand eine starke Position ein. An persönlichem Ehrgeiz stand er seinem Freund Reuter kaum nach. Mit diesem teilte er die Erwartung, daß die Wahl eigentlich nur zwischen ihnen beiden fallen könnte. Wer am Ende den kürzeren ziehen werde, so versprachen sie sich gegenseitig, werde den anderen auf alle Fälle ohne Gram loyal unterstützen. Allerdings war der deftige Produktionsmann Niefer, der – Gastwirtssohn aus dem schwäbischen Notzingen – einst als Werkzeugmacher-Lehrling »beim Daimler« seine steile Karriere begonnen hatte, so gar nicht der Typ, den die Herren der Deutschen Bank und insbesondere Wilfried Guth für die Besetzung des wohl begehrtesten Spitzenpostens der deutschen Industrie im Auge hatten.

So kam es, daß sich Guth statt für Niefer oder Reuter für einen Dritten entschied, der weit weniger Ambitionen auf eine Berufung an die Spitze als seine beiden Kollegen gezeigt hatte: Werner Breitschwerdt, im Vorstand für den Bereich Forschung und Entwicklung zuständig. Als ihn Guth mit der Frage überraschte, ob er das Amt des Vorstandsvorsitzenden übernehmen wolle, antwortete dieser zunächst auch: »Ich bin mit dem Entwicklungsressort sehr zufrieden.« Erst als der Aufsichtsratsvorsitzende nachhakte: »Würden Sie es sich denn zutrauen?«, gab sich der bei seiner Ehre gepackte Elektroingenieur geschlagen. Eine Woche vor der auf den 1. Dezember angesetzten Wahl des Prinz-Nachfolgers eröffnete Guth

Edzard Reuter, für wen er sich entschieden hatte. Für ihn, Guth, sei klar, daß er für das Amt die breite Qualifikation mitbringe und auch die anstehenden operativen Aufgaben wahrscheinlich besser würde lösen können als Breitschwerdt. Dieser sei in seinen Augen dagegen der innovative, vorausschauend denkende Mann. Im übrigen habe ihm Siemens-Chef Karlheinz Kaske versichert, daß ein Unternehmen so gut sei wie seine Produkte, und Breitschwerdt als hochangesehener Entwickler stehe für die besten Autos. Nach Einzelgesprächen mit allen Mitgliedern des Vorstandes glaube er auch, daß dieser von allen Kandidaten die breiteste Zustimmung finde. Reuter zeigte sich, so Guth zurückblickend, von diesem Wahlvorschlag »tief enttäuscht«. Die Berufung Breitschwerdts, so hielt er dem Aufsichtsratschef entgegen, sei ein Fehler, für den er, Guth, die alleinige Verantwortung trage.

Wie schon bei der Wahl von Prinz als Zahn-Nachfolger versicherte Guth erneut, daß für ihn persönlich parteipolitische Erwägungen bei der Entscheidung gegen Reuter keine Rolle gespielt hätten. Reuter hielt ihm darauf entgegen, daß er von einem Gespräch wisse, das er, Guth, mit dem Vorsitzenden der Bosch-Geschäftsführung, Hans Lutz Merkle, über dieses Thema geführt und dabei sogar seine wegen Unterstützung einer örtlichen Bürgerinitiative gelegentlich als »rote Rosa« apostrophierte Ehefrau erwähnt habe. Immerhin räumte der Bankier Reuter gegenüber ein, von außen auf die politischen Bedenken angesprochen worden zu sein. Vor dem Aufsichtsrat erklärte Guth laut Protokoll ferner, daß sein Vorschlag »mit dadurch beeinflußt worden sei, daß Herr Dr. Prinz ihm verschiedentlich gesagt hatte, er könne sich, falls ihm etwas zustoßen sollte, am besten Herrn Professor Breitschwerdt als seinen Nachfolger vorstellen«.

Im Unterschied zum letzten Mal, als er den Aufsichtsrat geschlossen für die Wahl von Prinz hatte gewinnen können, stimmten bei der Entscheidung für Breitschwerdt die Mitglieder der Arbeitnehmerbank (mit Ausnahme der Vertreterin der leitenden Angestellten, Marie-Christine Fürstin von Urach) demonstrativ mit »Nein«. Herbert Lucy, Vorsitzender des Gesamtbetriebsrates und stellvertretender Aufsichtsrat, meinte, »der beste Mann müsse an die Spitze des Unternehmens. Dies sei Herr Reuter, der zudem auch über ein hohes Maß an politischem Sachverstand verfüge«. Der IG-Metall-Vorsitzende Franz Steinkühler kritisierte, daß »ein Kandidat vorgeschlagen werde, der, obwohl es um die Führung eines weltweit tätigen Unternehmens geht, über keine internationale Erfahrung und Praxis verfüge. Wenn Herr Dr. Guth meine, daß negative Voten für Herrn Professor Breitschwerdt dem Ansehen des Unternehmens schadeten, so fürchte er, daß der voraussehbare Ausgang der Wahl dem Unternehmen mehr Schaden zufüge. Er werde trotz Herrn Dr. Guths Appell gegen Herrn Professor Breitschwerdt stimmen, weil Herr Professor Breitschwerdt für ihn nur die zweitbeste Wahl sei. Er glaube, daß das Unternehmen in Turbulenzen wirtschaftlicher Art geraten werde. Er möchte die Verantwortung für eine zweitbeste Wahl nicht übernehmen.«

Für Daimler-Benz begann mit der Berufung Werner Breitschwerdts eine überaus schwierige Lage. Obwohl Guth vor dem Aufsichtsrat erklärt hatte, »daß alle drei Kandidaten sich unabhängig vom Ausgang der Wahl zur Loyalität gegenüber Kollegen und Unternehmen verpflichtet« hätten, drangen aus dem Vorstand schon bald unüberhörbar Dissonanzen. Der im Stil seines Qualitätsanspruchs einst vornehm-zurückhaltende Konzern wurde immer mehr zu einem »lauten Unternehmen«, wie die »Börsen-Zeitung« schrieb. Das lag vor allem daran, daß Reuter und Niefer keineswegs bereit waren, ihre Vorbehalte gegen Breitschwerdt zurückzustellen und den Vorstandsvorsitzenden zu stützen. Sehr bald ging in der Untertürkheimer Zentrale das Wort um, im Vorstand werde, so Reuter, »nur noch gequasselt und kaum noch entschieden«. Manch einem kam das Wort von Franz Heinrich Ulrich in den Sinn, der Vorstand von Daimler-Benz sei eine »gemischte Raubtiergruppe – angeführt von einem Fuchs«, mit dem er seinerzeit den schlauen Taktiker Zahn gemeint hatte.

Schlimm genug, daß sich die Querelen im Vorstand gleichzeitig zu einer starken Polarisierung unter den Führungskräften der zweiten Ebene auswuchsen bis hin zu regelrechten Grabenkämpfen zwischen einzelnen Ressorts. Dies alles geschah zum Teil unter genüßlicher Anteilnahme der Medien, die sich über einen Mangel an geschickt an der Presseabteilung vorbeigeleiteter Information in dieser Zeit wahrlich nicht zu beklagen brauchten. Dabei konnte sich Breitschwerdt durchaus auf die Loyalität einiger Vorstandskollegen stützen. Vor allem Rudolf Hörnig, sein Nachfolger für das Ressort Forschung und Entwicklung, Personalchef Manfred Gentz, der intern als Kronprinz gehandelt wurde, und zunächst auch der für die Beteiligungen verantwortliche Gerhard Liener (heute Finanzen) hielten zu ihrem Vorstandsvorsitzenden.

Mit Reuter und Niefer standen dem Vorstandschef jedoch zwei Manager gegenüber, die – wie es jemand formulierte – als Team nahezu unschlagbar waren. Was dem einen fehlt, besitzt der andere überreichlich: Reuter Intellektualität, Disziplin und geschliffene Diktion, Niefer zupackende Vitalität, starke Motivationskraft und eine gehörige Portion schwäbische Schlitzohrigkeit. Schon bei ihrer ersten Begegnung 1975 bei einer Präsentation der MTU in Friedrichshafen (wo Niefer Geschäftsführer war) konnte sich Reuter von der direkten Art seines späteren Freundes überzeugen. Freiheraus bat Niefer den Planungschef, seine Ambitionen auf den frei werdenden Vorstandsposten für Produktion zu unterstützen. Er war kaum ein Jahr in Untertürkheim, da kam es über die Planung eines zweiten Pkw-Montagewerks für die dritte Modellreihe zwischen beiden zu einem heftigen Disput. Niefer plädierte für das von Rheinstahl übernommene Transporterwerk Bremen, wo mit dem ersten Mercedes-Kombi, dem »T-Modell«, der Probelauf in die Personenwagenfertigung gewagt werden sollte, Reuter favorisierte das zur Disposition stehende VW-Werk Neckarsulm – und fiel damit im Vorstand prompt durch. Bei der Neuordnung des Fertigungsverbundes zwischen den Inlandswerken, eine immense wirtschaftliche, technische und logistische Aufgabe, mit der sie an der Spitze eines Teams von Entwicklern, Produktionsingenieuren und Absatzmanagern mehrere Jahre lang beschäftigt waren, stellten die beiden zum erstenmal fest, daß sie »vom Konzept her, etwas umzubauen, zu gestalten, mit verteilten Rollen genau zusammenpassen«. In Perfektion sollte das Duo sein »Doppelpaßspiel« (Reuter) ein paar Jahre später beim Erwerb der restlichen MTU-Anteile, von Dornier, AEG und MBB vorführen.

Mit Breitschwerdt stand Reuter und Niefer ein Vorstandschef gegenüber, der auch nach dem Urteil loyaler Mitarbeiter in seinem Führungsverhalten Schwächen zeigte. Von Natur aus impulsiv, entschied er oft spontan, um seine Entscheidung nicht selten schon wenig später wieder zu korrigieren. Vor allem geriet immer wieder Sand ins Getriebe, weil er es versäumte, sich im Vorfeld von Vorstandsbeschlüssen mit seinen Kollegen abzustimmen. So herrschte, obwohl er im persönlichen Umgang außerordentlich offen und sympathisch wirkte, während seiner Amtszeit unter den entscheidenden Männern wenig Kommunikation. Dies führte letzten Endes dazu, daß er sich selber isolierte.

Wann darf ein Vorstandsmitglied zu seinem Aufsichtsratsvorsitzenden gehen, um aus einer seiner Ansicht nach bestehenden Führungsschwäche personelle Konsequenzen zu fordern? Wenn Reuters Einschätzung zutreffend ist, daß Breitschwerdt »dieses Unternehmen ins Chaos geführt hätte«, weil notwendige Entscheidungen nicht getroffen wurden, konnte, ja mußte er so handeln. Die Frage, ob diese Gefahr bestand, wäre sicherlich leichter zu beantworten, wenn die beiden Breitschwerdt-Kritiker frei von eigenem Ehrgeiz gewesen wären. Tatsache war jedoch, daß Reuter, der sich zweimal übergangen fühlte, wohl die letzte Chance sah, sein Ziel doch noch zu erreichen, und auch Niefer gegenüber Aufsichtsratsmitgliedern deutliche Bereitschaft signalisierte, einem Ruf, so er denn an ihn ergehen sollte, zu folgen. Aufsichtsratsvorsitzender war seit der Hauptversammlung 1985 Guths Nachfolger bei der Deutschen Bank, Alfred Herrhausen. Für ihn ergab sich eine äußerst heikle Situation. Was sollte er tun? Alles beim alten lassen? Nötigenfalls eine ernste Ermahnung an den Vorstand richten, mit den an die Öffentlichkeit gedrungenen Querelen Schluß zu machen und sich wieder als homogenes Team darzustellen? Oder jedoch die Konzernspitze neu besetzen und damit die umstrittene Entscheidung seines Vorgängers Guth (der zu diesem Zeitpunkt in der Deutschen Bank sein Aufsichtsratsvorsitzender war) korrigieren – unter Inkaufnahme des Gesichtsverlustes, der für sein Haus damit verbunden war?

Nun war Alfred Herrhausen in seinen Entscheidungen keineswegs immer so entschlossen, wie es sein resolutes Auftreten bei der Verkündung gefaßter Beschlüsse vermuten ließ. Gerade schwierige Personalprobleme trug er oft lange ungelöst mit sich herum. Vielleicht wäre die Führungsfrage, vor die er sich bei Daimler-Benz gestellt sah, weniger dringlich gewesen, hätte der Konzern in diesem Augenblick nicht einer besonders festen Hand bedurft. Nach der vollständigen Übernahme der MTU sowie der Mehrheitsbeteiligung an Dornier und AEG – allesamt Akquisitionen des Jahres 1985 – stand der Vorstand vor der Herkulesaufgabe, den erweiterten Konzern neu zu strukturieren und in eine praktikable Führungsorganisation einzupassen. Zwar hatte Werner Breitschwerdt alle drei Transaktionen intern und nach außen zu seiner eigenen Sache gemacht; doch an den teilweise langwierigen Vorbereitungen war er so gut wie nicht beteiligt gewesen. Dieser Part war eindeutig Reuter zugefallen, der die Verhandlungen mit dem MTU-Partner MAN, den Dornier-Erben und der AEG-Führung – allein oder zusammen mit Niefer – geführt hatte. Sicherlich wird man Reuter mit der Feststellung nicht gerecht, daß der Drang in neue Gebiete für ihn der einzige Weg gewesen sei, Breitschwerdt doch noch zu stürzen. Insoweit, als er selber die Prämissen dafür setzte, daß der Vorstandsvorsitzende überfordert erschien, mag das sogar stimmen. Den traditionellen Automobilkonzern hätte der frühere Entwicklungschef, der in seiner eigenen Truppe ein hohes Ansehen genoß, sicherlich auch weiterhin führen können. Herrhausen begründete seine internen Behelfslösungen, mit denen er das Problem in der Folgezeit unspektakulär aus dem Wege zu räumen versuchte, denn auch ausschließlich mit den erhöhten Führungsanforderungen eines integrierten Technologiekonzerns.

Die erste »Krücke« war die Einsetzung eines Vorstandsausschusses für Struktur- und Synergiefragen im Sommer 1986. Er sollte zwischen den einzelnen Divisions gemeinsame Wachstumsfelder abstecken, Doppelaktivitäten beseitigen und Synergieeffekte ausloten. An der Bildung eines solchen Gremiums war an sich noch nichts Ungewöhnliches; aufmerksam registriert wurde jedoch sofort, daß dem Ausschuß nicht Breitschwerdt, sondern Reuter vorstand, der »in Abstimmung mit dem Vorstandsvorsitzenden« sogar direkt an Herrhausen berichtete. Mehr noch: Da Breitschwerdt schon aus Gründen der Optik in diesem Kreis nicht ein normales Mitglied sein konnte oder wollte und die Entsendung des dem Vorsitzenden direkt unterstellten Mitarbeiters für Unternehmensplanung für Reuter inakzeptabel war, blieb er von der Entwicklung grundlegender Gedanken zur strategischen Ausrichtung des neuformierten Konzerns ausgeschlossen.

Zwar betonte Breitschwerdt in der Aufsichtsratssitzung am 1. Juli 1986, daß der Struktur- und Synergieausschuß keine Entscheidungskompetenz habe und nur Vorschläge für den Gesamtvorstand ausarbeite. Deshalb gehöre er dem Gremium auch nicht an. In der Diskussion deckten die Arbeitnehmervertreter den eigentlichen Sinn dieses »Nebenkabinetts« jedoch unbarmherzig auf. Könne man wirklich von einer Entlastung des Vorstandes sprechen, wenn von den elf Mitgliedern des Konzernvorstandes sieben dem Struktur- und Synergieausschuß angehören, hakte der Frankfurter IG-Metall-Funktionär Bernhard Wurl nach. Für ihn liege der Verdacht nahe, daß dieses Gremium »die eigentliche Schaltzentrale des Unternehmens« sei. Es befasse sich mit den »zentralen Fragen, die für die künftige Ausrichtung des Unternehmens ausschlaggebend seien. Die formale Endverantwortung des Gesamtvorstandes erscheine demgegenüber sekundär.« Noch deutlicher meldete Franz Steinkühler Zweifel an, ob der Ausschuß lediglich die Aufgabe habe, Entscheidungen des Gesamtvorstandes vorzubereiten. An sich hätte es Werner Breitschwerdt über die Aufwertung Reuters zum eigentlichen Kopf der neuen Konzernpolitik zum Schwur kommen lassen müssen. Doch wollte er, wie er rückblickend einräumt, aus der Sache »keine Kabinettsfrage« machen.

War dies der Beginn einer Demontage des Vorstandsvorsitzenden auf Raten? Fast mußte es so scheinen, als Herrhausen auf die Tagesordnung der Aufsichtsratssitzung am 11. März 1987 kurzfristig die Wahl Reuters zum Stellvertreter Breitschwerdts setzte. Durch die Herausstellung Reuters als Vizechef – eine Position, die es bei Daimler-Benz bis dahin nicht gegeben hatte – solle, so Herrhausen, die Führungsspitze »verbreitert und verstärkt« werden. Die Aufgaben von Breitschwerdt und Reuter würden dadurch zugleich »eng miteinander verbunden«. Ihre Zusammenarbeit würde »Signalwirkung für das ganze Haus« haben. Die davon ausgehenden Wirkungen würden sich »prägend und motivierend« auswirken. Nachdrücklich riet Herrhausen davon ab, die Kompetenzen zwischen den beiden ersten Männern des Unternehmens voneinander abzugrenzen. Wer für welche Aufgaben zuständig sei, sollten Breitschwerdt und Reuter im Einzelfall selbst entscheiden. An den Vorstand insgesamt appellierte Herrhausen, »seine Kraft nicht in der Verteidigung eigener Zuständigkeiten zu vergeuden oder sich von möglichen Pressemeldungen und -kommentaren beeinflussen zu lassen«, wie es im Protokoll der Sitzung heißt. Und weiter: »Der Vorstand sollte sich vielmehr bewußt sein, daß es neben der Öffentlichkeit nach außen die Öffentlichkeit nach innen gebe. Vor allem mit Rücksicht auf sie sollte er sich so gelassen und so souverän wie möglich darstellen, was in der Vergangenheit nicht immer der Fall gewesen sei. Je schlüssiger die Maßnahmen und das Auftreten seien, um so weniger sei man nach außen und von außen gefährdet.«

Ob Reuter im Innersten seines Herzens akzeptierte, einen Mann zu stützen, den er in seiner Funktion ablehnte, dem er sich überlegen fühlte, ist die Frage. Daß Herrhausen in dem Augenblick, da er Reuter als Stabilisator an exponierter Stelle in das Machtgefüge einbaute, an die Doppellösung glaubte, scheint dagegen sicher. »Ich denke«, meint auch Reuter, »er war der Überzeugung, daß dies so funktionieren könnte.« Doch die Hoffnung trog. Obwohl beide persönlich gut miteinander auskamen, bildeten sie dennoch kein gutes Gespann. Dafür waren sie in ihrem Führungsstil zu unterschiedlich und wahrscheinlich auch in ihrer prinzipiellen Einstellung zur Frage eines grundlegenden Umbaus des Konzerns zu weit voneinander entfernt. Der »Traditionalist« Breitschwerdt hätte wohl lieber an den überkommenen Strukturen festgehalten. »Von gemeinsamer vorgedachter Führung«, so Reuters Resümee, »konnte keine Rede sein.«

Schon bald pfiffen es die Spatzen vom Dach der Hanns-Martin-Schleyer-Halle, daß es auf der Vorstandsetage wieder knisterte. Allen Herrhausen-Mahnungen zum Trotz, mehr Disziplin zu üben, sorgten die Breitschwerdt-Gegner samt ihrer Entourage dafür, daß sich die Medien der Sache mit pikanten Details annehmen konnten. Über Breitschwerdt begannen sich dunkle Wolken zusammenzuziehen. Zwar lief sein fünfjähriger Vorstandsvertrag noch bis Ende 1988; dennoch setzten schon jetzt öffentliche Spekulationen darüber ein, ob er noch einmal verlängert werden würde. Denn auch in der Anteilseignerfraktion des Aufsichtsrates meldeten sich nun mehr oder weniger leise Zweifel, ob eine Fortdauer der schwelenden Führungskrise zu verantworten sei. Vor allem Johannes Semler, Vertreter der Mercedes-Automobil-Holding AG, des nach der Deutschen Bank zweitgrößten Einzelaktionärs (die 1975 gegründete Gesellschaft hält ein gut 25prozentiges Aktienpaket aus dem ehemaligen Besitz der Familie Flick), ging zum Konzernchef auf deutliche Distanz. Da auch die Arbeitnehmervertreter, die den Prinz-Nachfolger schon bei seiner Bestallung 1983 abgelehnt hatten, wenig Grund sahen, ihren Standpunkt zu ändern, standen die Zeichen für Werner Breitschwerdt alles andere als gut.

Im Frühsommer 1987 begann Herrhausen in Einzelgesprächen mit Präsidiumsmitgliedern des Daimler-Aufsichtsrates, Überlegungen zur langfristigen Sicherstellung der Führungskontinuität anzustellen. Da sowohl Reuter als auch Niefer bereits im 60. Lebensjahr standen und im Falle eines Wechsels an der Konzernspitze nur für eine verhältnismäßig kurze Übergangsphase zur Verfügung stehen würden, erschien ihm eine Verjüngung des Topmanagements dringend geboten. Mit dem Vorstandsvorsitzenden der Continental AG, Helmut Werner, den er als Aufsichtsratschef des Reifenherstellers besonders hoch einschätzte, präsentierte er den seiner Ansicht nach richtigen, auch seinem Alter nach passenden Mann. Im Vorstand sollte er für das Nutzfahrzeuggeschäft verantwortlich sein. Erst im weiteren Verlauf der Personalplanungen setzte sich bei den Königsmachern die Überzeugung durch, daß es wohl das beste sei, das leidige Führungsproblem durch eine Gesamtlösung in einem Zuge aus der Welt zu schaffen. Werner Breitschwerdts Tage als Konzernchef waren damit gezählt.

Mit Herrhausens Entscheidung, die Spitze neu zu besetzen, durfte sich Edzard Reuter seinem Ziel, das er auch nach zwei für ihn bitteren Niederlagen nie aus den Augen verloren hatte, nunmehr ganz nah fühlen. Zwar erörterte der Aufsichtsrat mit externen Ratgebern die Möglichkeit, einen starken Mann von außen zu berufen; doch im Grunde wußten alle, daß in der Übergangssituation, in der sich das Unternehmen zu diesem Zeitpunkt befand, an Breitschwerdts Stellvertreter kein Weg mehr vorbeiführte. Die Arbeitnehmerführer Lucy und Steinkühler brauchte er von der Richtigkeit seiner Wahl kaum noch zu überzeugen. Wenn es nach ihnen gegangen wäre, hätte Reuter das Zepter schon 1983 übernommen. Erst nachdem er sich im Aufsichtsrat der breiten Zustimmung für sein Personalpaket versichert hatte, informierte Herrhausen seinen eigenen Vorstand und Wilfried Guth. Anschließend teilte er Breitschwerdt in einem Gespräch am Rande der Luftfahrtschau in Le Bourget mit, daß er mit einer Verlängerung seines Vertrages nicht rechnen könne.

Am 13. Juli 1987 war es offiziell: In einer Zehn-Zeilen-Erklärung verkündete der 59jährige Vorstandsvorsitzende seine Absicht, vorzeitig zu gehen. Am 22. Juli kamen die 20 Mitglieder des Daimler-Aufsichtsrates zu einer außerordentlichen Sitzung zusammen. Einziger Tagesordnungspunkt: Neuwahl des Vorstandsvorsitzenden. Das Untertürkheimer Konklave war jedoch nur Formsache. Als der einstimmig gewählte Reuter zusammen mit Herrhausen vor die zu einer improvisierten Pressekonferenz geladenen Journalisten trat, ging ein wahres Blitzlichtgewitter über das neue Führungsgespann nieder. Eine quälende Zeit der Unsicherheit war für das Unternehmen zu Ende gegangen. Von Schuld konnte sich niemand der Hauptakteure freisprechen – Guth, der nicht über seinen Schatten zu springen vermocht hatte, ebensowenig wie Breitschwerdt, über den »Daimler-Benz hinausgewachsen war« (»Börsen-Zeitung«) und der die Grenzen seiner Kompetenz verkannt hatte. Aber auch Reuter und Niefer, die hinter ihrem unsicheren Vorstandsvorsitzenden ihre eigenen Ziele allzu vehement verfolgt hatten.

»Sich durchbeißen zu können und nicht den Bettel hinzuwerfen«, hat Edzard Reuter 1989 in einem Management-Seminar des Unternehmensberaters Heinz Goldmann auf die Frage nach der für ihn wichtigsten Berufserfahrung geantwortet. Der sechs Jahre vor der üblichen Pensionsgrenze an die oberste Stelle gerückte Breitschwerdt-Nachfolger hätte mehr als einmal die Möglichkeit gehabt, dem Ruf auf attraktive Führungsposten der deutschen Industrie zu folgen. Bereits Ende der sechziger Jahre erhielt der damalige Hauptsekretär das Angebot des Stuttgarter Deutsche-Bank-Direktors Nikolaus Kunkel, den Vorstandsvorsitz der Maschinenfabrik Weingarten AG zu übernehmen. Doch Reuter spürte auf dem Wege zu weitgesteckten Karrierezielen im eigenen Haus bereits zu dieser Zeit Rückenwind und lehnte dankend ab. Selbst als ihn 1974 – er war damals gerade stellvertretendes Vorstandsmitglied – der Bonner Finanzstaatssekretär Karl Otto Pöhl im Auftrag seines Ministers Helmut Schmidt mit der Nachfolge des glücklosen VW-Chefs Rudolf Leiding zu locken versuchte, widerstand er der Herausforderung. Das Volkswagenwerk mit seinem spezifischen Klima (»ein wenig wie Ruhrgebiet«) habe ihn nie gereizt, gesteht er, »die Atmosphäre ist mir total fremd, und ich kann nun mal nicht arbeiten und leben ohne eine Atmosphäre, in der ich mich von meinem Selbstverständnis her wohl fühle«. Von Reuter stammt der vielzitierte Satz, man könne ein Unternehmen nicht sozialdemokratisch oder christlich-demokratisch führen, sondern nur gut oder schlecht. So wie er bei Daimler-Benz keinen politischen Karriere-Malus akzeptierte, widerstrebte es ihm umgekehrt ebenso, unter den SPD-Kanzlern Brandt und Schmidt nur seiner Couleur wegen für Spitzenpositionen in staatsnahen Gesellschaften für würdig befunden zu werden. Allerdings war es nicht nur seine Abneigung gegen eine Parteibuchkarriere, die ihn trotz aller Enttäuschungen nicht an einen Wechsel denken ließ. Hinzu kam eine außerordentlich starke innere Bindung an das Unternehmen – er selber scheut sich nicht, von »Liebe« zu sprechen –, die ihn davon abhielt, woanders den bequemeren Weg zu gehen. Planungs- oder Finanzvorstand in einem solchen Hause zu sein, das sei doch schon etwas, und im übrigen hätte er »im Hinterkopf« durchaus mit dem Gedanken gespielt, mit sechzig aufzuhören und etwas anderes zu tun.

Solche Überlegungen gehören endgültig der Vergangenheit an, als Edzard Reuter Anfang September 1987 aus seinem Büro im 6. Stock der Untertürkheimer Vorstandsverwaltung in das in der 13. Etage liegende Chefzimmer umzieht. Alles verläuft völlig unspektakulär, fast geräuschlos. Nur wenig wird umgebaut, die gelben Seidentapeten läßt er weiß überstreichen und natürlich seine Möbel heraufholen. Auf die Einladung zu einem Glas Sekt warten seine Mitarbeiter vergeblich. »Wir werden jetzt an die Arbeit gehen, und das ist es auch für heute abend«, hatte er sich schon unmittelbar nach seiner Wahl von den wartenden Journalisten verabschiedet.

Ein ähnlicher Tenor durchzieht auch seine Einstimmung der Führungskräfte auf die vor ihnen liegenden Aufgaben. Bisher hätte man, wie es im internen »Informationsbrief« heißt, »eine Vorstellung davon formuliert und begründet, wie unser Unternehmen in zehn oder zwanzig Jahren aussehen soll. Nun werden Jahre harter Arbeit und auch der überwiegend unscheinbaren Routine kommen.« Und weiter: »Wir wollen etwas darstellen, was uns von allen anderen unterscheidet und zugleich unser Handeln wie bisher in eine sinnvolle Perspektive des allgemeinen Nutzens einordnet.« Eindringlich appelliert er an das Management, mit »dem Mut zur Erneuerung gewandelten Horizonten zuzustreben«, anstatt sich »in Besitzständen und eingefahrenem Denken zu verbarrikadieren«.

Mit der Neukonstruierung des Konzerns, so schärft Reuter seinen Führungskräften ein, sei jeder einzelne gefordert: »Das fängt mit so simplen und dennoch nicht leicht oder gar schnell erreichbaren Aufgaben an, uns eine gemeinsame Allgemeinbildung über unsere Produkte, unsere Märkte und unsere Technologien zu verschaffen. Die Automobilleute müssen sich die erforderlichen Kenntnisse über die Tätigkeitsfelder der Industrieabteilungen aneignen, und umgekehrt gilt das nicht minder. Jeder ist aufgerufen, seinen Beitrag dazu zu leisten, wie wir unser gemeinsames Lernen und Arbeiten organisieren und beschleunigen können.«

5. Über den Tellerrand hinaus

Anstöße und Anstößiges eines Unbequemen

Der Knalleffekt war wohlgeplant, die Rede – mit Reuters Worten – »bewußt als Provokation gedacht«. Vergeblich hatten ihn Mitarbeiter, denen er sein Manuskript zu lesen gegeben hatte, gewarnt, ihm geraten, die eine oder andere Passage abzumildern, vor allem das Wort »Heuchelei« zu streichen. Doch Edzard Reuter war nicht zu Abstrichen bereit: Wenn man etwas bewegen wolle, so hielt er dagegen, müsse man überdeutlich formulieren. Bis jetzt hatte als Repräsentant des Hauses nur Joachim Zahn auf dem Internationalen Management-Symposium der Hochschule St. Gallen gesprochen. Nun, da dieser in Pension gegangen war, hatten die Studenten, die diese Veranstaltung weitgehend in eigener Regie ausrichten, Reuter als Redner eingeladen.

Außer durch einen Beitrag in der »Berliner Morgenpost« über die wirtschaftliche Lage der geteilten Stadt war er bis dahin über reine fachliche oder unternehmensbezogene Anlässe hinaus öffentlich kaum in Erscheinung getreten. Jetzt, da er das Rennen um die Nachfolge Zahns gegen Prinz verloren hatte, sah er keinen Anlaß mehr, sich weiterhin so zurückzuhalten. Im Gegenteil: Es drängte ihn geradezu, in der wirtschafts- und gesellschaftspolitischen Diskussion Flagge zu zeigen. Einen Ghostwriter beschäftigte er damals noch nicht. Der Entwurf, den ihm sein Assistent geschrieben hatte, war ihm nicht pointiert genug. In einem einzigen großen Wurf diktierte er die Rede herunter und hielt sie so am 13. Mai 1980. Bereits das Thema verhieß mehr als Managementroutine: »Die Grenzen des Marktes – Unternehmensführung zwischen Wirtschaft und Politik«.

Als »wirtschafts- und sozialpolitische Heuchelei« prangerte Reuter vor den Studenten die seines Erachtens unverändert bestehende Neigung konservativer Kreise in der Bundesrepublik an, sich unter Berufung auf die Marktwirtschaft insgeheim »aus den Fesseln abwegiger Interessen von Belegschafts- und Gewerkschaftsvertretern und den unqualifizierten Auflagen politischer Gesetzgeber befreien« zu wollen. »Akzeptieren nicht manche«, so fragte er, »vielleicht gerade noch jenes Beiwörtchen ›soziale‹ zum Begriff der Marktwirtschaft, indem man es im Sinne patriarchalischer Fürsorge mißversteht?« Seine These: Nur derjenige verdiene in unserer Zeit die Qualifikation des Unternehmers, »der wirklich innerlich verstanden hat, daß unsere Verantwortung für die Umwelt eben nicht eine von Politikern auferlegte Fessel, unsere Verantwortung für die Arbeitsplätze eben nicht eine durch die Gewerkschaften aufgezwungene Belastung ist«, sondern eine »originäre Mitverantwortung«.

Für Reuter war es keine Überraschung, daß seine Rede in der deutschen Presse große Beachtung fand: »Das war ein Selbstläufer.« Daß sie auch noch in der linksliberalen »Frankfurter Rundschau« im Wortlaut nachgedruckt wurde, steigerte die Aufregung im Unternehmerlager zusätzlich. Besonders im eigenen Hause schlug die Kunde von Reuters »Nestbeschmutzung« wie eine Bombe ein. Vor allem Gerhard Prinz war empört, nicht allein wegen der Äußerungen seines Finanzchefs selbst, sondern auch wegen der befürchteten Reaktionen in der konservativen Daimler-Kundschaft. Aufsichtsratsvorsitzender Guth rief Reuter zu Hause an und erkundigte sich, hörbar verstimmt, ob er seine Rede inhaltlich im Vorstand abgesprochen habe. Das hatte Reuter wohlweislich nicht getan; lediglich daß er in St. Gallen sprechen würde, war einigen Vorstandsmitgliedern bekannt.

Gegenüber Prinz vertrat Reuter den Standpunkt, daß es für ein so großes und bedeutendes Haus wie Daimler-Benz nur von Vorteil sein könne, wenn sich Vorstandsmitglieder auch in Fragen von übergeordneter Bedeutung mit ihren gelegentlich voneinander abweichenden Meinungen öffentlich zu Wort meldeten. Auf diese Weise erscheine das Unternehmen weniger monolithisch und damit moderner. Zwar schien es Reuter, als sei der Vorstandsvorsitzende solchen Überlegungen zugänglich, doch in seinem Innersten war Prinz wohl davon überzeugt, daß ihm allein das Recht zustehe, zu Themen von dieser Brisanz für das Haus zu sprechen. Unterstützt wurde er in den Auseinandersetzungen vor allem von Personalchef Richard Osswald. Am Ende mußte der Finanzchef einen Ukas akzeptieren, wonach sich jedes Vorstandsmitglied vor einem öffentlichen Auftritt mit Prinz abzustimmen hatte. In der engeren Umgebung Reuters ging das böse Wort vom »Maulkorberlaß« um. Wegen eines an sich nichtigen Anlasses kam es einige Zeit später im Vorstand erneut zu einem Eklat. Reuter war um ein Interview für das 3. Programm des Süddeutschen Rundfunks gebeten worden, worüber er Prinz pflichtgemäß unterrichtet hatte. Der Inhalt der Sendung bot wenig Stoff für Schlagzeilen und wurde kaum weiter beachtet – außer im Vorstand der Daimler-Benz AG. Dort mußte der Finanzchef erleben, daß seine Ausführungen anhand einer Gesprächsmitschrift ausgiebig zerpflückt wurden – in seinen Augen eine »echte Zensur«. Die groteske Exegese fand ihren Abschluß in der Verabschiedung »penibelst formulierter Richtlinien, was zuvor alles mit dem Vorstandsvorsitzenden abzustimmen ist«, wie sich Edzard Reuter mit einigem Unwohlsein erinnert.

Ins Schneckenhaus seines Ressorts gedachte sich der Unbotmäßige trotz der Abmahnung durch Guth und die Disziplinierungsversuche des Vorstandes dennoch nicht zurückzuziehen. Allein seiner Glaubwürdigkeit wegen durfte er dies nicht tun, nach allem, was er in St. Gallen seinen im traditionellen Rollenverständnis befangenen Kollegen ins Stammbuch geschrieben hatte. Die Erkenntnis, »daß unternehmerisches Handeln zwangsläufig politisch relevant ist«, so hatte er gesagt, habe zur Konsequenz, »daß wir uns nicht mehr darauf beschränken können, uns mit unseresgleichen in die Nischen der Chefetagen zurückzuziehen, sondern zu den politischen, wirtschaftlichen und sozialen Herausforderungen der achtziger Jahre in offener, notfalls offensiver Kommunikation Stellung beziehen müssen«. Apodiktisch stellte er fest: »Wer nicht in der Lage ist, weltweite politische und soziale Entwicklungen in sein Kalkül einzubeziehen, taugt ganz sicher nicht zur Führung eines modernen Unternehmens.«

Heute würde sich über eine solche Feststellung kaum noch jemand ernsthaft erregen. Damals jedoch machte sich der Sozialdemokrat mit dieser These in den Augen vieler seiner Kollegen als Wortführer einer unzulässigen Politisierung des staatsfreien Raums der Wirtschaft verdächtig. Verunsichert durch den innenpolitischen Machtwechsel und die allgemeine Reformeuphorie, hatten sich viele der alten Recken aus der Wiederaufbauzeit der Republik in den Schmollwinkel ihrer Unternehmen zurückgezogen; die Funktionäre der Wirtschaftsverbände mit ihrem festgefügten Weltbild verrieten wenig Neigung, sich offen einem sachbezogenen Dialog über unbequeme Gegenpositionen gesellschaftlicher Gruppen zu stellen. »Unsere Klagen über die Macht der Gewerkschaften und die Inkompetenz der Politiker sind aber so lange wenig wert, wie Unternehmungen und ihre Verbände nicht nachweisen, daß sie die besseren Argumente haben«, versuchte Reuter daher in St. Gallen, die Wirtschaft aus ihrer Reserve zu locken.

Da er nach seinem Schweizer Debut viele Einladungen zu

Vorträgen erhalten hatte, entschloß sich Reuter 1980, den Pressereferenten der Berliner Landesvertretung in Bonn, Fritjof Mietsch, als seinen Ghostwriter einzustellen. Der Diplompolitologe, der für den Konzernchef gleichzeitig die Kontakte zu politischen Institutionen, vor allem zur SPD, pflegt, entwirft die meisten der jährlich etwa 20 Vorträge, die Reuter außerhalb des Unternehmens hält – vom zehnjährigen Jubiläum des Umweltbundesamtes über den Zukunftskongreß der IG Metall bis zur Jahresversammlung der Akademie der Wissenschaften in Berlin, vom Herrenabend der Deutschen Warentreuhand AG über das Arthur Burns Memorial Lecture der »Atlantik-Brücke« bis zum Neujahrsempfang des Verbandes Bildender Künstler Württemberg. Nur bei Themen, mit denen ihn ein sehr persönliches Verhältnis verbindet – etwa wenn es um Berlin geht oder die Ausstellungseröffnung eines Künstlerfreundes – diktiert er das Manuskript oft selber.

Edzard Reuter verfügt über ein recht gutes Gespür für Medienwirkung. Über den Kreis der Wirtschaftspresse hinaus, mit dem er als Vorstandsvorsitzender der Daimler-Benz AG quasi »amtlich« verkehrt, hält er zu vielen politischen Journalisten Kontakt. So ist er seit Jahren eng mit der »ZEIT«-Herausgeberin Marion Gräfin Dönhoff verbunden, mit der er im Kuratorium des Aspen Instituts Berlin sitzt. Schon als junger Student war er oft dabei, wenn in seinem Elternhaus in der Bülowstraße der RIAS die regelmäßige Rundfunksendung »Wo uns der Schuh drückt« mit seinem Vater aufzeichnete. Mit einer Reihe Berliner und amerikanischer Journalisten, die den Reuters in jenen Jahren nahestanden, trifft sich Reuter auch heute noch gern, am liebsten in einer der urigen Berliner Kneipen.

Daß er weiß, was er wie und wo sagen muß, um mit seiner Botschaft auch »anzukommen«, demonstrierte er im Herbst 1987, als er unmittelbar nach dem Börsen-Crash den »katastrophalen Mangel an weltwirtschaftspolitischer Kompetenz« beklagte. Als Forum für seine in den deutschen Zeitungen ausführlich zitierte Kritik hatte er bewußt die Finanzmetropole New York gewählt. Das Redemanuskript seines Ghostwriters würzte er an einigen Stellen sogar noch etwas nach.

Ausgehend von seiner Grundthese, daß sich in einer modernen Wirtschaft die Führung großer Unternehmen in einen Konsens mit Staat und Gewerkschaften einzufügen habe, standen in seinen ersten Reden vor allem seine Vorstellungen von einer kooperativen »Industriepolitik« (siehe Kapitel 6) im Mittelpunkt. »Wir alle – Politiker, Gewerkschafter, Unternehmer – werden uns von neuem auf unsere schöpferischen Fähigkeiten und zugleich auf unseren Mut zur Auflösung dogmatischer Verkrustungen besinnen müssen, wenn wir bestehen wollen«, mahnte er 1983 in einem Vortrag zum Thema »Für ein Bündnis der Vernunft« vor dem Börsenforum der Zeitschrift »Wirtschaftswoche«. Wie ein roter Faden zog sich seine Forderung nach einem stärkeren Ineinandergreifen privater und öffentlicher Aktivitäten durch seine Reden, vor allem über das Problem der seiner Ansicht nach zu langsamen Strukturanpassung der Industrie.

So sehr sich Reuter von hoher Warte wirtschafts- und gesellschaftspolitischer Grundsatzfragen annimmt, so vergleichsweise geringen Anteil nahm er an der Diskussion praktischer Probleme, etwa der drohenden Gefahr eines Verkehrsinfarkts in unseren Städten. Der sonst stets präsente und meinungsfreudige Chef des nach VW zweitgrößten deutschen Automobilherstellers hat hier, wo starke Eigeninteressen auf dem Spiel stehen, auffällig wenig eigene Ideen und Zielvorstellungen eingebracht. Von dem einstigen Emigranten hätten sich manche vielleicht auch ein deutlicheres Wort gegen fremdenfeindliche Tendenzen in der Bevölkerung, vor allem gegen türkische Gastarbeiter gewünscht. Immerhin hat Reuter zu den Exzessen nicht geschwiegen. Auf einer SPD-Veranstaltung zum dreißigjährigen Todestag seines Vaters sagte er 1983 in Berlin: »Eine

Gedenkstunde, die der Vergegenwärtigung gemeinsamer Aufgaben deutscher Politik dienen soll, darf man wohl gerade in Berlin nicht ausklingen lassen, ohne sich mit den leider gängig gewordenen rein technokratischen Versuchen zur Lösung der Ausländerfrage – seien wir ehrlich: gemeint ist die Türkenfrage – zu befassen. Vor allem vermisse ich dabei zwischen den Demokraten einen unmißverständlich ausgesprochenen Konsens darüber, daß es hier – ähnlich wie bei der Ablehnung der Todesstrafe – kein Zurückweichen vor Ressentiments und Appellen an den inneren Schweinehund geben darf.« Jeder hätte ihm nachgesehen, wenn er anstelle dieser in der Wortwahl eher abgewogenen Zurechtweisung gefühlsmäßiger reagiert hätte. Statt dessen bat er, seine Worte nicht als Ausdruck »sentimentaler Dankbarkeit eines Mannes« zu verstehen, »dessen Eltern in der Türkei Zuflucht und eine menschenwürdige Existenz geschenkt wurde und der selbst eine Zeitlang besser türkisch als deutsch sprechen konnte«. Reuter hat sich, von dieser internen Parteiveranstaltung abgesehen, in öffentlichen Reden zu diesen Themen nicht noch einmal geäußert.

In der Gedenkstunde für seinen Vater beklagte Edzard Reuter die mit dem fortschreitenden Verlust von Arbeitsplätzen verbundene wirtschaftliche Auszehrung Berlins und forderte einen »Patriotismus praktischer Taten«. Vor dem Aspen Institut Berlin warnte er wenig später vor »schweren politischen Problemen« für den Fall, daß die negative Entwicklung anhalte. Reuter: »Welche Gefahren das für Deutschland mit sich bringen kann, sollten auch diejenigen wissen, bei denen die wirtschaftlichen Ursachen der Weimarer Tragödie keine Alpträume über analoge Wiederholungen auslösen. Der Meinung, neuerliche Aufstände des Irrationalen seien in einem Land ausgeschlossen, dessen Geschick so sehr wie bei keinem anderen von seiner Fähigkeit zur Rationalität abhängt, können nur geschichtliche Narren anhängen.« Außerhalb des Unternehmens hat sich der Sohn Ernst Reuters nirgendwo so unmittelbar und aktiv engagiert wie in seiner Geburtsstadt. Reuter empfindet Berlin nach wie vor als eine Art zweites Zuhause. Er liebt die »bildhafte Sprache« der Berliner, ihre sprichwörtliche Gabe, »schnell mit dem Kopf« zu sein, und fühlt sich, wie er gesteht, »bei diesem Pingpongspiel einfach wohl«.

Wie bei den meisten westdeutschen Unternehmen, so herrschte auch bei Daimler-Benz noch zu Beginn der siebziger Jahre ein tiefes Mißtrauen gegenüber dem Standort Berlin. Immer wenn es hieß, die Russen kauften in der Schweiz Schnürsenkel, habe man im Vorstand geraunt, die Soldaten der Roten Armee marschierten mit ihren Knobelbechern demnächst in die Stadt ein, persifliert Reuter die Hysterie in seiner Umgebung. Das Traditionswerk Berlin-Marienfelde war zu einem im Produktionsverbund von Mercedes entbehrlichen Betrieb für Ersatzteile mit nur noch rund 500 Beschäftigten verkommen. »Man sagte, das schleppen wir aus nationalen Gründen halt mit«, charakterisiert Reuter die vorherrschende Stimmung im Vorstand, »aber eigentlich hätte man es gerne zugemacht.« Gegen starken Widerstand, vor allem von Einkaufschef Otto Jacob und Produktionsvorstand Wilhelm Langheck, setzte der für die Planung verantwortliche Reuter mit Unterstützung Niefers Mitte der siebziger Jahre die Aufwertung des Marienfelder Werkes zu einer in die Serienproduktion voll integrierten Fertigungsstätte für Motoren und Kleinaggregate mit über 3500 Beschäftigten durch.

Anfang 1978 meldete sich Berlins Regierender Bürgermeister Dietrich Stobbe telefonisch bei Edzard Reuter: Nach einem Gespräch mit Hermann Josef Abs, dem großen alten Mann der Deutschen Bank, wolle er ihn fragen, ob er zur Übernahme des Aufsichtsratsvorsitzes der Berliner Bank AG bereit sei. Das zu diesem Zeitpunkt noch voll im Besitz des Landes Berlin stehende Institut hat seinen Ursprung in dem kurz nach Kriegsende von der sowjetischen Besatzungsmacht zur Finanzierung der gewerblichen Wirtschaft ins Leben gerufenen »Berliner

Stadtkontor«. Nach dem Niedergang des Eisernen Vorhangs brachte der Senat unter Ernst Reuter den westlichen Teil des Kreditunternehmens 1950 in die neugegründete Berliner Bank ein. Der »Vater der Bank« übernahm auch als erster den Vorsitz im Aufsichtsrat – eine Position, die später automatisch auf seine Amtsnachfolger überging.

Anders als seine Vorgänger war Stobbe der Überzeugung, daß ein erfahrener Manager aus der Privatwirtschaft eine in beträchtliche Dimensionen hineingewachsene Bank besser überwachen könne als ein Politiker. Das Angebot, eine Aufgabe zu übernehmen, die schon sein Vater ausgeübt hatte, konnte Edzard Reuter nur schwer ausschlagen. Obwohl sein eigener Aufsichtsratschef Wilfried Guth von der Berufung wenig erbaut war, sagte der Daimler-Planungschef – ermutigt durch das positive Abs-Votum – zu. Das Vorsitzendenmandat bei der Berliner Bank, sein einziges außerhalb des Daimler-Konzerns, gab Edzard Reuter auch dann nicht auf, als ihn die Berufung an die Spitze seines eigenen Hauses zeitlich noch weiter einschränkte. Daß der Aufsichtsratsvorsitz bei der Berliner Bank für ihn mehr als eine beliebige Nebenaufgabe ist, offenbart ein Blick in den Sitzungssaal: Von seinem Platz aus schaut er direkt auf ein lebensgroßes Porträtbild seines Vaters, ein in seinen Augen »unglaublich gutes« Werk des Künstlers Edmund Smith. Im Jahre 1984 konnte Edzard Reuter nach äußerst zähen Verhandlungen über Bewertungsfragen eine Teilprivatisierung der Bank verkünden. Bei der schwierigen Ermittlung des Ausgabekurses, zu dem die aus einer Kapitalerhöhung stammenden Aktien an der Börse eingeführt werden sollten, wirkte als Moderator zwischen dem Senat und dem Emissionskonsortium auf Bitten Reuters wiederum Hermann Josef Abs mit.

Edzard Reuter hatte es am Beginn seiner Karriere nicht leicht, aus dem langen Schatten seines Vaters herauszutreten. Für viele blieb er noch lange »der Sohn«. Als er beispielsweise in den Aufsichtsrat der Berliner Bank eintrat, bat er darum, in der vorbereiteten Presseerklärung den Hinweis auf seine Herkunft zu streichen. Heute, als Vorstandsvorsitzender eines Weltkonzerns, fühlt er sich bisweilen gedrängt, das Andenken an seinen Vater wachzuhalten, vor allem bei den Jüngeren, die den Freiheitskampf Berlins selber noch nicht miterlebten. Gern würde er eine Biographie über ihn schreiben, um zu zeigen, daß sich Ernst Reuters politische Bedeutung keineswegs nur auf die Rolle des an »die Völker der Welt« appellierenden Frontstadt-Oberbürgermeisters reduzieren läßt. Es ärgerte ihn maßlos, daß die Deutsche Bundespost zum hundertsten Geburtstag seines Vaters 1989 nur in Berlin eine Gedenkbriefmarke herausbrachte – trotz Fürsprache bei Peter Lorenz, seinerzeit Berlin-Beauftragter im Kanzleramt.

Nicht lange bitten ließ er sich, als ihn 1981 der damalige Berliner Wissenschaftssenator Peter Glotz (SPD) für seine Mitwirkung beim Aufbau eines Wissenschaftskollegs zu gewinnen suchte, das den Namen Ernst Reuters tragen sollte. Das zur Aufwertung der Stadt als internationales Forschungszentrum gedachte Projekt hatte Glotz gemeinsam mit dem Direktor des Aspen Instituts Berlin, dem Amerikaner Shepard Stone, entwickelt. Nach dem Vorbild des 1930 gegründeten »Institute for Advanced Study« in Princeton (dem unter anderem auch Albert Einstein angehörte) sollte es erstrangigen Geistes- und Naturwissenschaftlern für ein Jahr Gelegenheit zu freier interdisziplinärer Arbeit bieten.

Plötzlich jedoch war keine Rede mehr davon, daß die neue Einrichtung nach Berlins populärem Stadtoberhaupt benannt werden sollte. An ihn erinnerte nur noch der Name der nach außen kaum in Erscheinung tretenden Trägerstiftung. Offiziell hieß es, mit der Wahl eines neutralen Namens wolle man Rücksicht auf mögliche Empfindlichkeiten osteuropäischer Länder nehmen, mit deren Wissenschaftlern das Kolleg intensiv kooperieren solle. Reuter, über den Sinneswandel außerordentlich verstimmt, hätte sich von dem Vorhaben am liebsten wieder zurückgezogen. Da dieser Schritt jedoch unweigerlich als »Demonstration gegen den Senat« (Reuter) verstanden worden wäre, hielt er seine Zusage »mit mehr oder minder schlechten Gefühlen aufrecht« und trat in den Stiftungsrat der »Wissenschaftsstiftung Ernst Reuter« ein. In dem in einer herrschaftlichen Grunewald-Villa untergebrachten Wissenschaftskolleg arbeiten jeweils 30 bis 40 von einer Auswahlkommission eingeladene Gäste an eigenen Forschungsprojekten, dies jedoch in einem anregenden Gedankenaustausch mit Kollegen benachbarter Fachbereiche.

Wie schwer sich Edzard Reuter mittlerweile mit dem von seiner Partei geführten Senat tat, offenbarte der kurze Leidensweg eines anderen wissenschaftlichen Pionierprojekts: der 1987 zum 750jährigen Stadtjubiläum vom CDU/FDP-Senat unter Eberhard Diepgen gegründeten Akademie der Wissenschaften. Das ehrgeizige Vorhaben, das an die große Akademietradition Berlins anknüpfen sollte und sogar auf die von Leibniz im Jahre 1700 inspirierte »Brandenburgische Societät der Wissenschaften« Bezug nahm, war von Anfang an heftig umstritten. Feierten die einen in der Gründung eine moderne Ergänzung der verkrusteten Hochschulorganisation, so witterte die Gegenseite in ihr eine der basisdemokratischen Kontrolle entzogene, konservative Eliteanstalt, die es bei der erstbesten Gelegenheit wieder zu beseitigen galt.

Der Gedanke, daß ausgesuchte Repräsentanten aus Geistes-, Natur-, Sozial- und Technikwissenschaften in Projektgruppen zentrale Themen wie Technikfolgenabschätzung, Umwelt sowie Altersprobleme der Gesellschaft durchdenken und auf diesen Feldern die Politik beraten sollten, kam Edzard Reuters Vorstellungen von einem Brückenschlag zwischen Theorie und Praxis sehr entgegen. Unter den ersten 30 Akademiemitgliedern, die Wissenschaftssenator Professor Georg Turner 1987 auf Lebenszeit berief, waren deshalb nicht nur Wissenschaftler von Universitäten und Max-Planck-Instituten (die dort weiterhin ihrer Arbeit nachgingen), sondern auch zwei Praktiker: der Vorsitzende der Bosch-Geschäftsführung, Marcus Bierich, und – Edzard Reuter. Beide schlossen sich der Arbeitsgruppe »Erfolgsbedingungen von technischen Innovationen in Industrieländern« an. Der von Reuter zusammen mit dem Akademiepräsidenten, dem Wirtschaftswissenschaftler Horst Albach, formulierte Forschungsauftrag sollte Antwort auf die Frage geben, von welchen kulturellen Einflüssen in verschiedenen Ländern, vor allem in Deutschland, Japan und in den USA, die innovativen Kräfte bestimmt werden. Doch schneller als erwartet drohte der Akademie das Aus: Nach dem Sieg von SPD und Alternativer Liste bei den Berliner Abgeordnetenhauswahlen im Januar 1989 stand fest, daß das linke Bündnis seine Drohung wahrmachen und das Pilotvorhaben des Diepgen-Senats liquidieren würde. Zwischen Reuter und dem neuen Regierenden Bürgermeister Walter Momper (SPD) kam es in dieser Sache, so der Daimler-Chef, zu einem »Riesenkrach«. Zweimal versuchte Reuter, seinen Parteifreund von seiner Absicht, die Akademie aufzulösen, abzubringen – vergeblich. Momper gestand ein, die unverzichtbare Forderung des Koalitionspartners im Interesse der ansonsten gefährdeten rot-grünen Senatsbildung akzeptiert zu haben.

Obwohl er die in der kurzen Zeit ihres Bestehens geleistete Arbeit der Akademie nicht unkritisch beurteilte – manches erschien ihm zu »additiv« und zu wenig interdisziplinär – hielt er die Schließung zum Jahresende 1990 für einen schweren Fehler. In der letzten Jahresversammlung kritisierte das prominente Akademiemitglied das Unvermögen der Wissenschaftler, die Öffentlichkeit über die wirklich wichtigen Fragen zu informieren. Sie seien auch nicht in der Lage, Fragen und Probleme so zu erklären, daß sie für den Laien verständlich seien. Es gehöre zur Verantwortung der Wissenschaftler, eine klare, allgemeinverständliche Sprache zu sprechen und dies nicht den kritischen Stimmen oder den Medien zu überlassen, um sich dann später über deren verzerrte Berichte oder Aufgeregtheit zu empören. »Ein Berlin, das künftig wieder Metropole europäischen Ranges sein will«, so Reuter, »wird ohne interdisziplinäre Akademie der Wissenschaften nicht anders als kümmerlich und arm dastehen.«

Daß die Veränderungen im Ostblock auch vor der DDR nicht Halt gemacht hatten, war dem aufmerksamen Beobachter bei seinen Tagesausflügen von Berlin aus in den Spreewald, nach Rheinsberg oder Potsdam nicht verborgen geblieben. Hatten die Menschen, wenn er irgendwo auf einem Marktplatz hielt, seinen Mercedes noch vor ein paar Jahren aus respektvoller Entfernung gemustert, legten sie nach und nach ihre Scheu ab, kamen an den Wagen und begannen auch schon einmal ein Gespräch. Auch in den HO-Gaststätten, wo sich Reuter und seine Frau unters Volk mischten, wurden die Leute, wie er feststellen konnte, offener und kontaktfreudiger.

Um seine Direktoren und die Geschäftsführer der ausländischen Daimler-Töchter mit der deutsch-deutschen Wirklichkeit hautnah zu konfrontieren, regte Reuter an, das erste »Team-Gespräch« nach seiner Berufung an die Konzernspitze in Berlin abzuhalten und anschließend Dresden zu besuchen. Er selbst nutzte den Abstecher mit seinen über hundert leitenden Mitarbeitern im Oktober 1988 zu einer Begegnung mit dem seinerzeitigen SED-Bezirkssekretär und späteren DDR-Ministerpräsidenten Hans Modrow. Mit seiner Sympathie für Michail Gorbatschows Reformkurs, seinen offen ausgesprochenen Vorbehalten gegenüber der Partei- und Staatsführung in Berlin, vor allem jedoch mit seinem persönlichen Lebensstil verschaffte sich der Hoffnungsträger vieler DDR-Bürger den »tiefen menschlichen Respekt« seines Gastes. »Das ist ein Mann«, so Reuter nach dem Gespräch mit Modrow,» der nicht eine Sekunde leugnet, daß er von Herkommen und Überzeugung Kommunist ist, der aber selber unbestechlich bescheiden ist und die Entwicklung seines Landes und der Parteispitze tief verabscheut.« Ungeachtet seines späteren zurückhaltenderen Urteils über den letzten SED-Regierungschef des zweiten deutschen Staates kehrte er im Herbst 1988 aus Dresden mit dem Bild eines anständigen, aber nicht gerade zum politischen Kämpfer geborenen Spitzenfunktionärs zurück.

Schon seit längerem trug sich Reuter mit dem Gedanken, einen Teilbereich seines erweiterten Konzerns in Berlin anzusiedeln. Die Deutsche Aerospace konnte dafür kaum in Betracht kommen; durch die Konzentration der deutschen Luft- und Raumfahrtindustrie im Süden der Bundesrepublik stand München als ihr Sitz außer Frage. Sehr viel bessere Voraussetzungen bot das 1990 als vierter Daimler-Bereich gegründete Dienstleistungsunternehmen debis. Nur ein paar Jahre zuvor hätte man sich als Standort für die unter anderem auf Leasing- und Versicherungsgeschäfte spezialisierte Tochter vermutlich für den Finanzplatz Frankfurt entschieden. Jetzt, Mitte 1989, jedoch schien Reuter der unaufhaltsam scheinende Demokratisierungsprozeß in Osteuropa geradezu eine Herausforderung zu sein, mit der Entscheidung für Berlin ein Zeichen zu setzen. In Werner Niefer, den er schon früh mit seinem Plan vertraut gemacht hatte, fand er schnell einen Verbündeten. Die übrigen Kollegen mußte er »mit sanfter Gewalt davon überzeugen, daß Berlin die richtige Wahl ist, was einige Zeit gedauert hat«, wie er zugibt.

Mitte 1989 beauftragte Reuter die Berliner Daimler-Niederlassung, sich nach einem repräsentativen Baugelände umzusehen. Was der Senat an eigenen Liegenschaften anzubieten hatte, war außer einem Grundstück in der Nähe des Internationalen Congress Centrums (ICC) das sogenannte »Klingelhöfer-Dreieck« gegenüber dem »Hotel Berlin« am westlichen Ende des Tiergartens. Für letzteren Standort sprach vor allem die unmittelbare Nähe zum Geschäftszentrum am Kurfürstendamm. Eine völlig neue Perspektive gewann Reuters Suche jedoch plötzlich durch den Hinweis des vormaligen Regierenden Bürgermeisters Diepgen auf ein der Stadt gehörendes Areal am Potsdamer Platz.

Daimler-Benz am Potsdamer Platz! Für den Sohn Ernst Reuters war dies eine faszinierende Vorstellung. Hier schlug einst das pulsierende Herz der Weltstadt Berlin. Nach dem Krieg erlebte Edzard Reuter hier im »Esplanade« die Studentenversammlung, die die Initialzündung zur Gründung der »Freien Universität« im Jahre 1948 gab. Hier stand er am 17. Juni 1953 als 25jähriger und sah mit an, wie demonstrierende Arbeiter Pflastersteine gegen die heranrückenden sowjetischen Panzer schleuderten. Durchschnitten von der Mauer, war dieses frühere Zentrum großstädtischen Lebens eine gespenstische Oase der Öde. Sich hier die Schaltstelle eines Dienstleistungsunternehmens mit mehreren Tausend Arbeitsplätzen vorzustellen, verlangte schon eine Menge Phantasie. Denn als Reuter am 13. Januar 1990 nach Berlin reiste, um sich selbst ein Urteil über den richtigen debis-Standort zu bilden, amtierte in Ost-Berlin noch eine kommunistische Regierung, war eine baldige Wiedervereinigung noch keinesfalls sicher. Wenn der Daimler-Chef dennoch für den Potsdamer Platz votierte, dann – wie er gesteht – »eigentlich noch unter der Rubrik Symbol, so wie seinerzeit Springer«. Der Verleger Axel Springer hatte seine Zentrale 1966 demonstrativ direkt an der Mauer in der Kochstraße im Bezirk Kreuzberg gebaut.

Unter dem Druck der Massendemonstrationen zerbrach die erschütterte Machtbasis des kommunistischen Regimes in Ost-Berlin schneller, als die meisten wohl erwartet hatten. Als am 9. November der DDR-Ministerrat den Bürgern mit sofortiger Wirkung die Ausreise erlaubte, erlebte Reuter zusammen mit seiner Frau wie Millionen anderer Deutscher die bewegenden Wiedersehensszenen an der Mauer und die Freudenfeste junger Leute am Brandenburger Tor vor dem Fernsehschirm. Daß ihn die Bilder innerlich aufwühlten, die Ereignisse emotional außerordentlich stark berührten – wen hätte dies verwundern können nach allem, was er zusammen mit seinen Eltern in der geschundenen Stadt erlebt hatte. Als an den Tagen nach der Öffnung der Mauer Zehntausende DDR-Bürger nach Westberlin strömten und von ihrem »Begrüßungsgeld« die Geschäfte leerkauften, gab er Order, für den eilig improvisierten Nachschub aus Westdeutschland Mercedes-Lastwagen zur Verfügung zu stellen.

Eine Woche später mischte er sich in Begleitung von Shepard Stone auf dem Potsdamer Platz selber unter die Berliner, die 28 Jahre nach dem Bau der Mauer den kurze Zeit zuvor wiedereröffneten Übergang belagerten. Der für ihn vielleicht denkwürdigste Augenblick jedoch war einige Monate später die Rückkehr an den Ort seiner ersten Erinnerungen, nach Magdeburg. Hier war er eingeschult worden, hier hatten die Nazis seinen Vater als Oberbürgermeister abgesetzt, von hier aus hatte die Familie 1934 über Hannover den Weg in die Emigration angetreten. Edzard Reuter hatte nach dem Zusammenbruch des SED-Regimes mehrere Briefe von alten Magdeburgern erhalten, die sich seiner noch erinnerten. Der Daimler-Chef empfand es daher als glückliche Fügung, daß ihm eine Einladung des Schwermaschinenkombinats »Ernst Thälmann« die Möglichkeit gab, gerade diese Stadt der DDR nach dem Sturz des kommunistischen Systems als erste zu besuchen. Genau 56 Jahre nachdem er Magdeburg als Erstkläßler verlassen hatte, stand er am 29. Mai 1990 wieder vor jenem schmucklosen Siedlungshaus, von dessen Fenster aus er seinem Vater bei dessen zweiter Verhaftung damals nachgeschaut hatte. In seiner Rede vor dem Kombinat verschwieg Reuter die Gefühle nicht, die ihn bei der Rückkehr an die Stätte seiner Kindheit bewegten.

Den Vorabend der offiziellen Wiedervereinigungsfeiern am 3. Oktober 1990 verbrachte Edzard Reuter im Kreise einer recht bunt gemischten Gesellschaft, die sich auf Einladung der örtlichen Daimler-Niederlassung und der Maschinenbaufirma Krone im Dachgarten des Berliner »Intercontinental«-Hotels eingefunden hatte, um von hier aus das mitternächtliche Feuerwerk zu erleben. Die ausgelassene Stimmung schien ihm jedoch dem Anlaß des Beisammenseins kaum angemessen. Kurz vor 24 Uhr ergriff ein sichtlich verärgerter Reuter das Wort und bat mit schneidender Stimme die Gäste, sich des historischen Augenblicks bewußt zu werden und vor dem aufgestellten Fernsehgerät der Flaggenhissung auf dem Reichstagsgebäude zu folgen.

Am nächsten Morgen unternahm der Daimler-Chef in Begleitung seiner Frau einen Spaziergang zum Brandenburger Tor, ließ sich mittragen von dem endlosen Strom von Menschen, die diesen Tag ebenfalls an symbolträchtiger Stelle verbringen wollten. Umringt von Passanten, gab er der amerikanischen Fernsehgesellschaft ABC, die über das Volksfest auf Berlins Straßen live über Satellit nach USA berichtete, ein improvisiertes Interview.

Mit seiner Vision von einer Renaissance des Potsdamer Platzes als städtebaulich zentralem Punkt in einem wiedervereinten Berlin hatte Reuter, wie sich innerhalb eines Jahres zeigte, goldrichtig gelegen. Die Entwicklung auf dem Immobilienmarkt ließ daran nicht den geringsten Zweifel aufkommen. Hatten sich Daimler und der rot-grüne Senat »per Handschlag« (Reuter) im Januar 1990 auf einen Quadratmeterpreis von 1000 Mark geeinigt, so mußte der prominente Investor bei Abschluß des notariellen Kaufvertrages sechs Monate später schon 1500 Mark akzeptieren. Noch wenige Jahre zuvor hätte man ein so mutiges Großengagement eines westdeutschen Konzerns bejubelt. Immerhin verlegte Deutschlands umsatzstärkstes Industrieunternehmen die Schaltstelle einer seiner vier Sparten, dazu den zu einer dichtbesiedelten Metropole besonders gut passenden Dienstleistungsbereich, an die Spree. Die Situation war jedoch inzwischen eine andere geworden. Kritiker rechneten vor, Daimler-Benz habe für das debis-Grundstück in Wahrheit viel zu wenig bezahlt; im übrigen behindere der Verkauf eines Geländes von immerhin 62 000 Quadratmetern die städtebauliche Gesamtplanung des Potsdamer Platzes. Manche scheuten sich nicht, das Bild vom machtbewußten Rüstungskonzern zu bemühen, der der Stadt seinen Willen aufgezwungen habe, um an einer für urbanes Leben prädestinierten Stelle Berlins einen kalten Betonklotz hochzuziehen.

Edzard Reuter, der »in der Stadt seines Vaters Weltarchitektur erster Klasse entstehen lassen will«, wie einer seiner Ratgeber in Fragen des Daimler-Erscheinungsbildes überzeugt ist, haben die teilweise polemisch gefärbten Angriffe empfindlich getroffen. Seine gereizten Reaktionen waren dafür ein deutlicher Beleg. Vor der Berliner Akademie der Wissenschaften stellte er am 23. Mai 1990 fest, daß offenbar »manche unserer geneigten Mitbürger eine Vorstellung von unternehmerischem Verantwortungsbewußtsein zu peinigen« scheine, die »irgendwo im marxistischen Bild von frühkapitalistischen Profithaien oder ähnlichem Unsinn angesiedelt« sein müsse. Mit geradezu ätzendem Sarkasmus kritisierte er das in seinen Augen viel zu langsame Tempo, mit dem sich der Senat auf die künftige Rolle Berlins vorbereite: »So kann man nicht die drängenden Probleme einer Stadt lösen, die sich entscheiden muß: Will sie noch mehr als bisher ein Silo für Beamte sein, will sie ein moderner Ort für Industrie und vor allem Dienstleistungen werden, oder will sie vielleicht unter dem Druck der auf sie einstürzenden zusätzlichen Funktionen in einem Chaos der wortreichen Hilflosigkeit versinken?«

In einer Rede vor dem zur Diskussion der städtebaulichen Gesamtkonzeption Berlins eingerichteten »Stadtforum« am 12. April 1991 wurde er noch deutlicher. Das Manuskript für seinen Vortrag hatte er, eine seltene Ausnahme in letzter Zeit, selber geschrieben. In Anwesenheit zahlreicher Senatsvertreter beklagte er, daß es »reale Visionen weniger bei den Berlinerinnen und Berlinern, wohl aber bei Investoren aus aller Welt gebe«. Beschwörend fügte er hinzu: »Glauben Sie mir, ich weiß von Leuten mit großer Erfahrung, die aufmerksam zusehen, was hier geschieht, und von Befremden nicht mehr allzu weit entfernt sind. Weiß die Stadt wirklich nicht, was sie will?« Durch die »endlos ausufernden Diskussionen«, so Reuter ungeduldig, »fühlen wir uns bisher in unserem Engagement für Berlin unterfordert. Unser Entschluß, hier zu investieren, lange vor dem Fall der Mauer gefaßt, war kein Entschluß für Posemuckel, er war ein Entschluß für die deutsche Metropole in Europa.«

Edzard Reuter hat sich wie wenige Männer der Wirtschaft schon früh und öffentlich für Berlin als Hauptstadt des wiedervereinigten Deutschland ausgesprochen, obwohl ihm manche im Hause rieten, mit Rücksicht auf das Bonner Behördengeschäft in dieser Frage Zurückhaltung zu üben. »Städte wie Berlin, Dresden und Leipzig werden dazu beitragen, daß in manche Köpfe ein frischer und bisher ungewohnter Wind hereinwehen kann, der sich schlecht mit borniertem Provinzialismus oder selbsternannten Präzeptorenrollen verträgt«, sagte er in einer Rede, um im selben Atemzug hinzuzufügen: »Vielleicht ist dies sogar ein Grund dafür, daß manche Politiker und Beamte das kritische Klima einer wirklichen Metropole so sehr zu fürchten scheinen.«

Von einem finanzerfahrenen Industriemanager wie Edzard Reuter hätte man eigentlich eher als von Politikern erwarten können, bei seinem Plädoyer in der Hauptstadtfrage Zweckmäßigkeitsgründe, vor allem Kostenerwägungen sprechen zu lassen. Für den in Berlin geborenen politischen Unternehmer waren jedoch von Anfang an allein politische Überzeugungen entscheidend. Statt der »feigen Flucht in die Bequemlichkeit« gelte es, der Einsicht zu folgen, »daß nur jene Stadt Hauptstadt sein sollte, in der sich die Identität eines Volkes verkörpern kann«. In keiner anderen Stadt als in Berlin seien »Geschichte und Zukunft mit all ihren deutschen Ambivalenzen so gegenwärtig«.

Vor dem »Stadtforum« sagte er: »Wie war es denn in jenen dunklen Jahren unmittelbar nach dem Ende des Hitlerschen Reiches? Waren es da nicht die Berlinerinnen und Berliner, die die Zähne zusammengebissen und sich gewehrt haben, obwohl der Ausgang lange genug im Ungewissen lag? War das nicht die eigentliche Grundlage für den geschichtlichen Anspruch darauf, Regierungssitz eines vereinten und freiheitlichen Deutschlands zu sein?«

Gleichzeitig scheute er sich jedoch nicht, sein Plädoyer mit einigen deutlichen Ermahnungen an die Berliner zu verbinden. Der Anspruch, wieder eine europäische Metropole zu sein, so erklärte er öffentlich, lasse sich nur durch eine welt- und problemoffene Einstellung legitimieren. Seine Skepsis in diesem Punkt hatte er 1990 vor der Akademie der Wissenschaften in eine typisch Reutersche Frage gekleidet: »Haben womöglich diejenigen Recht, die darauf hinweisen, man habe sich längst selbstzufrieden mit einer gewissen großstädtischen Provinzialität abgefunden, einer Abgeschiedenheit von der Welt, in der man im Schutz der Mauer auf dem weichen Bett der Subventionen zwar das eigene Süppchen kochen, oft genug aber im eigenen Saft schmoren konnte?«

6. Der Industriepolitiker

Ketzereien eines Grenzgängers

Schon das Thema seines ersten Vortrages mußte für die Verkünder der reinen marktwirtschaftlichen Lehre wie pure Ketzerei klingen: »Die Grenzen des Marktes – Unternehmensführung zwischen Wirtschaft und Politik« hatte er seine heftig diskutierte Rede am 13. Mai 1980 in St. Gallen betitelt. Die Realität des unternehmerischen Umfeldes, so seine These, habe sich weit von der Vorstellungswelt vieler Wirtschaftsführer entfernt.

Ist das Bild einer von staatlichen Einzeleingriffen freien sozialen Marktwirtschaft, fragte er, in Wirklichkeit nicht eine »unwiederbringlich vergangene Idylle«? Ist vielmehr der Staat »nicht unwiderruflich in weiten Bereichen zum steuernden Vormund der Wirtschaft geworden«? Und noch einen Schritt weiter: »Könnten wir ... nicht sogar zu dem Ergebnis kommen, daß sich inzwischen in Umrissen eine ökonomische, soziale und politische Ordnung abzeichnet, die zwar – Gott sei Dank – noch wesentliche marktwirtschaftliche Grundelemente enthält, aber in einem durchaus positiven Sinne die Grenzen der traditionellen Marktwirtschaft hinter sich läßt?« Edzard Reuter machte sich nichts vor: Derart lästerliche Fragen eines Managers seiner Position und parteipolitischen Couleur würden in den Kreisen, die ihm ohnehin nicht freundlich gesinnt waren, sofort neue Zweifel an seiner marktwirtschaftlichen Prinzipientreue wecken – wie vor seiner Berufung in den Vorstand, als ihn sein Aufsichtsratschef Ulrich einem inquisitorischen Verhör unterzogen hatte.

Edzard Reuter war jedoch weit davon entfernt, etwa eine Art dritten Weg zwischen Kapitalismus und Sozialismus zu suchen. Ihm ging es allein darum, die Verhältnisse, wie sie sich in 30 Jahren Bundesrepublik entwickelt hatten, ohne ideologische Scheuklappen darzustellen und daraus die ihm zwingend erscheinenden Schlußfolgerungen zu ziehen. Seine zentrale These: In einer Wirtschaftsverfassung, die »in entscheidenden Bereichen in eine korporativistische Ordnung hineingewachsen« sei, komme es zur Bewältigung der Zukunftsprobleme auf einen engen Konsens zwischen Staat, Großunternehmen und Gewerkschaften an. Dieser Konsens, der den schnellen wirtschaftlichen Wiederaufbau Westdeutschlands ermöglicht habe, sei mit der Ermüdung der Wachstumskräfte und der damit geringer gewordenen Verteilungsspielräume weitgehend verlorengegangen.

Was er unter »korporativistischer Ordnung« verstanden wissen wollte, erläuterte er freimütig am Beispiel seines eigenen Hauses: »Es ist . . . eine Tatsache, daß das Unternehmen, für das ich arbeite, zeitweise – zugegeben in einer Periode der allgemeinen Rezession, von der wir ausgenommen waren – nahezu zehn Prozent des gesamten Körperschaftssteueraufkommens der Bundesrepublik Deutschland bestritten hat. Noch weit gewichtiger wären diese Dimensionen, wenn man sich etwa den Anteil der Häuser Bosch und Daimler-Benz am Steueraufkommen des Landes Baden-Württemberg und der Stadt Stuttgart vor Augen halten würde. Wenn man dazu den unleugbaren Einfluß der Verbandslobby auf die politische Willensbildung bedenkt, versteht es sich von selbst, daß keine öffentliche Hand ohne weiteres an den Interessen so bedeutender Wirtschaftszweige vorbeigehen kann. Dies ist auch keineswegs ein schandbarer Vorgang; man sollte nur nicht einfach so tun, als gäbe es ihn nicht oder es handele sich um linke

Propaganda.« Zur »Verstrickung zwischen Staat und Wirtschaft«, so sein damaliger Befund, trügen ebenso die öffentliche Forschungsförderung und andere Subventionen bei: »Daß zumindest die bestimmenden Großunternehmen durchaus keine Kinder von Traurigkeit sind, wenn es darum geht, marktwirtschaftliche Grundsätze in Sekundenschnelle zu vergessen, um sich den Staat als Auftraggeber zu erhalten, hat im übrigen schon J. K. Galbraith in seinem Buch über ›Die moderne Industriegesellschaft‹ dargestellt.« – Einsichten wohlgemerkt zu einer Zeit, als von MBB noch nicht die Rede war.

Ganz im Sinne einer »korporativistischen Ordnung« forderte Reuter mit Blick auf die Weltmarkterfolge der Japaner und – auf Teilgebieten – der Amerikaner eine stärkere Mitwirkung des Staates bei der rechtzeitigen Anpassung der Wirtschaftsstruktur. Vor dem Gesprächskreis Politik und Wirtschaft der Friedrich-Ebert-Stiftung verband er seine Forderungen am 7. März 1984 mit düsteren Perspektiven: »Eine konzertierte und strategische Anpassung unserer Kräfte in Richtung auf eine nüchterne und pragmatische Industriepolitik ist unentbehrlich, sie ist überfällig. Zugleich wäre sie Voraussetzung für eine entschlossene Initiative der Bundesrepublik, mit ebenso konkreten wie überzeugenden Projekten die Europäische Gemeinschaft zum abgestimmten wirtschaftspolitischen Handeln zu bringen. Ohne eine gemeinschaftliche Industriepolitik ist allerdings die Gefahr nicht mehr fern, daß Westeuropas Industrie, Westeuropa insgesamt zum Balkan der Industriestaaten werden könnte: eigentlich chancenreich genug, um sich eine blühende Zukunft in ökologischem Gleichgewicht zu erarbeiten, aber leider unfähig, die erforderlichen gemeinschaftlichen Voraussetzungen zu schaffen.«

Industriepolitik – mit bildhafter Eindringlichkeit hatte Edzard Reuter ein Thema aufgegriffen, das ihn fortan nicht mehr loslassen sollte und das sich seither wie ein roter Faden durch seine kritischen Betrachtungen des Verhältnisses zwischen Staat und Wirtschaft zieht. Ähnlich wie Reuter hatte 1980 der amerikanische Nationalökonom Lester Thurow in seinem Buch »The Zero-Sum-Society« für die USA ein korporativistisches Gesellschaftsmodell beschrieben und daraus die Forderung nach einem »Sozialkontrakt« zwischen Unternehmen, Staat und Gewerkschaften abgeleitet. Anstoß für die industriepolitische Diskussion war die 1978 in Amerika einsetzende schwere Rezession. Einst blühende Industriestädte wie das Stahlzentrum Pittsburgh oder Detroit, das automobile Herz des Landes, wurden zum traurigen Inbegriff von Ineffizienz und rapide nachlassender Wettbewerbskraft. Durch die wirtschaftspolitische Diskussion geisterte das Gespenst der »De-Industrialisierung« der westlichen Führungsmacht. Was die Amerikaner bei sich zu Hause und auf dem Weltmarkt an Terrain verloren, gewannen die Japaner dank ihrer beispiellosen Exportoffensive. Inspiriert durch die interventionistischen Rezepte des Harvard-Professors Robert Reich (sein 1983 erschienenes Buch »The Next American Frontier« wurde ein Bestseller), hatte der demokratische Präsidentschaftskandidat Walter Mondale 1985 das Bekenntnis zu einer »Neuen Industriepolitik« sogar in sein Wahlprogramm aufgenommen. Wie die Amerikaner, so wurden sich auch die Europäer unter dem Schock der großen japanischen Erfolge gravierender Probleme bewußt. Eine jahrelange Investitionslücke forderte jetzt in Form sinkender Wachstumsraten und steigender Arbeitslosigkeit ihren Tribut. Eine griffige Vokabel für den schleichenden Prozeß ökonomischer Auszehrung war schnell gefunden: »Eurosklerose«. Hatte »der Markt«, so fragte man sich allenthalben, versagt? Reichten die von den Gralshütern der liberalen Wirtschaftsordnung stets beschworenen Selbstheilungskräfte nicht mehr aus, um mit den Herausforderungen der achtziger Jahre fertig zu werden?

Edzard Reuter war aus dem Kreis der deutschen Spitzenmanager weit und breit der einzige, der öffentlich neue Antworten forderte und selber zu finden suchte. Er wußte, daß er sich damit bei seinen Kollegen in der deutschen Wirtschaft nicht gerade beliebt machen würde. Allein das Wort »Industriepolitik« roch den meisten nach staatlicher Reglementierung und bürokratischer Gängelei. Obendrein fürchteten sie, daß in dem Augenblick, da der Staat – in welcher Form auch immer – an der Festlegung von Strukturzielen mitwirken würde, auch die Gewerkschaften mit ihren Vorstellungen von Investitionslenkung Anspruch darauf erheben könnten, in den kollektiven Diskussionsprozeß mit einbezogen zu werden. Dabei hatte es schon unter Ludwig Erhards wachsamen Augen direkte oder indirekte Eingriffe in industrielle Entwicklungen gegeben – angefangen beim Kartellrecht über steuerliche Aufbauhilfen für Werften und Reeder bis hin zur Zonenrandförderung. Bonn zahlte Milliarden für bedrohte Kohlezechen und Stahlwerke, für neue Reaktortypen, Airbus-Flugzeuge und Computerentwicklungen. Was es jedoch nicht gab, war eine systematische Industriepolitik zur Beschleunigung eines reibungslosen Strukturwandels, zu einer Ablösung existenzgefährdeter »Schrumpfbranchen« durch neue, technologisch moderne Wachstumsproduktionen.

In Edzard Reuters öffentlichen Äußerungen fehlt es nicht an unzweideutigen Bekenntnissen zur Steuerungsfunktion des Marktes. So plädierte er in seiner St. Gallener Rede dafür, daß »die marktwirtschaftlichen Elemente, die unsere Wirtschaftsordnung in weiten Bereichen des Wettbewerbs prägen, mit Zähnen und Klauen verteidigt« werden müßten. »Es gibt erwiesenermaßen nichts Besseres als den Markt«, erklärte er 1983 in einem Interview. Was aber war von seiner Feststellung auf einer Ernst-Reuter-Gedenkfeier im selben Jahr zu halten, »daß bloßes Vertrauen auf die berühmten Selbstheilungskräfte der Wirtschaft nicht weniger – nach Geschmack – naiv oder reaktionär wäre als der in Teilen der Sozialdemokratie leider wohl unausrottbare Glaube an die staatliche Machbarkeit aller

Dinge«? Oder was hatte er im Sinn, als er in einem Südwestfunk-Interview nach einer Laudatio auf die »sozial ausgeprägte Marktwirtschaft« mit ihrem »entscheidenden Beitrag« zu »diesem Maß an Wohlstand« hinzufügte: »Ich denke aber, daß inzwischen Probleme auf uns zukommen, die sich im weltwirtschaftlichen und weltpolitischen Bereich abspielen, wie allerdings auch im binnenwirtschaftlichen Bereich, denen wir nicht mehr mit diesem Vorbild der freien Marktwirtschaft nachkommen können.«

Ein »ideologischer« Marktwirtschaftler kann Edzard Reuter wohl schon deshalb nicht sein, weil ihm alles Ideologische per se suspekt ist. Über niemanden hat er mit aller ihm zu Gebote stehenden Formulierungskraft so viele Füllhörner voller Hohn und Spott ausgegossen wie über die »Scholastiker« und »Missionare reiner Wahrheiten«, über jene »Puristen«, die in seinen Augen »nur schreckliche Scherbenhaufen anrichten«. Daß ein scheinbar chaotischer, auf den individuellen Entscheidungen durchschnittlich moralischer Menschen beruhender Marktprozeß im Endergebnis zu einer »vernünftigen« Lenkung der Ressourcen in die produktivsten Verwendungen führt, ist einem von den strengen Denkformen der aufklärerischen Vernunftphilosophie geprägten Mann wie Reuter möglicherweise eine nicht eben eingängige Vorstellung.

Edzard Reuter hat es über die theoretische Physik und die Mathematik (»Wenn man so will, die knallharte Rationalität des Verstandes«) schon früh auch zu philosophischen Themen gezogen. »Ich habe alles gefressen, was es auf diesem Gebiet zu lesen gab«, erinnert er sich an seine Jugendlektüre in Ankara. Was ihm an englischsprachiger Literatur nicht sein Bruder aus Cambridge schickte, kaufte er sich von seinem Taschengeld in einem Geschäft, das eine große Auswahl der beliebten »Penguin«-Taschenbücher und der blau eingebundenen Ausgaben von »Oxford University Press« vorhielt. Brücken von den Naturwissenschaften zur Philosophie fand er vor allem in dem

Buch »The Philosophy of Physical Science« des britischen Astronomen und Physikers Arthur Eddington, über das er sich schon mit 15 Jahren hermachte. Daneben las er die Bücher des englischen Philosophen Bertrand Russell und, wie er sich erinnert, »auch schon einiges von Marx«.

Daß er mit dem großen Verkünder der Verelendungstheorie nicht allzuviel anzufangen wußte, hing mit seiner Begeisterung für Kant und dessen optimistischer Menschheitsverheißung zusammen, sich mittels der Vernunft aus selbstverschuldeter Unmündigkeit zu befreien. Das Interesse an der Philosophie teilte er im übrigen mit seinem Vater. Ernst Reuter war während seines Studiums in Marburg in dem Neukantianer Hermann Cohen einem Lehrer begegnet, dessen »unwahrscheinlich große Verschmelzung jüdischen Geistes mit antikem Gedankengut und christlicher Gesinnung« ihn als jungen Menschen, wie er später bekannte, »tief beeindruckt und beeinflußt habe.«

In seiner eigenen »Philosophie« als Unternehmer hat Edzard Reuter auf keinen anderen so häufig und direkt Bezug genommen wie auf den in England lebenden Philosophen Karl Popper. Dem hochbetagten Gelehrten, den Königin Elizabeth in den Adelsstand erhob, schickte er 1980 sogar seine St. Gallener Rede, für die sich Popper mit einigen kritischen Bemerkungen über einen von Reuter zitierten Fachkollegen des Philosophen bedankte. Der 1902 in Wien geborene Wissenschaftler lehnt in seinem Buch »Das Elend des Historizismus« jede Vorhersage des künftigen Verlaufs der Geschichte entschieden ab – und damit auch den Marxismus als die, wie er schrieb, »bis jetzt reinste, am weitesten entwickelte und gefährlichste Form des Historizismus«. Die Zukunft, so Poppers These, sei vielmehr offen.

Jede »Idee einer utopischen sozialen Planung großen Stils« ist für den strengen Rationalisten ein »Irrlicht, das uns in den Sumpf lockt«. In einem Vorwort für die deutsche Ausgabe seines Buches warnt er vor neuen Heilskündern: »Die Hybris, die uns versuchen läßt, das Himmelreich auf Erden zu verwirklichen, verführt uns dazu, unsere gute Erde in eine Hölle zu verwandeln – eine Hölle, wie sie nur Menschen für ihre Mitmenschen verwirklichen können. Wenn wir die Welt nicht wieder ins Unglück stürzen wollen, müssen wir unsere Träume der Weltbeglückung aufgeben. Dennoch können und sollen wir Weltverbesserer bleiben – aber bescheidene Weltverbesserer. Wir müssen uns mit der nie endenden Aufgabe begnügen, Leiden zu lindern, vermeidbare Übel zu bekämpfen, Mißstände abzustellen; immer eingedenk der unvermeidbaren ungewollten Folgen unseres Eingreifens, die wir nie ganz voraussehen können und die nur allzuoft die Bilanz unserer Verbesserungen zu einer Passivbilanz machen.«

In unserer komplizierten Welt, so Reuter, komme es entscheidend darauf an, daß jeder eingeschlagene Weg umkehrbar sein muß, wenn er sich irgendwann als irrig erweisen sollte. Nicht der »große Wurf«, sondern »intelligente Reparaturarbeit« sei daher gefragt – vergleichbar der von Popper als »Stückwerk-Technik« (englisch: *piecemeal engineering*) bezeichneten Vorgehensweise der kleinen Schritte: »Wenn wir wirklich guten Willens sind, so werden wir dauernd versuchen, die Folgen unserer Handlungen zu überwachen, um unsere Handlungen beizeiten zu korrigieren. Das ist das Prinzip der dauernden Fehlerkorrektur: die Methode, dauernd nach Fehlern zu suchen und frühzeitig kleine und beginnende Fehler zu korrigieren. Die Methode der rechtzeitigen Fehlerkorrektur zu verfolgen ist nicht nur eine Weisheitsregel, sondern geradezu eine moralische Pflicht: Es ist die Pflicht zu dauernder Selbstkritik, zum dauernden Lernen, zu dauernden kleinen Verbesserungen unserer Einstellung, unserer Urteile, unserer Theorien ... Bewußtes Lernen aus unseren Fehlern, bewußtes Lernen durch dauernde Korrektur ist das Prinzip der Einstellung, das ich den ›kritischen Rationalismus‹ nenne. All das gilt auch für das Gebiet unserer sozialen und politischen Handlungen: Die kritische Einstellung ist Pflicht. Alles andere ist Größenwahnsinn und Verantwortungslosigkeit; auch dann, wenn es von den besten Absichten geleitet ist.«

In seinem vielbeachteten Vortrag zum Thema »Über Macht und Ohnmacht des Geistes« bei einem Festakt der Universität Hohenheim bekannte sich Edzard Reuter 1985 ausdrücklich zu den Handlungsmaximen, die Popper unter dem Eindruck des Faschismus in seinem zweibändigen Werk »Die Offene Gesellschaft und ihre Feinde« formuliert hatte: »Aufklärerische Philosophie und geschichtliche Erfahrung der modernen Gesellschaften des Westens, beides zusammen, beweisen, daß Karl Popper, zu dem ich meine Affinität nach dem Gesagten nicht mehr besonders betonen muß, recht hat mit seiner Behauptung, daß ›der Konflikt zwischen dem Rationalismus und dem Irrationalismus der wichtigste intellektuelle und vielleicht sogar moralische Konflikt unserer Zeit ist‹. Rationalismus ist im Grunde eine Einstellung, die zugibt, daß ich mich irren kann, daß du recht haben kannst und daß wir zusammen vielleicht der Wahrheit auf die Spur kommen werden.«

Als strenger Rationalist hat der Daimler-Chef immer wieder gegen irrationale Technikangst und die Ausstiegsszenarien ökologischer Fundamentalisten Front gemacht. »Ist die gesellschaftliche Unfähigkeit, mit Risiken umzugehen, die man rechnen kann, wirklich Beweis, daß die Wurzel des Übels in der beschleunigten Dynamik der Technik liegt?« fragte er 1987 in einem Beitrag für die Tageszeitung »Die Welt«. Umweltkatastrophen vom Range des Tschernobyl-Reaktorunglücks oder der Dioxin-Verseuchung von Seveso könnten, so Reuters Sorge, in Deutschland eher als in anderen westlichen Ländern leicht zu schwer kontrollierbaren politischen Erschütterungen führen. Auch deshalb, davon ist er überzeugt, sei die Bundesrepublik auf einen Mindestkonsens der großen gesellschaftlichen Gruppen angewiesen.

Konsens – was steckt hinter diesem Begriff, der in Edzard Reuters reformerischen Überlegungen von Anfang an die zentrale Rolle spielte? Wie weit soll – und vor allem: kann – im Blick auf die wirtschaftlichen und sozialen Zukunftsaufgaben unseres Landes die Gemeinsamkeit im Kräftedreieck Staat, Wirtschaft und Gewerkschaften tragen? Eines ist für den Daimler-Chef klar: Das »Modell Japan«, nach dem die Regierung, repräsentiert durch das Ministerium für Internationalen Handel und Industrie (MITI), mit Hilfe administrativer Empfehlungen (*administrative guidances*) den Übergang von alten zu modernen Industrien fördert, ließe sich, selbst wenn man es wollte, auf deutsche Verhältnisse nicht übertragen. Dazu fehlt in der privaten Wirtschaft nicht nur die Bereitschaft, selbst die moderateste Form von Investitionslenkung zu akzeptieren, sondern auch das nötige Vertrauen in die Kompetenz der Bürokratie. »Der Staat ist nun einmal ein schlechter Entdecker neuer Märkte und Produkte«, brachte Reuter diesen Vorbehalt 1984 in einer Rede in Cambridge auf den Punkt, »der Maßstab erfolgreicher Wirtschaftspolitik muß einzig und allein sein, ob sie wirtschaftliche Entwicklung erleichtert und beschleunigt und ob sie zugleich die sozialen Folgewirkungen so abfedert, daß sozialer Friede gesichert bleibt.«

Sind Industrieruinen wie der Schnelle Brüter in Kalkar und der Hochtemperaturreaktor in Hamm-Uentrop, vielleicht auch das eine oder andere Raumfahrtprojekt, nicht sogar abschreckende Mahnmale gegen ein allzu inniges Zusammenwirken zwischen Großunternehmen und dem Zahlmeister Staat? Wer will umgekehrt entscheiden, was nach Reuter eine »Abbruchindustrie« ist? Auch für den Daimler-Chef ist es ein Phänomen, daß der deutsche Schiffbau, dem gegen die Konkurrenz der Koreaner und anderer Billiganbieter lange Zeit kaum noch jemand Überlebenschancen eingeräumt hatte (»Darüber gab es einen breiten Konsens«), durch harte Kapazitätsschnitte und eine Spezialisierung auf ein technologisch hochstehendes Bauprogramm längst wieder wettbewerbsfähig ist. Wer sollte denn entscheiden und dafür mit allen Konsequenzen die Verantwortung tragen, ob ein »alter« Wirtschaftszweig durch Umstrukturierungen noch gerettet werden kann, außer den direkt betroffenen Unternehmen? Kann der Part des Staates in einem solchen Falle darüber hinausgehen, befristet und möglichst degressiv finanzielle Anpassungshilfe zu leisten? Der dezentrale Suchprozeß auf der Basis genauester Marktkenntnis verspricht in jedem Fall bessere Ergebnisse als kollektiv »ausgehandelte« Konzepte.

Bleiben schließlich die Gewerkschaften, denen der Daimler-Manager mit dem SPD-Parteibuch vor allem in seinen ersten öffentlichen Grundsatzreden bei der Konsensbildung eine unverzichtbare Rolle zuwies. Inzwischen, so hat es den Anschein, ist Reuter um viele Illusionen ärmer. Nach der Reformeuphorie der siebziger Jahre und dem durch die Skandale um die »Neue Heimat« und die »co op«-Gruppe ausgelösten Zusammenbruch des gewerkschaftseigenen Firmenimperiums hat sich der DGB immer mehr auf sein eigentliches Aktionsfeld, die Tarifpolitik, zurückgezogen. Aber auch auf diesem Feld fand Edzard Reuter für seine Vorstellungen von gemeinsamer Verantwortung nicht die erhoffte Resonanz. Schon 1981 hatte er in einem Essay gegen die »grotesken Rituale um zwei Zehntel Prozent mehr oder weniger im Tarifabschluß« gewettert. Unter dem Eindruck des Dollarverfalls und der damit erschwerten Exporte in die USA erklärte Reuter im Februar 1988 in einem »Welt«-Interview: »Wir brauchen also jetzt einfach eine Pause – eben einen Lohnstopp, weil wir uns unter Berücksichtigung der zwischenzeitlich fundamental geänderten Währungsrelation zuviel geleistet haben. Doch müssen wir jetzt den Gürtel für einige Zeit enger schnallen.« Zurück schallte es, wie man es nicht anders erwarten konnte. Wenn ausgerechnet »der ärmste aller Konzerne« meine, sich um Lohnkostensenkungen kümmern zu müssen, höhnte der

IG-Metall-Vorsitzende Franz Steinkühler, verdiene dieser das »ganze Mitgefühl« seiner Gewerkschaft. Und sein Mitgliederorgan »Metall« schlug in die gleiche Kerbe: »Ist Daimler pleite? Muß Reuter gar vom Dienst-Mercedes auf ein Goggomobil umsteigen? Gottlob nicht. Denn der Bußprediger verheißt, daß die Rettung nahe ist, wenn wir ihm nur folgen.«

Noch in anderer Beziehung hat Edzard Reuter an der Fähigkeit der Gewerkschaft zum Konsens, zumindest wie er ihn sich als einzig sinnvoll vorstellt, mittlerweile seine Zweifel. Zwar stelle er immer wieder fest, daß Steinkühler, mit dem er ungeachtet gelegentlicher Scharmützel durch das freundschaftliche »Du« verbunden ist, in vielen Dingen wie er denke; in dem Augenblick jedoch, wo es konkret werde, brächte die IG Metall sehr schnell die Bildung von Gremien mit festgeschriebenen Befugnissen ins Spiel. »Eben darum geht es mir aber nicht, daß wir neben demokratisch legitimierten Parlamenten und Regierungen sowie frei nach marktwirtschaftlichen Prinzipien entscheidenden Unternehmen als drittes Element Industrieräte erhalten«, distanziert sich der Daimler-Chef von jeder Form der Institutionalisierung. Selbstkritisch räumt er dabei ein, daß er früher vielleicht nicht genügend durchdacht habe, »ob eine Organisation wie eine Gewerkschaft von einer solchen Formalisierung überhaupt Abstand nehmen könne«.

Daß auf informellem Wege mit starken Arbeitnehmervertretern zur Lösung schwieriger Anpassungsprobleme durchaus tragfähige Regelungen zu erzielen sind, hat Reuter wiederholt nicht nur im eigenen Hause erlebt, sondern auch als Aufsichtsratsmitglied im Stahlkonzern Salzgitter. Mag sein, daß er »zu naiv, zu blauäugig« gewesen sei, wenn er angenommen habe, daß auf gesamtwirtschaftlicher Ebene möglich sein müsse, was sich an der Basis im Verhältnis zu den Betriebsräten als machbar erwiesen habe. »Männer wie Hanns Martin Schleyer und Otto Brenner hätten sich schnell darauf verständigt, daß die 35-Stunden-Woche kein Allheilmittel sein kann«, hielt er 1983 in einer SPD-internen Gedenkrede für seinen Vater den neuen Matadoren an der Tariffront vor.

Wo Edzard Reuter das große Auditorium sucht, vermeidet er es peinlichst, den Eindruck zu erwecken, als gehe es ihm um die lobbyistische Verfolgung eng begrenzter Interessen. Thematik und Gedankenführung signalisieren vielmehr: Hier steht ein politischer Unternehmer, dem es zuallererst um übergeordnete Anliegen geht. Doch bei genauerem Hinsehen wird deutlich, daß sich die Akzente in seinen Reden verschoben haben. Hatte Anfang der achtziger Jahre der Finanzchef Edzard Reuter, gleichsam aus der zweiten Reihe, vor allem als scharfsinniger wie scharfzüngiger »Nestbeschmutzer« auf Fehler und Irrtümer im eigenen Lager hingewiesen und als intellektueller Anreger auf sich aufmerksam gemacht, steht er heute auf einem ungleich höheren Podest. Der Vorstandsvorsitzende des inzwischen größten deutschen Industriekonzerns ist in die Rolle eines kritischen Beobachters und – wo es ihm notwendig erscheint – auch Zensors der Politik hineingewachsen, dessen Wort Gewicht hat.

Unter dem Eindruck der hilflosen offiziellen Reaktionen auf den Börsen-Crash im Oktober 1987 nutzte er bereits seinen ersten großen Auftritt als frischbestallter Daimler-Chef zu einem medienwirksamen Rundumschlag. In einem Vortrag vor dem American Council on Germany in New York beklagte er den in seinen Augen »katastrophalen Mangel an wirtschaftspolitischer Führungskompetenz in unseren Regierungen«. Gleichzeitig warnte er davor, daß sich ein wirtschaftlicher Niedergang, wie ihn die Welt nach dem »Schwarzen Freitag« des Jahres 1929 erlebt habe, durchaus wiederholen könnte: »In Europa jedenfalls wächst das Gefühl, daß eine schwerwiegende wirtschaftliche Krise eintreten könnte, wenn nicht rechtzeitig Wege zu einem gemeinsamen Handeln gefunden werden.«

Daß sich Edzard Reuters anfänglich stark auf die wirtschaftlichen und politischen Verhältnisse in der Bundesrepublik konzentriertes Blickfeld mehr und mehr erweitert hat, ist die logische Konsequenz aus der Entwicklung des Daimler-Benz-Konzerns. Wächst ein in seiner Mentalität schwäbisch geprägtes Automobilunternehmen in die Dimension eines Technologieriesen mit der klaren Vision eines »Global Players« hinein, gewinnen automatisch andere Themen Priorität. Auf dem vorgezeichneten Weg zu internationaler, ja weltweiter Präsenz sind nicht nur Großkonzerne wie Daimler-Benz, Siemens oder die Deutsche Bank den durchweg noch in nationalen Denkkategorien von gestern verhafteten Politikern inzwischen weit enteilt. Die Folge ist, daß die europäische Industrie bis heute nicht in der Lage ist, im Wettbewerb vor allem mit den USA und Japan von der unverzichtbaren Basis eines großen homogenen Binnenmarktes aus zu operieren. In allen westlichen Industrieländern, so stellte Reuter fest, sei die Politik zum »ausschlaggebenden Flaschenhals für notwendige Anpassungen an veränderte Bedingungen des Wirtschaftens geworden«.

Die Gründe für diese Defizite sieht er vor allem in der Art und Weise, in der heute Politik betrieben werde. Die dichte Folge von Wahlterminen in Bund und Ländern lasse kaum die nötige Ruhe, um Grundsatzprobleme, die politische Weichenstellungen für die Zukunft erfordern, sorgfältig zu durchdenken. An die Stelle gründlich erarbeiteter Regelungen träten immer häufiger Pseudoaktivität und mit heißer Nadel genähtes Flickwerk. Krassester Fall ist für den Daimler-Chef die Umweltpolitik. Schonungsloser hätte die Politikerschelte durch einen Mann der Wirtschaft kaum ausfallen können als in Reuters Rede zum zehnjährigen Bestehen des Umweltbundesamtes 1984 in Berlin: »Für mich bleibt es eine beunruhigende Tatsache, daß wir heute mit einer bedenklichen Qualitätsveränderung von Politik leben müssen, mit einem professionellen Dilettantismus, der auf Medienwirkung zielt und erst in zweiter Linie reale Wirkungen anstrebt ... Könnte dergleichen wohl demnächst mit der Ausrufung des ›Schadstoffs der

Woche‹ das Ende jeglicher Berechenbarkeit und Kontinuität herbeiführen?«

Wo wird Edzard Reuters Standort im Spannungsfeld zwischen privater Wirtschaft und Staat sein, wenn in der »dritten industriellen Revolution«, wie das neue Informationszeitalter genannt wird, statt einzelner Unternehmer ganze Regionen miteinander konkurrieren? Wird er überzeugt sein, daß die Industrie schon stark genug ist, um das von Pessimisten an die Wand gemalte Schreckgespenst einer japanischen Technologie-Kolonie Europa im Jahre 2030 rückblickend als groteske Fehleinschätzung erscheinen zu lassen? Oder wird er sich, wie der Genscher-Berater Konrad Seitz in seinem Buch »Die japanisch-amerikanische Herausforderung«, zum beredten Fürsprecher einer europäischen Industriestrategie machen, die die »dogmatische Anwendung des Marktwirtschaftsprinzips« zugunsten einer dirigistischen Industriepolitik der Gemeinschaft außer Kraft setzt?

Daß der Markt in bestimmten Situationen das Hilfsaggregat Staat braucht, um bahnbrechende technologische Entwicklungen zu beschleunigen, kommt der Denkweise des politischen Unternehmers Reuter sehr entgegen. Von Anfang an hat er in seinen Überlegungen, wie der Prozeß der industriellen Regeneration von außen angeregt werden kann, der Politik eine maßgebliche Rolle zugewiesen. Seine griffigen Formeln von den »Grenzen des Marktes«, einer weit fortgeschrittenen »korporativistischen Ordnung« und dem notwendigen »wirtschaftlich-sozialen Konsens« können jedoch den Mangel an konkreten, nicht schon als untauglich gescheiterten Instrumentarien nur schwer verdecken. Der Eindruck drängt sich auf, daß der vom »Revoluzzer« zum »Elder Statesman« gereifte Industriepolitiker Reuter den vielbeschworenen Konsens heute im wesentlichen als eine Art informelles Kartell der Vernunft zwischen den großen gesellschaftlichen Gruppen begreift – wenigstens auf nationaler Ebene.

Wenn Reuter heute von konkreter Industriepolitik spricht, dann mit Blick auf Europa. Er ist davon überzeugt, daß der alte Kontinent technologisch mithalten kann, wenn er seiner Industrie die Wettbewerbsbedingungen eines *home market* frei von Grenzen, Dirigismus und Protektion, eines Marktes mit 320 Millionen Menschen, garantiert. Marktwirtschaftliche Industriepolitik bedeutet für den Daimler-Chef daher vor allem die Schaffung einheitlicher europäischer Rahmenbedingungen: gemeinsame Normen und Standards, Abbau aller Handelshemmnisse, Verzicht auf alle Diskriminierungen bei öffentlichen Auftragsvergaben, Streichung strukturerhaltender Subventionen, ein europäisches Gesellschaftsrecht als Grundlage für Unternehmensfusionen in der EG, eine am größeren Binnenmarkt orientierte Kartellpraxis sowie eine gemeinschaftliche Förderungs-, Technologie-, Forschungs- und Konjunkturpolitik. »Jahrzehnt der kleinen Schritte« betitelte Edzard Reuter 1981 einen seiner Vorträge – das Thema, so scheint es, ist 1991 ebenso aktuell wie damals.

7. Kratzer am Lack

Ein Skeptiker am Mercedes-Steuer

Drei Autos fuhr Edzard Reuter, bevor er die Schlüssel seines ersten Mercedes in Empfang nehmen durfte: als Student den »pappigen« Kriegs-DKW seines Schwiegervaters Gustav Willner, den VW »Käfer«, den sich sein Vater noch kurz vor seinem Tode gekauft hatte, und als Ufa-Angestellter seinen ersten eigenen, auf Stottern bezahlten Wagen, einen Opel »Rekord«, grau mit weißem Dach. Erst als Bertelsmanns Fernseh-Geschäftsführer erfüllte sich sein Traum, eines Tages einen Mercedes zu fahren. Um den feierlichen Augenblick voll auszukosten, fuhr er sogar nach Sindelfingen, um im Werk seinen hellblauen 180er persönlich abzuholen. Sehr viel später antwortete er einmal auf die Frage eines ZDF-Interviewers, warum es ihn beruflich von Anfang an zu Daimler-Benz gezogen habe: wegen der »Attraktion, an einem so herrlichen Produkt mitarbeiten zu dürfen«. Um der Wahrheit die Ehre zu geben: Weil seine damalige Freundin, seine heutige Frau, dem noblen Gefährt bei weitem nicht den gleichen Reiz abgewinnen konnte wie er, entsagte er dem guten Stern kurzerhand wieder und kaufte statt dessen einen gebrauchten Citroën. Schwärmerisch »die Göttin« nannten die Fans dieses Auto, nach dem französischen »déesse«, der Lautschreibweise der Modellbezeichnung »DS«. Zu ihrem »göttlichen« Charme trug die ausladende Form der Limousine ebenso bei wie ihre weiche Luftfederung, mit denen Citroëns Entwicklungsingenieure stilistische und technische Akzente gesetzt hatten. Eben dieses spätere Kultauto chauffierte Edzard Reuter an seinem ersten Arbeitstag 1964 durch die Toreinfahrt in Untertürkheim. »Das lange, runde Ding hat mir einiges Stirnrunzeln eingetragen, als ich damit einfuhr«, erinnert er sich.

Zwei am Fenster seines Arbeitszimmers stehende Mininachbildungen der ersten Benzinkutschen von Karl Benz und Gottlieb Daimler – ein Geschenk seines Freundes Niefer – weisen diskret darauf hin, wo im Konzern immer noch das meiste Geld verdient wird. Die gelegentlich zu hörende Vermutung, daß er mit Autos nicht mehr viel im Sinn habe, verweist der Architekt des Technologiekonzerns ins Reich der Fabel. »Autobegeistert war ich immer und bin es noch«, behauptet Edzard Reuter von sich. Allerdings leitet er hieraus nicht das Recht ab, sich als eine Art Oberentwickler in die Planung neuer Modelle einzumischen, und schon gar nicht, über stilistische Details mitzureden. »Ich fand es immer furchtbar«, gesteht er, »wenn früher der Vorstand im Stilistenraum versammelt war und die Diskussion darüber losging, ob an dieser Stelle eigentlich noch eine Zierleiste hingehörte oder nicht.« Auch von Probefahrten, wie sie besonders Prinz mit seinem damaligen Entwicklungschef Breitschwerdt gerne unternahm, hält sich Reuter bewußt fern – und dies nicht erst, seit er als Vorstandschef der 1987 als Holding über die operativen Gesellschaften »gestülpten« Daimler-Benz AG dem in der Mercedes-Benz AG konzentrierten Automobilgeschäft ein Stück entrückt ist.

Bereits bevor er in den Vorstand berufen wurde, hatte sich Edzard Reuter mit nahezu allen Aspekten des Automobilgeschäfts zu befassen. Er war noch nicht einmal Hauptsekretär, als Zahn ihn mit einem Projekt von besonderer Tragweite betraute. Heinrich Nordhoff, Generaldirektor des Volkswagenwerks, und Zahn waren sich in der Einschätzung einig, daß der Verbrennungsmotor vielleicht schon bald Konkurrenz durch einen für den Antrieb von Autos geeigneten Elektromotor erhalten werde. Dies jedoch würde die Automobilindustrie, so ihre Sorge, in eine gefährliche Abhängigkeit von Siemens und ein paar weiteren großen Elektrokonzernen bringen – jedenfalls sofern man sich nicht selber für diesen Eventualfall wappnete.

Bei einem Treffen beider Vorstände im VW-Gästehaus in Wolfsburg, an dem auch Reuter teilnehmen durfte, wurde deshalb der Plan geboren, gemeinsam Elektroautomobile zu entwickeln. Zu diesem Zweck gründeten VW und Daimler-Benz 1967 mit Sitz in Hannover die Deutsche Automobilgesellschaft mbH. Beide Seiten entsandten einen Mann in die Geschäftsführung. Für Daimler-Benz war dies Reuter. Dessen anfängliche Hoffnungen, aus dem Joint Venture werde einmal etwas Bedeutendes werden, zerrannen jedoch in dem Maße, in dem sich das Gespenst des automobilen Elektrozeitalters wieder verflüchtigte. Übrig blieb eine noch heute bestehende Forschungsfirma für Industriebatterien, die sich seit 1990 auch anderen Pilotaufgaben, wie dem Autorecycling, der Verkehrsforschung und der Fahrzeugelektronik, widmet.

Wenn es nach dem führenden Großaktionär von Daimler-Benz, der Flick-Gruppe, gegangen wäre, hätte das Gemeinschaftsunternehmen mit dem anspruchvollen Namen möglicherweise der Nukleus einer noch viel weitergehenden Verbindung zwischen Volkswagen und Mercedes werden können. Die Flicks betrieben, vor allem in der Person ihres Generalbevollmächtigten Eberhard von Brauchitsch, ganz offen einen Zusammenschluß der beiden führenden deutschen Automobilhersteller. Im Daimler-Vorstand unterstützte Hanns Martin Schleyer den Plan seines Freundes. Zahn war in einer kniffligen Situation. Auf der einen Seite konnte ihm an der Fusion aus mehrerlei Gründen nicht gelegen sein. Allein die Sorge, in dem neuen Mammutkonzern von der Macht verdrängt zu werden, mußte dem Vorstandssprecher dieses Vorhaben suspekt erscheinen lassen. Bestärkt wurde er überdies durch die Warnungen seiner Betriebswirte, die den Wert von Daimler-Benz wesentlich höher veranschlagten als den von VW. Auf der anderen Seite war Zahn jedoch vorsichtig genug, seinen Hauptaktionär nicht zu verprellen. So machte er einerseits bei der Deutschen Bank und der Familie Quandt, seinen beiden anderen Großaktionären, gegen die Flick-Pläne insgeheim Stimmung. Andererseits erweckte er nach außen den Anschein, als suche er ernsthaft nach einem Weg, das Projekt voranzubringen. Nicht allein, daß interne Bewertungen beider Unternehmen vorgenommen wurden; ganz offiziell erteilte der Vorstand darüber hinaus Reuter den Auftrag, die Fusionsüberlegungen weiterzuverfolgen.

Voller Erwartung reiste Zahns Mitarbeiter nach Wolfsburg, um dem soeben für das Beteiligungsressort in den VW-Vorstand eingezogenen Gerhard Prinz praktische Wege für einen Zusammenschluß aufzuzeigen. »In meiner ganzen Unschuld habe ich dem gesagt, die älteren Herren denken ja doch nur an ihre Jobs, nun setzen wir beide uns mal hin und schauen, wie man so etwas macht«, amüsiert sich Reuter im Rückblick auf seinen bedeutungsschweren Auftrag. Daß er nur Alibiarbeit leistete, wurde ihm sehr bald klar. Die Differenzen unter den Großaktionären und schließlich die durch die riskante »Käfer«-Monokultur ausgelöste VW-Krise Anfang der siebziger Jahre ließen das Projekt alsbald sang- und klanglos in der Versenkung verschwinden.

Wie sehr Reuter bereits lange vor seiner Berufung in den Vorstand an großen geschäftspolitischen Entscheidungen mitwirkte, läßt sich nicht zuletzt an der Rolle erkennen, die er in den mühevollen und letztlich gescheiterten Verhandlungen mit den Sowjets über das geplante Lkw-Werk an der Kama spielte. Als Hauptsekretär war er neben Zahn, Schleyer und dem bei diesem Projekt besonders engagierten Vorstandsmitglied Heinz Schmidt an allen wichtigen Verhandlungen mit den Russen zwischen 1969 und 1971 beteiligt. In dem an der Kama, einem Nebenfluß der Wolga, für 55 000 Beschäftigte geplanten Werk sollten mit Hilfe von Daimler-Benz jährlich 150 000 Schwertransporter vom Band rollen. Im Vorstand löste die Aussicht, auf Einladung Moskaus die größte Lkw-Fabrik der Welt zu bauen, zunächst große Euphorie aus – verständlicherweise. Denn vergeblich hatte sich das Unternehmen bislang bemüht, einen Fuß in die Tür zum Ostblock zu bekommen. Hinzu kam, daß ein solches Milliardenprojekt auch politisch in die Landschaft paßte. Die im Herbst 1969 an die Macht gekommene Bonner SPD/FDP-Koalition unter Willy Brandt betrachtete das Kama-Projekt als Meilenstein auf dem eingeschlagenen Weg ihrer neuen Ostpolitik.

Sehr bald wich die anfängliche Begeisterung allerdings einer nüchterneren Beurteilung. Dämpfend wirkte vor allem die Sorge, daß ein derart riesiges Kooperationsvorhaben den eigenen Entwicklungsbereich überfordern könnte. Mit zunehmender Dauer der Kontakte merkten die Daimler-Manager überdies, daß die beiderseitigen Preisvorstellungen weit auseinanderlagen. Während in einer Sitzung des Aufsichtsratspräsidiums im August 1970 die Vertreter des Hauses Flick noch dafür plädierten, mit Nachdruck weiterzuverhandeln, war Herbert Quandt zu diesem Zeitpunkt nur unter großen Mühen für diese Linie zu gewinnen. Auch im Vorstand bröckelte die Fraktion derer, die vor allem mit Blick auf weitergehende Geschäftsbeziehungen mit den Russen an einer Kooperation an der Kama festhielt, immer mehr. So erlebte die Moskauer Verhandlungsdelegation, die unter Leitung eines hochrangigen Funktionärs, Schwiegersohn des sowjetischen Ministerpräsidenten Alexej Kossygin, am 21. September 1970 in Untertürkheim eintraf, eine in dieser Frage völlig uneinige Daimler-Führung. Auf der anderen Seite wollte Zahn kurz nach der Unterzeichnung des deutsch-sowjetischen Vertrages im Katharinensaal des Kreml am 12. August unter allen Umständen einen politischen Eklat vermeiden. Nach einem Gespräch mit Egon Bahr im November hielt Reuter in einer internen Notiz den dringenden Rat des Staatssekretärs im Bonner Kanzleramt fest, die Kama-Verhandlungen allenfalls aus »sachbedingten wirtschaftlichen Gründen« scheitern zu lassen.

Am 29. November 1970 reisten Schleyer, Schmidt, Entwicklungschef Scherenberg und Reuter zu erneuten Gesprächen nach Moskau – laut Vorstandsprotokoll »mit der erklärten Absicht, entweder zu einer Einigung zu kommen oder die Verhandlungen zu beenden«. Erschwert wurde ein Durchbruch jetzt zusätzlich durch offenkundige Differenzen zwischen dem Moskauer Automobilministerium und dem Außenhandelsministerium, das der Kooperation mit Daimler-Benz eher ablehnend gegenüberstand. Am 3. März 1971 schrieb Friedrich Karl Flick an Zahn, »daß mir nicht ganz klar ist, welcher Nutzen uns letzten Endes aus dem Geschäft verbleibt«. Wie eine Erlösung empfanden die meisten Akteure denn auch am 16. März die telegraphische Antwort Moskaus auf die letzten Preiszugeständnisse aus Untertürkheim, daß es »keinen Sinn« mehr habe, »weitere Verhandlungen mit der Firma Daimler-Benz zu führen«. In der Retrospektive ist Edzard Reuter davon überzeugt, daß das von großen politischen Erwartungen begleitete Projekt von Anfang an zum Scheitern verurteilt gewesen sei. Während des zweijährigen Tauziehens mit den Russen, so seine Einschätzung, habe es dem Vorstand an einer klaren Linie gefehlt. Diejenigen in der Führungsspitze, die entweder aus weltanschaulichen oder wirtschaftlichen Gründen gegen eine Beteiligung am Bau der Kama-Fabrik gewesen wären (allen voran Zahn), hätten »sich nicht richtig getraut, nein zu sagen«.

Als junges Vorstandsmitglied für Unternehmensplanung mußte Reuter erfahren, was es heißt, ohne eine starke Hausmacht, wie sie die Chefs »klassischer« Ressorts wie Entwicklung oder Produktion besaßen, schwerwiegende Probleme

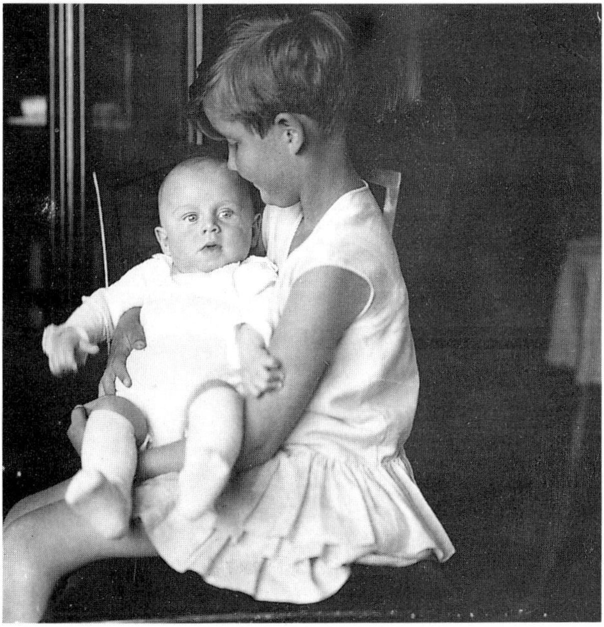

Edzard Reuter im 1. Lebensjahr

Mit seiner Schwester Hella, Berlin 1928

Mit seinem Vater, Berlin 1930

Rad-Partie in Magdeburg, September 1934

Mit seinen Eltern kurz nach dem Eintreffen in der Türkei

»Edzi« mit Freunden in Ankara

Mit seiner Mutter in der Türkei

Edzard Reuters Lehrerin Leyla Kudret Erkönen, hier bei der Verleihung des Bundesverdienstkreuzes zu ihrem 90. Geburtstag, 1985

Edzard und Ernst Reuter im Sommer 1952 in Berlin

Mit seinen Geschwistern Hella und Gerd (rechts), Oktober 1953

Nach der Trauung mit Christel Willner im Kreis der Familie am 4. Oktober 1952 in Berlin

Als Ufa-Produktionschef mit Marlene Dietrich, Sommer 1958 in Berlin

Als Leiter des Hauptsekretariats mit Vorstandschef Joachim Zahn (links), dem langjährigen Vorsitzenden des Aufsichtsrates Hermann Josef Abs (Mitte) und Vertriebsvorstand Rolf Staelin (rechts), August 1970 auf Schloß Solitude in Stuttgart

Joachim Zahn und Edzard Reuter bei der Begrüßung ihres Aufsichtsratsvorsitzenden Franz Heinrich Ulrich, 1970

Perfekt im Doppelpaß:
Edzard Reuter und sein Vorstandskollege Werner Niefer, 1989

Nach der Gründung der Deutschen Aerospace AG im Mai 1989: mit DASA-Chef Jürgen E. Schrempp (rechts) und seinem Dornier-Kollegen Johann Schäffler

Propellerwechsel (System Reuter)

»Also abgemacht: Wir übernehmen die Kiste, und dafür dürft ihr sie noch mal ordentlich vollpumpen.«

Mit Alfred Herrhausen vor der Aufsichtsratssitzung am 21. Dezember 1988 in der Frankfurter AEG-Zentrale

Mit seiner Frau Helga und Bundespräsident Richard von Weizsäcker bei einer Gedenkfeier zum 100jährigen Geburtstag Ernst Reuters am 29. Juli 1989 in Berlin

Bei der Eröffnung einer Ausstellung seines Künstlerfreundes Günter Scharein im Mai 1989 in Berlin

Siegen wollen – verlieren können

Gute Figur auch auf dem Parcours

Star unter dem Stern

lösen zu müssen. So nahm er Mitte der siebziger Jahre den Omnibusbau, eines der größten Sorgenkinder des Konzerns, aufs Korn. Der im Werk Mannheim konzentrierte Bereich war bei sinkendem Absatz vor allem durch völlig überhöhte Gemeinkosten in rote Zahlen geraten. Schnell erkannte Reuter, daß mittelständische Konkurrenten mit einer »schlankeren« Organisation, wie Kässbohrer oder Auwärter, wesentlich günstiger produzieren konnten. Als einzige Alternative zu einer drastischen Personalkostensenkung empfahl er daher die Verselbständigung der Busfertigung in einer GmbH. In einer zweiten Phase, so seine Überlegungen, ließe sich möglicherweise ein Zusammengehen mit der MAN an deren kostengünstigen Zonenrandstandort Salzgitter arrangieren. Gegen Reuters Vorschläge regte sich im Vorstand sofort heftiger Widerstand. Vor allem Entwicklungschef Scherenberg plädierte vehement gegen ein Herauslösen der Omnibussparte aus dem Mercedes-Produktionsverbund. Der Omnibus, so mußte sich Reuter belehren lassen, habe für das Qualitätsimage eine so große Bedeutung, daß er nicht außerhalb des Hauses gebaut werden dürfe. So blieb alles beim alten – noch heute kann der Bereich kein positives Betriebsergebnis melden.

Eine der wichtigsten Aufgaben, die Reuter über die gesamte Zeit als Planungsvorstand beschäftigte, war die Einführung einer dritten Pkw-Modellreihe unterhalb der S- und Mittelklasse. Schon 1972, ein Jahr bevor er in den Vorstand berufen wurde, warf der Vertrieb die Frage auf, ob Daimler-Benz mit seinem immer aufwendigeren und teureren Typenprogramm den Wünschen der traditionellen Mercedes-Kundschaft noch ausreichend gerecht werde. Mit dem ersten Ölpreisschock verstärkte sich 1973 der Ruf nach einem kleineren, kompakteren und vor allem im Verbrauch sparsameren Wagen. Im Vorstand gingen die Vorstellungen über eine Erweiterung der Modellpalette weit auseinander. Zahn hatte ursprünglich in einer ganz anderen Richtung eine Ergänzung angestrebt. Davon überzeugt, daß ein für eine exklusive jüngere Käuferschicht hergestelltes, betont sportliches Auto auf dem deutschen Markt gut ankommen würde, hatte er mit dem Gedanken gespielt, den italienischen Luxuswagenhersteller Lancia zu kaufen. Um die geplante Übernahme so geräuschlos wie möglich über die Bühne gehen zu lassen, bemühte sich der umsichtige Zahn intensiv um die Zustimmung von Giovanni Agnelli, Großaktionär des wie Lancia in Turin beheimateten Fiat-Konzerns, zu seinen Plänen. Doch die Italiener zogen es 1969 vor, den in Turbulenzen geratenen Nachbarn selber unter ihre Fittiche zu nehmen.

Auch nachdem der Daimler-Vorstand die Entwicklung einer eigenen zusätzlichen Baureihe (hausintern als Projekt W 201) beschlossen hatte, trat Zahn nachdrücklich dafür ein, dieses Auto nur für einen begrenzten Abnehmerkreis in einer jährlichen Stückzahl von 50000 bis 60000 Einheiten vom Band laufen zu lassen. Ein stärkerer Einstieg in die untere Typenklasse, so seine Befürchtung, werde zu Lasten der Mittelklasse gehen. Reuters Planungen dagegen gingen in Übereinstimmung mit dem Entwicklungsressort von einer Kapazität von 200000 Stück aus. Rückenwind erhielten die Befürworter einer eher offensiven Strategie durch das im Frühjahr 1977 von US-Präsident Jimmy Carter verkündete Energiesparprogramm. Unter Androhung empfindlicher Geldstrafen in Millionenhöhe wurden alle auf dem amerikanischen Markt vertretenen Autohersteller zur Einhaltung scharfer, für ihr gesamtes Typenprogramm ermittelter Durchschnittsverbrauchswerte (»Flottenverbrauch«) angehalten. Die führenden Inlandsproduzenten General Motors, Ford und Chrysler mit ihrem breiten Modellspektrum hatten wenig Mühe, unterhalb der kritischen Grenze zu bleiben. Auch VW, das 1978 die Produktion seines kleinen »Rabbit« im US-Werk Westmoreland beginnen wollte, mußte kaum Probleme gewärtigen.

Anders Daimler-Benz mit seinem hohen Anteil durstiger

Wagen der S-Klasse. Um seine Verbrauchswerte zu drücken, mußte dem Unternehmen daran gelegen sein, seinen neuen Mini-Mercedes in möglichst hohen Stückzahlen jenseits des Atlantiks abzusetzen. Für Reuters Planungsressort bedeutete die Einfügung einer weiteren Baureihe in das bestehende Modellprogramm und in den laufenden Rhythmus des Modellwechsels eine äußerst schwierige Aufgabe. Unstrittig war allein das von Entwicklungschef Hans Scherenberg präsentierte (und im wesentlichen bis heute gültige) Grundkonzept des geplanten Wagens: ein individuelles »Blechkleid«, darunter jedoch dieselben Aggregate (Motor, Getriebe, Achsen) wie in den Modellen der Mittelklasse. Wann aber sollte der »Baby-Benz« herauskommen? Wo sollte er vor allem gebaut werden, und wo läge die richtige Anfangskapazität? Die Entscheidung fiel für Bremen und eine kleinere Parallelfertigung im Werk Sindelfingen. Auf der Basis eines von Reuter und Niefer vertretenen Kompromißvorschlags beschloß der Vorstand, die Fertigungsanlagen in Bremen in zwei Stufen für eine Jahresproduktion von 120 000 Wagen zu bauen. Ende 1982, genau zehn Jahre nachdem die Idee einer Programmerweiterung nach unten erstmalig auf der Tagesordnung stand, erlebte der Mercedes 190 seine Premiere.

Der Start der neuen Baureihe verlief über Erwarten gut. Dem Vertrieb erschien die durch die Einführung der Kompaktklasse entstandene Modellstruktur dennoch alles andere als optimal. Von den 1983 insgesamt produzierten 476 183 Personenwagen gehörten 114 589 der S-Klasse, 251 757 der Mittelklasse und 109 837 der unteren Klasse an. Statt über einen starken »Mittelklasse-Bauch«, so die Verkaufsmanager, müsse wie bei anderen Herstellern die Pyramide von der Spitze geradlinig zur breiten Basis verlaufen. Zahns Nachfolger Gerhard Prinz, der den »W 201« ursprünglich eher reserviert als eine Art notwendiges Übel betrachtet hatte, machte sich jetzt die Philosophie seiner Vertriebsleute voll zu eigen. Sehr schnell korrigierte der Vorstand seine Absatzplanung auf jährlich 550 000 Personenwagen, davon 240 000 »Kleine«.

Mit seiner dritten Modellreihe hatte sich Daimler-Benz ein zusätzliches Marktpotential erschlossen. Jeder zweite Käufer eines 190er, so fanden die Vertriebsmanager heraus, war zum erstenmal Besitzer eines Mercedes. Mit der »Demokratisierung« der Prestigemarke war Daimler-Benz jedoch verwundbarer geworden. Seine Kunden entstammten jetzt nicht mehr nahezu ausschließlich jenen gutsituierten Kreisen, die sich – geschäftlich oder privat – ihren Mercedes zu allen Zeiten leisten konnten. Die Verbreiterung der Absatzbasis in Richtung auf sensibler reagierende Käuferschichten, so war zu befürchten, würde das Unternehmen im Pkw-Bereich konjunkturempfindlicher machen – eine Situation, der sich Edzard Reuter sehr wohl bewußt war. Daß er den eingeschlagenen Weg nicht für irreversibel hielt, ließ er 1984 in seinem sogenannten »Positionspapier« erkennen, mit dem er seinen Vorstandskollegen die in seinen Augen überfällige Strategiediskussion aufzwang.

In seinem – wie er es nennt – »Provokationspapier« schnitt er offen die Frage an, ob man mit der Einführung einer dritten Modellreihe nicht vielleicht einen Fehler gemacht habe. Möglicherweise, so gab er zu bedenken, habe man sich mit der Kompaktklasse der Gefahr ausgesetzt, früher oder später in Konkurrenz zu kostengünstiger produzierenden Anbietern zu geraten. Als entgegengesetztes Extrem warf er den Gedanken einer weiteren Modellergänzung durch einen noch kleineren, vor allem für den Stadtverkehr geeigneten Wagen in die Diskussion – möglicherweise in Kooperation mit einem anderen Hersteller. Über seine eigene Empfehlung ließ Reuter die übrigen Vorstandsmitglieder nicht im unklaren. Und die lautete, den mit der dritten Modellreihe eingeschlagenen Weg konsequent weiterzugehen.

Mit der Wahl des Zeitpunktes für die Auslösung einer Strategiedebatte folgte Reuter seinem Prinzip, sich abzeichnende Probleme möglichst frühzeitig anzugehen. Als er sein Papier präsentierte, erzielte die Pkw-Sparte – begünstigt durch die »Windfall-Profits« (Reuter) des hohen Dollarkurses von zeitweise fast 3,50 Markt – ein internes Jahresbetriebsergebnis von mehr als drei Milliarden Mark. Reuter: »Ein wahrer Dukatenesel, und jeder meinte, damit könne man wuchern noch und noch.«

Mit gespannter Aufmerksamkeit blickten die Mercedes-Manager schon seit geraumer Zeit vor allem auf ihren inländischen Erzrivalen BMW. So vermerkt das Protokoll der Aufsichtsratssitzung vom 14. März 1984: »Der Erfolg von BMW in den letzten Jahren sei unbestreitbar, wie Breitschwerdt und Niefer auf eine Bemerkung von Herrhausen feststellten. Die Gesamtproduktion von BMW werde im laufenden Jahr aber deutlich unter 500 000 Einheiten bleiben.« Hatten die Münchener schon 1982 mit ihrer vor der Premiere des Mercedes 190 ausgelieferten neuen 3er-Serie einen »gewissen Anlaufvorsprung« (so Daimler-Chef Gerhard Prinz) herausfahren können, zielten sie vier Jahre später auf das Flaggschiff der »Stern«-Flotte. Mit ihrer im Herbst 1986 vorgestellten 7er-Reihe umwarben sie frontal Käufer der Mercedes-Oberklasse. »Preislich sei die 7er-Reihe weitgehend an das Niveau der S-Klasse angeglichen worden«, berichtete Werner Breitschwerdt am 5. November 1986 seinem Aufsichtsrat, »die geplante Absatzsteigerung auf 50 000 Fahrzeuge jährlich zeige, daß BMW ehrgeizige Ziele verfolge. Die bisherige Höchstproduktion bei dieser Fahrzeugreihe liege bei 34 000 Einheiten im Jahr. Mit einem schärferen Wettbewerb in den nächsten Jahren sei also zu rechnen, zumal Jaguar ebenfalls besondere Anstrengungen unternehme.«

»Mit spürbarer Genugtuung und einem Seitenblick ins Schwabenland« (FAZ) stellte BMW-Vorstandschef Eberhard von Kuenheim im Mai 1987 fest, daß sein Unternehmen mit dem neuen Siebener das Marktsegment der »großen Klasse« bestimme und hier zur Zeit den größten Marktanteil in der Bundesrepublik habe. Der »unbezweifelbare Zulassungserfolg«, so Edzard Reuter wenige Wochen nach seiner Wahl zum Vorstandsvorsitzenden, am 4. November 1987, vor dem Aufsichtsrat, »erfordere ein gut durchdachtes Konzept«. Es müsse verhindert werden, »daß BMW öffentlichkeitswirksam DB den Anspruch auf die technologische Führerschaft streitig mache. Die Konkurrenz nutze geschickt die Kaufzurückhaltung, die die Qualitätssituation vor allem im Inland ausgelöst habe«, gibt das Sitzungsprotokoll Reuters Ausführungen wieder. Damit spielte er auf die Mängel der neuen Mittelklasse an, die 1986 für häßliche Imagekratzer am feinpolierten Mercedes-Lack gesorgt hatten.

Mit weitaus größerer Dringlichkeit als für den noch opulent verdienenden Pkw-Bereich mahnte Reuter 1984 ein überzeugendes Zukunftskonzept für die tief ins Defizit geratene Nutzfahrzeugsparte an. Einig war er sich mit seinen Kollegen in der Einschätzung, daß erhebliche Überkapazitäten in Europa auch weiterhin auf Preise und Erträge drücken würden. Dagegen wichen die Meinungen über die in dieser Lage gebotene Marktstrategie erheblich voneinander ab. Neigten Vorstandschef Breitschwerdt und der Vertrieb eher dazu, im Vertrauen auf den eigenen Vorsprung vor allem in der schweren Lkw-Klasse einen harten, preisaggressiven Verdrängungswettbewerb durchzuhalten, hielt Reuter diesen Weg für einen »Gang in den Selbstmord«. Zum einen könne man nicht darauf bauen, daß die Pkw-Sparte bei tendenziell rückläufigen Ertragsmargen auf Dauer den nötigen finanziellen Rückhalt für einen Wettbewerb bis aufs Messer biete. Zum anderen, so argumentierte Reuter, müßte Daimler-Benz in einem solchen Fall zumindest teilweise gegen öffentliche Kassen ankämpfen. Niemals werde beispielsweise die Regierung in Paris den französischen Staatskonzern Renault in Existenznot geraten lassen. Gestützt auf seine Stellung als weltweit größter Hersteller von Lastwagen über sechs Tonnen mit Auslandswerken unter anderem in Nordamerika, Brasilien, Argentinien, Südafrika, Spanien und in der Türkei, sollte der Konzern statt dessen in einem globalen Fertigungsverbund alle Kosten- und Währungsvorteile realisieren.

Bei seiner Strategie, die Position von Mercedes-Benz auf dem hart umkämpften Weltmarkt für Lkw abzusichern, kommt Reuter die relative Schwäche seiner im Pkw-Geschäft gefährlichsten Herausforderer zustatten: Japans Nutzfahrzeughersteller, an ihrer Spitze Isuzu Motors, haben sich in der Vergangenheit vorwiegend auf das Gebiet kleinerer Transporter beschränkt und Daimler bei Schwerlastern international nicht viel entgegenzusetzen – zumindest vorerst nicht. Langfristig, so meinen Marktbeobachter, werden die Japaner jedoch das Geschäft mit schweren Nutzfahrzeugen über 16 Tonnen nicht links liegenlassen. Ihnen kommt dabei zugute, daß sie zu erheblich niedrigeren Kosten als ihre deutschen Konkurrenten produzieren.

Am Beispiel des 1965 auf der grünen Wiese erbauten Lkw-Werkes Wörth demonstrierte Helmut Werner, Nutzfahrzeugchef im Vorstand von Mercedes-Benz, 1988 dem Daimler-Aufsichtsrat, wie stark die Wettbewerbsnachteile im Hochlohnland Bundesrepublik zu Buche schlagen. Obwohl »derzeit der Produktionsausstoß weit über der definierten Kapazität liegt«, so berichtete er, »sei man beim Wörther Programm noch weit von einem ausgeglichenen Ergebnis entfernt. Geeignete Maßnahmen müßten rechtzeitig eingeleitet werden, um nicht eines Tages vor Situationen zu stehen, die dann nicht oder nur mit einschneidenden Maßnahmen lösbar seien. Zu diesen denkbaren Maßnahmen gehöre unter anderem, die Fertigungstiefe an den jeweiligen Standorten zu überprüfen und die Möglichkeiten für Kooperationen zu sondieren.«

Ein Wunschpartner für eine derartige Kooperation war

Renault. In enger Abstimmung mit Reuter hatte Werner 1989 einen weitgehenden Akkord mit seinen Kollegen bei der Renault Véhicules Industriels (RVI) über eine enge Zusammenarbeit erzielt. Die Grundidee war eine gemeinschaftliche Produktion bestimmter Aggregate. Daneben war Daimler-Benz daran interessiert, mit Hilfe der Franzosen sein Transporterprogramm zu ergänzen. Schließlich hatte Reuter Bereitschaft signalisiert, über eine wechselseitige Minderheitsbeteiligung mit sich reden zu lassen. Allerdings, so der Daimler-Chef, »war völlig offen, in welcher Form und in welcher Höhe so etwas möglich sein könnte«.

Der Pakt scheiterte jedoch, weil Renault-Chef Raymond Lévy sein Hauptproblem in erster Linie in der langfristigen Sicherung des Pkw-Geschäfts sah. Hierbei jedoch konnte ihm, wie Reuter bestätigen mußte, Daimler-Benz kaum helfen. So kam es, daß am 23. Februar 1990 Renault und der schwedische Volvo-Konzern eine umfassende, durch eine Überkreuzbeteiligung unterlegte Kooperation bekanntgaben. Volvo übernahm die Führung der Nutzfahrzeug-Aktivitäten beider Unternehmen, Renault die Verantwortung für das gemeinsame Pkw-Geschäft. Verständlich, daß Reuter die schwedisch-französische Allianz vor allem wegen ihrer Auswirkungen auf die Konkurrenzsituation auf dem Nutzfahrzeugmarkt mit einigem Mißvergnügen registrierte. Immerhin verdrängte die neue Gruppierung bei Schwerlastern über 16 Tonnen Mercedes in Europa vom ersten Platz.

Ähnlich wie bei den »Brummis« kündigten sich – nicht allein wegen der spektakulären BMW-Erfolge – auch in der hochprofitablen Pkw-Sparte plötzlich härtere Zeiten an. Gleich mehrere führende Massenhersteller sicherten sich durch Übernahme renommierter Prestigemarken einen Zugang zum lukrativen Luxuswagengeschäft. So übernahm Ende 1989 General Motors 50 Prozent der Automobil-Division der schwedischen Firma Saab-Scania. Fiat schluckte wenig später den italienischen Sportwagenbauer Maserati und Ford (als Sieger gegen General Motors) das britische Nobelhaus Jaguar.

»Die Übernahmebemühungen von Ford und General Motors um Jaguar«, so erklärte Edzard Reuter am 8. November 1989 vor dem Daimler-Aufsichtsrat, »hätten deutlich gemacht, daß die Automobilindustrie in Bewegung sei. Mit dem Zuschlag habe Ford sowohl die eigene Wettbewerbsstellung als auch die von Jaguar verbessert. Vor allem für Jaguar eröffneten sich mit den Finanzmitteln von Ford im Rücken völlig neue Möglichkeiten.« Um den Einstieg der Amerikaner zu verhindern, hatte Reuters Vorstandskollege Niefer Jaguar-Chef John Egan seinerseits Avancen gemacht. Allerdings schien den Stuttgartern der Preis für eine Abwehr der Amerikaner – Ford bezahlte für das Renommierunternehmen stolze 2,5 Milliarden Dollar – bei weitem zu hoch, zumal ihnen Jaguar selber nur wenig gebracht hätte. So schlugen sie Egan eine Kooperation bei der Herstellung bestimmter Aggregate wie Achsen und Getriebe vor, um Jaguar auf diese Weise bei der Bewahrung seiner Unabhängigkeit zu helfen. Die höchst attraktiven Preisgebote, mit denen sich die beiden US-Multis gegenseitig auszustechen suchten, bewogen das Management jedoch, den Aktionären die Anlehnung an einen der beiden finanzstarken Kaufinteressenten zu empfehlen. Edzard Reuter machte gute Miene zum bösen Spiel. Es hätte ihn, so erklärte er nachher lakonisch, mehr gestört, wenn Toyota oder Nissan bei Porsche eingestiegen wäre.

Eine wirkliche Gefahr, dessen war sich Reuter schon zu diesem Zeitpunkt absolut gewiß, würde Europas Automobilindustrie und diesmal auch seinem eigenen Unternehmen ohnehin nur von den Japanern drohen. Ihren Anspruch, auch in der oberen Klasse international mitzureden, hatten die beiden führenden japanischen Hersteller im Herbst 1989 mit zwei spektakulären Neueinführungen angemeldet. Den Auftakt machte Toyota mit seinem Achtzylinder-Modell

Lexus LS 400, gefolgt von Nissan mit seinem Spitzentyp Infiniti Q 45. Nach bewährter Strategie wählten sie für den Einstieg in die Luxusklasse den von europäischen Importmarken beherrschten amerikanischen Markt. »Ein neues Kapitel in der Geschichte des Automobils« kündigte Toyota in einer über hundert Millionen Dollar teuren Einführungswerbung für seinen Lexus an.

Mit ihrem Doppelschlag zielten die Japaner haargenau auf die S-Klasse von Mercedes und die 7er-Reihe von BMW – und dies zu deutlich niedrigeren Preisen. So verlangt Toyota für sein neues Modell in Europa 85 000 Mark. Der vergleichbare Mercedes 420 SE kostet dagegen, die im Lexus LS 400 serienmäßig eingeschlossenen Sonderausstattungen berücksichtigt, rund 120 000 Mark. Dabei wies Toyotas Herausforderer, wie die Mercedes-Ingenieure herausfanden, zumindest gegenüber ihrer alten S-Klasse eine Reihe signifikanter Vorteile auf: vor allem einen höheren Fahrkomfort, eine bessere Motorisierung und geringere Fahrgeräusche. Im Werk Sindelfingen ließ ein Mercedes-Manager einen Lexus von seinen Mitarbeitern probefahren. Der Konkurrenztest verfehlte seine Wirkung nicht. Die Leute stiegen tief beeindruckt wieder aus. Noch mehr als der technische Eindruck gab ihnen jedoch zu denken, daß die Ersparnis beim Kauf des Wagens (verglichen mit der entsprechenden Mercedes-Klasse) ausreichen würde, ihrer Frau noch einen kleinen Honda zum Einkaufen vors Haus zu stellen. Die Botschaft kam an: Daimler-Benz muß in den nächsten Jahren im Pkw-Bereich Milliarden einsparen, wenn das Unternehmen preislich nicht ins Abseits geraten will.

Ähnlich besorgt äußerte sich Edzard Reuter schon in der Aufsichtsratssitzung am 8. November 1989 über den Einstand der Japaner in der Eliteklasse. Seine Analyse, laut Protokoll: »Bei Pkw hätten Untersuchungen ergeben, daß die Japaner in der Mercedes-Vergleichsklasse bei einem absolut vergleichbar gerechneten Auto einen Kostenvorteil von über 30 Prozent hätten. Nur ein Teil davon resultiere dabei aus dem unterschiedlichen Lohnniveau oder der unterschiedlichen Jahresarbeitszeit. Ein zumindest gleich großer Teil rühre von der effizienteren Produktionsstruktur, dem geringeren Entwicklungsaufwand sowie der größeren Mengenbasis der Japaner her. Zwar sei noch ein technischer und vertrieblicher Vorteil gegeben. Er reiche aber auf Dauer nicht aus, den heutigen Preisabstand zwischen einem Mercedes-Pkw und einem japanischen Pkw zu rechtfertigen. Eine Optimierung der internen Kostenstrukturen sei unerläßlich. Dabei dürfe auch die Fertigungstiefe kein Tabu sein. Darüber hinaus müsse nach Möglichkeiten gesucht werden, über höhere Stückzahlen eine höhere Kostendegression zu erreichen. Das könne nicht im Alleingang geschehen. Es müsse daher darüber nachgedacht werden, ob es nicht geeignete Partner – und sei es auf Teilgebieten – gebe ... Die Vorstellung des Lexus und des Infiniti als die neuen Spitzenfahrzeuge von Toyota und Nissan sei zwischenzeitlich in den USA erfolgt. Die Absatzplanungen für beide Fahrzeuge seien hoch. Vom Lexus sollten 1990 bereits 70 000 Einheiten, ab Mitte der neunziger Jahre 150 000 Einheiten pro Jahr, vom Infiniti von diesem Zeitpunkt an 75 000 Einheiten pro Jahr verkauft werden. Wenn man sich vor Augen halte, daß die MBNA*-Planung einen Gesamtabsatz von 80 000 Einheiten pro Jahr vorsehe, werde klar, welche Angriffe seitens der Japaner auf die Oberklasse bevorstünden.«

Und dies nicht nur auf dem US-Markt. Früher oder später, so seine sichere Erwartung, würde die Offensive auch auf Europa übergreifen. Über die Frage, wie der drohenden Überschwemmung der EG mit japanischen Autos Einhalt geboten werden könne, kam es im Comité des Constructeurs d'Automobiles du Marché Commun (CCMC) im Laufe des Jahres 1990 zu schweren Differenzen zwischen einzelnen Herstellern. Stein des Anstoßes waren die Forderungen von Peugeot-Präsi-

* Mercedes-Benz of North America

dent Jacques Calvet, die in Frankreich geltenden Beschränkungen für japanische Autos auf maximal drei Prozent Marktanteil zu zementieren und auf Lieferungen aus japanischen Fabriken in Europa, sogenannten »Transplants«, auszudehnen. Zusätzlich hatte der Peugeot-Chef den Stopp von neuen japanischen Werken in der EG und eine Begrenzung bestehender Produktionen verlangt. In scharfem Ton verwahrte sich Edzard Reuter gegen eine »Festung Europa«, hinter deren Mauern sich bedrohte Hersteller nur dem heilsamen Anpassungsdruck zu entziehen suchten.

In einem Interview mit der französischen Zeitung »La Tribune de l'Expansion« erklärte der Daimler-Chef Ende November 1990: »Ich meine eher, daß gewisse europäische Automobilfirmen besser daran getan hätten, sich schon früher darum zu kümmern, den Japanern Marktanteile wegzunehmen, anstatt jetzt zur Verteidigung gezwungen zu sein und protektionistische Maßnahmen zu verlangen.«

Schon im November 1988, in einem Vortrag vor der Groupe d'Amitié France–République Fédérale d'Allemagne des französischen Senats in Paris, hatte Reuter eindringlich davor gewarnt, die »unausweichliche Auseinandersetzung mit der Konkurrenz aus Fernost« durch Importrestriktionen zu verzögern. Gegenüber den Senatoren verglich er strukturerhaltende Staatseingriffe mit einem Ölfleck auf dem Wasser: »Er breitet sich immer weiter aus. Dies gilt für Subventionen, von denen die Automobilindustrie der Gemeinschaft in den Jahren von 1981 bis 1986 elf Milliarden Ecu erhalten hat. Wenn es wirklich ernst würde, würden wir uns mit solchen Lösungsansätzen schlicht verheben. Genausowenig sind Handelsbeschränkungen geeignet, die eigene Wirtschaft zu stärken; mehr noch, sie untergraben die wirtschaftliche Grundlage für die technologische Wettbewerbsfähigkeit.« In einer Diskussion mit Studenten der Pariser Sorbonne wies er im Oktober 1990 warnend auf das Beispiel der amerikanischen Autokonzerne hin, die sich im

Schutz eines Selbstbeschränkungsabkommens mit den Japanern nicht an die moderneren Fertigungsmethoden der Konkurrenz angepaßt hätten.

Wer allerdings ohne staatliche Hilfe dem härteren Druck aus Fernost standhalten will, muß, das weiß auch Edzard Reuter, bei Personenwagen ein Globalkonzept verfolgen – wie die Japaner. Hier aber liegt das Problem von Daimler-Benz. Mercedes-Pkw werden nach wie vor nur in Sindelfingen, Bremen und ab 1992 im neuen Werk Rastatt gebaut. Für die Daimler-Manager ist es geradezu ein Sakrileg, sich vorzustellen, daß ihr Spitzenprodukt »Made in Germany« eines Tages auch im Ausland gebaut werden könnte. Dabei gäbe es durchaus gute Gründe, zumindest an ein Montagewerk in Nordamerika zu denken.

Mit jedem einzelnen Pfennig, den die amerikanische Währung an Wert verliert, fehlen Daimler-Benz aus seinem Geschäft im Dollarraum 30 Millionen Mark in der Kasse. Aber selbst für einen so nüchternen Rechner wie Edzard Reuter hängt beim Thema Auslandsfertigung alles an der eher psychologischen Frage: »Wann riskieren wir den Ruf dieses Autos, ein deutsches Mercedes-Auto zu sein?« Sei dieser Ruf erst einmal dahin, dann für immer – und dann gebe es »keinen Grund mehr, einen Premium-Preis zu verlangen«. Ein Ausweg könnte allenfalls darin bestehen, in nennenswertem Umfang Teile aus den USA zu beziehen, um Kursverluste wenigstens partiell auszugleichen. Denkbar wäre für Reuter auch eine verstärkte Kooperation bei Aggregaten. »Warum soll man nicht daran denken, ein automatisches Getriebe gemeinsam mit einem anderen Pkw-Hersteller zu entwickeln und zu produzieren?« fragte er 1988 in einem »Spiegel«-Interview.

Keiner weiß jedoch besser als der einstige Planungschef, wie schwer bei der starken Vernetzung der Produktion in den Aggregate- und Montagewerken die Herausnahme und Verlagerung einzelner Fertigungslinien ist. So könnte es passieren, daß »wie bei einem Kartenhaus« (Reuter) verbleibende Fabrikationsbereiche an einem Standort durch die zusätzlichen Gemeinkosten wirtschaftlich nicht mehr zu halten sind. Hinzu kommt, daß Betriebsräte und IG Metall, die bei Daimler-Benz von jeher eine starke Macht besitzen, eine Stillegung inländischer Kapazitäten kaum ohne weiteres hinnehmen würden.

Schwerwiegende Eingriffe in den fein ausbalancierten Produktionsverbund mit der Gefahr sozialer Spannungen hoffen Edzard Reuter und der Vorstand der Mercedes-Benz AG, einstweilen noch durch drastische Kosteneinsparungen vermeiden zu können. Von den 30 Prozent, die die Japaner billiger produzieren, ließen sich nach seiner festen Überzeugung mehr als die Hälfte durch interne Kraftanstrengungen aufholen. Etwas teurer dürften Mercedes-Wagen jedoch auf alle Fälle vom Band rollen. Denn der Kunde sei nun mal bereit, für den prestigeträchtigen Stern einen gewissen Aufpreis zu zahlen.

Eine Erhöhung der Effizienz erhofft sich der Konzernchef vor allem auch von den Bemühungen seiner Automanager, frischen Wind in den schwerfälligen Entwicklungsbereich zu bringen. Unter dem Druck der fernöstlichen Konkurrenz sind (nicht allein bei Daimler-Benz) die Schwächen der funktional gegliederten Hierarchie, vor allem große Koordinierungsprobleme und viel zu lange Durchlaufzeiten, überdeutlich geworden. Anders als die westlichen Automobilhersteller mit ihrer seit den Tagen Henry Fords praktisch unverändert starren Entwicklungsorganisation setzen die Japaner auf das simultane Zusammenwirken von Experten aller Bereiche in Projektteams, die unter klaren Zeit- und Kostenvorgaben ein neues Modell zur Serienreife bringen. Die Erfolge dieses Projektmanagements sind eindrucksvoll: Für die Entwicklung seines Lexus, immerhin der erste Schritt in die Luxusliga, benötigte Toyota ganze fünf Jahre, Mercedes dagegen schaffte seine auf dem Genfer Autosalon 1991 präsentierte neue S-Klasse erst nach acht Jahren. Edzard Reuter ist davon überzeugt, daß sein

Unternehmen an einer spürbaren Verkürzung der Modellzyklen nicht vorbeikommen wird.

Doch ob dies alles reicht? Reuter ist skeptisch. Auch die Japaner werden sich nicht mit dem Erreichten zufriedengeben und ihre Wettbewerbsvorteile zu verteidigen suchen. Selbst ohne die neue Herausforderung ist Daimlers Pkw-Geschäft, wie sich in den letzten Jahren gezeigt hat, trotz aller technischen Überlegenheit verwundbarer geworden. Die Entwicklung des Betriebsergebnisses als feinfühliger Seismograph für die Ertragskraft spricht eine deutliche Sprache: Von 3,5 Milliarden fiel es 1988 auf 1,7 Milliarden und 1989 sogar auf nur noch 940 Millionen Mark. Vor den Führungskräften seines Konzerns wies Reuter darauf hin, daß an dem rapiden Ergebnisverfall nicht allein der schwache Dollar schuld gewesen sei, der die DM-Erlöse aus dem Exportgeschäft mit den USA habe dahinschmelzen lassen. Vielmehr habe auch die rückläufige Kapazitätsauslastung auf das Ergebnis gedrückt. Hatten 1987 noch 598 000 Wagen die Montagewerke verlassen, so waren es ein Jahr später nur noch 560 000. Die sinkende Nachfrage zwang den Vorstand, seine mittelfristige Produktionsplanung um jährlich über 50 000 Einheiten nach unten zu korrigieren. Zu allem Unglück stiegen die Aufwendungen für Garantie- und Kulanzleistungen, die in normalen Jahren 200 Millionen Mark erreichten, 1988 durch die Qualitätsmängel an den Wagen der neuen Mittelklasse um ein Mehrfaches dieses Betrages.

Zwar errechnete sich das dramatisch abgesunkene Betriebsergebnis, wie gesagt, nach der erzkonservativen Daimler-Methode, und der in der Handelsbilanz ausgewiesene Jahresüberschuß erreichte mehr als das Doppelte des Dividendenbetrages. Aber für Reuter und seine Kollegen bedeutete dieser Einbruch in Daimlers Paradesparte, die nach wie vor fast alle übrigen Aktivitäten trägt, ein ernstes Warnsignal. Wehmütig erinnerten sich viele Mercedes-Veteranen an die Zeiten, als sie einem reinen Verteilungsgeschäft nachgingen. Jetzt galt es mit einemmal zu kämpfen – und zu sparen. »Für mich ist es wirklich eine offene Frage«, bekennt Reuter, »ob wir an unseren Standorten mit unseren Kostenstrukturen überleben können.« Er hatte seit längerem vorausgesehen, daß sich früher oder später auch bei Pkw Sättigungstendenzen zeigen würden. Für diesen Fall, so seine Überlegung, galt es, rechtzeitig »Vorsorge zu schaffen, um uns Übergangszeiträume leisten zu können« – Vorsorge durch eine systematische Erweiterung des Konzerns.

8. Geheimprojekt »XYZ«

MTU, Dornier, AEG: Dreisprung in neue Dimensionen

»Eine Unternehmung rechtzeitig, also bevor die Zeitungen dies als Entwicklungsmerkmal einer Branche verzeichnen, auf einen Strukturwandel am Gesamtmarkt einzustellen, wäre in der Tat Pionierarbeit im Schumpeterschen Sinne.«
(Edzard Reuter: »Vom Geist der Wirtschaft«, Seite 215)

Anfang 1973, wenige Monate vor dem ersten Ölpreisschock, setzte im Vorstand eine breite Diskussion über die längerfristigen Perspektiven der Automobilindustrie ein. Anlaß war die – wie es schien – beginnende Veränderung in der allgemeinen Einstellung zum Auto. Die inzwischen erreichte Verkehrsdichte, vor allem in den Großstädten, und ein deutlich zunehmendes Umweltbewußtsein forderten erste kritische Stimmen gegen eine ständig steigende Zahl von Pkw-Zulassungen heraus. Innerhalb der sozialliberalen Bundesregierung plädierte Hans-Jochen Vogel, Minister für Raumordnung, Bauwesen und Städtebau, als Konsequenz auf die Verkehrs- und Umweltprobleme für ein begrenztes Wachstum der Automobilindustrie. Zahn sah in diesem Vorstoß einen »Ausdruck des langfristigen, auf eine Beschränkung des Individualverkehrs abzielenden regierungsamtlichen Konzepts«, wie das Vorstandsprotokoll vermerkte. Als »Rückwirkungen einer zunehmend ›autofeindlichen‹ Politik« hatte Edzard Reuter bereits 1972 bei seiner Produktionsplanung denkbare gesetzgeberische Beschränkungen der Pkw-Nutzung berücksichtigt. Im März 1973 berichtete er dem Vorstand, daß er »auch für unsere Fahrzeugklasse in der ersten Hälfte der achtziger Jahre auf dem Inlandsmarkt eine Stagnation« erwarte. Die eher zurückhaltenden Absatzerwartungen hatten Zahn schon Anfang 1971 veranlaßt, Reuter mit der vorrangigen »Behandlung der Frage der langfristigen Planung, insbesondere hinsichtlich möglicher Produktionssubstitutionen und Diversifikation«, zu beauftragen.

»Diversifikation« – das Stichwort war gefallen! Um möglichst schnell konkrete Vorstellungen von einer Betätigung in neuen Geschäftsfeldern zu entwickeln, regte Reuter im Januar 1973 die Gründung eines Arbeitskreises zur langfristigen Unternehmensplanung an. Zwei Monate später informierte Zahn das Aufsichtsratspräsidium von der Absicht des Vorstandes, »schrittweise eine gewisse Liquiditätsreserve für mögliche Engagements außerhalb des eigentlichen Automobilbereiches« aufzubauen. Doch viel kam bei alledem nicht heraus. Dazu fehlte einfach der nötige Druck des Marktes. Denn die Nachfrage nach Mercedes-Wagen verlangsamte sich keineswegs, nicht einmal in der Zeit, in der andere europäische Hersteller – etwa VW – schwere Absatzeinbrüche hinnehmen mußten. So hieß es bei Daimler-Benz immer wieder, der Moment für eine Diversifikation sei noch nicht gekommen, weil erst einmal im Autogeschäft das Nötige getan werden müsse – konkret: vor allem die Einführung der dritten Pkw-Modellreihe und die Eroberung einer starken Nutzfahrzeugposition auf dem US-Markt.

Obwohl also das rasante Wachstum im Kernbereich alle Finanz- und Managementressourcen des Unternehmens beanspruchte, fehlte es schon zu dieser Zeit nicht an Ideen, in welche Märkte man vielleicht diversifizieren könnte. So entwickelte Joachim Zahn gemeinsam mit seinem im Siemens-

Vorstand für die Finanzen zuständigen Kollegen Adolf Lohse den Plan eines Joint Venture in der Datenverarbeitung. Das Projekt sollte jedoch nie konkrete Formen annehmen, weil Zahns Großaktionär Friedrich Flick einen Einstieg ins Computergeschäft strikt ablehnte. Nicht so weit außerhalb des eigenen Kompetenzrahmens, im Landmaschinenbau, sah Zahns Amtsnachfolger Prinz ein logisches Erweiterungsfeld für Daimler-Benz. Sein Vorschlag, die in dieser Branche zu den führenden Adressen zählenden Firmen Gebr. Claas Maschinenfabrik GmbH im westfälischen Harsewinkel (Marktführer bei Mähdreschern) und Xaver Fendt & Co. in Marktoberdorf/Allgäu (Marktführer bei Ackerschleppern) zu übernehmen, fand im Vorstand jedoch keine ungeteilte Zustimmung. Auch Edzard Reuter sprach sich »massiv dagegen« aus, in die von den Strukturproblemen in der Landwirtschaft betroffene Branche zu gehen. Verworfen wurde auch das Projekt, vom Dortmunder Stahlkonzern Hoesch dessen Tochter O & K Orenstein & Koppel (Bagger, Baumaschinen, Fördersysteme) zu kaufen.

Als sich Edzard Reuter Mitte 1984 intensiv mit der Frage zu beschäftigen begann, in welchen Gebieten der Konzern zusätzlich tätig werden könne, war dies also kein völlig neues Thema. Der Finanzchef stellte seine Überlegungen jedoch zunächst noch nicht im Vorstand zur Diskussion. Lediglich Werner Niefer weihte er in seine Planspiele ein. Reuter: »Wir waren uns beide einig, daß man anfangen mußte, jenseits des Automobils Zukunftskompetenz aufzubauen.« Die neuen Arbeitsfelder sollten dabei von der sicheren Basis des traditionellen Daimler-Know-how, der Metallverarbeitung, aus erschlossen werden. Außerdem müßte es sich um ein Gebiet handeln, das, so Reuter, »sprachlich und mental zu uns paßt«. Schließlich gelte es, nur Firmen mit zweifelsfrei intaktem Management zu akquirieren. Anderenfalls könne Daimler-Benz leicht in die schwierige Lage kommen, noch ohne intime

Kenntnis des erworbenen Unternehmens und eigene kompetente »Eingreifreserve« Schlüsselpositionen neu besetzen zu müssen.

Mit ihrer Forderung, ein schlüssiges Konzept für das weitere Vorgehen im Konzern zu erarbeiten, standen Reuter und Niefer in ihrem Vorstand jedoch ziemlich allein. Die meisten konnten sich zunächst nur kleine Schritte auf neues Terrain vorstellen, teilten im übrigen auch nicht die Angst vor einer zu großen Abhängigkeit vom Automobil. Immerhin verfügte, so ihr Argument, Daimler-Benz mit seinen beiden starken Säulen Personenwagen und Nutzfahrzeuge ja in sich bereits über einen Risikoausgleich und damit eine größere Stabilität als etwa VW oder BMW. Zwar hatten auch die Wolfsburger 1979 mit dem Kauf des Nürnberger Bürotechnik-Unternehmens Triumph-Adler ein zweites Arbeitsgebiet aufzubauen versucht; nach horrenden Verlusten sahen sie sich jedoch gezwungen, das schon zum Zeitpunkt der Übernahme kranke Unternehmen 1986 wieder abzustoßen.

Aber nicht allein über die Verbreiterung der geschäftlichen Basis forderte Reuter im Frühjahr 1984 endlich die in seinen Augen überfällige Grundsatzdebatte im Vorstand. Auch über die unbefriedigende Situation der Nutzfahrzeugsparte müsse, so verlangte er von Breitschwerdt, ernsthaft gesprochen werden. Dabei schwebte ihm der Plan vor, im Kreise der europäischen Hersteller ein Rationalisierungskartell zu schmieden, um gemeinsam die auf die Preise drückenden Überkapazitäten abzubauen. Die Mehrheit seiner Kollegen sah das Problem jedoch als weniger dringlich an. Zunächst wurden einmal die Unternehmensberater von McKinsey auf das Projekt angesetzt – für den ungeduldigen Finanzchef unnötige Zeitvergeudung.

Um die überfällige Strategiedebatte von sich aus in Gang zu bringen, entschloß sich Reuter im Sommer 1984, seine mit Niefer »völlig ausdiskutierten« Überlegungen zur zukünftigen

Konzernpolitik zu Papier zu bringen. Ausgehend von einer schonungslosen Analyse beider Fahrzeugsparten, skizzierte er den Rahmen möglicher neuer Tätigkeitsbereiche. Kernaussage: Die Gewinne aus dem Pkw-Geschäft könnten nicht auf Dauer den Lkw-Bereich alimentieren. Die Nachfrage nach Personenwagen, so seine Prognose, werde mit zunehmender Marktsättigung nicht mehr in der gewohnten Weise zunehmen. Deshalb sei es geboten, gezielt in Hochtechnologiemärkten mit überdurchschnittlichen Wachstumschancen zu investieren. Bestimmte Branchen, gar Unternehmen, nannte Reuters Exposé nicht.

Mit der Bitte, bis Dezember schriftlich zu seinen Vorschlägen Stellung zu nehmen und eigene Überlegungen zu einer sinnvollen Strategie »jenseits des Autos« zu entwickeln, legte Reuter sein Papier im August Breitschwerdt und den anderen sieben Vorstandsmitgliedern auf den Tisch. Das Echo blieb jedoch weit hinter seinen Erwartungen zurück. Die meisten verspürten nur wenig Neigung, sich außerhalb ihrer vertrauten Erfahrungswelt auf konkrete Zielgebiete festzulegen. Auch zwei Klausurtagungen, zu denen sich die Daimler-Führung am 16. Oktober 1984 und am 22. Januar 1985 ins konzerneigene Ausbildungszentrum »Lämmerbuckel« auf der Schwäbischen Alb zurückzog, führten nicht zu einer Verständigung auf ein von allen mit gleicher Überzeugung vertretenes Diversifikationskonzept. Selbst Reuter-Kollegen wie der für das Ressort Beteiligungen zuständige Gerhard Liener, der dem Gedanken einer Konzernerweiterung grundsätzlich positiv gegenüberstand, bevorzugten anstelle spektakulärer Akquisitionen den vorsichtigeren Weg, interessante technologische Entwicklungen aus der Daimler-Forschung zu neuen Produktablegern zu verselbständigen.

Was jedoch Papiere und Klausuren nicht zu erreichen vermocht hatten, bewirkte die Macht der Fakten. Denn mitten in der langwierigen Orientierungsphase entstand plötzlich Handlungsbedarf. Schrill läuteten in Untertürkheim die Alarmglokken, als bekannt wurde, daß der Maschinen- und Lkw-Hersteller MAN mit dem weltgrößten Automobilproduzenten, dem US-Konzern General Motors (GM), über eine Zusammenarbeit bei Nutzfahrzeugen verhandelte. Die Amerikaner, bei Pkw mit Opel in Deutschland und Vauxhall in England auf dem europäischen Markt gut im Geschäft, bei Trucks jedoch ein Zwerg, suchten für ihr marodes »Bedford«-Programm aus dem englischen Nutzfahrzeugwerk Luton dringend einen attraktiven Partner, um in der EG künftig überhaupt noch eine Rolle zu spielen. MAN, hinter Daimler-Benz zweitgrößter deutscher Lkw-Hersteller, hatte gerade zwei schwere Rezessionsjahre mit einem Verlust von über einer halben Milliarde Mark hinter sich und stand vor einer harten Sanierungskur.

Verständlich, daß Reuter alles daransetzte, um die für sein Haus äußerst unerwünschte Liaison GM–MAN zu torpedieren. Mit dem Hintergedanken, ihren kleineren Konkurrenten gegenüber Verlockungen Dritter am Bändel zu halten, hatte Daimler-Benz schon 1971 auf Betreiben von Hanns Martin Schleyer und Ulrich Raue mit MAN eine gegenseitige Belieferung von Lkw-Komponenten vereinbart. Allerdings war diese Kontrolle akut gefährdet, weil Daimlers Entwicklungsingenieure die Kooperation eher widerstrebend betrieben hatten und das Bundeskartellamt eine Beendigung des ursprünglich genehmigten Rationalisierungskartells verlangte. In Abstimmung mit Breitschwerdt traf sich Reuter Anfang August 1984 in München mit dem für die Nutzfahrzeug-Division von General Motors zuständigen Donald J. Atwood. Unter Hinweis auf die enge Zusammenarbeit zwischen seinem Haus und MAN, so erklärte er dem Amerikaner, würde Daimler-Benz das offensichtlich angestrebte Bündnis als unfreundlichen Schritt betrachten. Der GM-Manager beruhigte Reuter, daß über eine Vorwärtsstrategie für Europa in Detroit noch gar nicht entschieden worden sei. Falls General Motors seine Nutzfahrzeugaktivitäten im EG-Markt allerdings dennoch in der geplanten Form verstärken sollte, würde dies in einer für Daimler-Benz tolerablen Weise geschehen. GM ließ seine Europapläne dann jedoch fallen.

Immerhin war die GM-Episode für Breitschwerdt und Reuter Grund genug, sich um die in rauhem Fahrwasser operierende MAN wieder etwas intensiver zu kümmern. Zuvor angestellte Überlegungen, dem Partner finanziell zu helfen, dabei jedoch den eigenen Vorteil nicht aus dem Auge zu verlieren, hatten konkret zu zwei Projektideen geführt: zum einen die Verschmelzung der Omnibusproduktionen beider Unternehmen in Mannheim (Daimler-Benz) und Salzgitter (MAN), alternativ die volle Übernahme der gemeinschaftlich zu je 50 Prozent kontrollierten Motoren- und Turbinen-Union (MTU). Das Hightech-Unternehmen war 1970 durch eine Fusion des in Friedrichshafen konzentrierten Großmotorenbaus von Daimler-Benz und den Triebwerksaktivitäten der MAN in München-Allach entstanden. Reuter und Niefer (letzterer war vor seinem Eintritt in den Daimler-Vorstand selber Mitglied der MTU-Geschäftsführung gewesen) schien die uneingeschränkte Herrschaft über diese ausbaufähige Gesellschaft für einen ersten großen Schritt auf einen weltweiten Zukunftsmarkt wie geschaffen. Erinnerungen an eine stolze Tradition im Flugmotorenbau wurden wieder wach. Bereits das erste Luftschiff des Grafen Zeppelin, das am 2. Juli 1900 in Friedrichshafen startete, war mit Daimler-Motoren ausgerüstet. Während des Ersten Weltkrieges wurden von den damals noch getrennten Firmen Daimler und Benz zusammen etwa 36 000 Flugmotoren hergestellt. Aus seinem 1936 in Betrieb gegangenen Flugmotoren-Großserienwerk Genshagen 30 Kilometer südlich von Berlin rüstete der Konzern Hitlers Luftwaffe aus. Durch eine vollständige Eingliederung der MTU, so Reuters und Niefers Kalkül, könnte Daimler-Benz über seine damalige Rolle hinaus wesentlich weitergehende Ziele in der

Luft- und Raumfahrt anpeilen. Denn bisher hatte es die MTU mit ihren rund 12 000 Beschäftigten und 2,5 Milliarden Mark Jahresumsatz (1985) lediglich zu einem »Zehn-Prozent-Zulieferer« der weltweit dominierenden amerikanischen Systemführer General Electric und Pratt & Whitney gebracht. Langfristig mußte dem Unternehmen jedoch daran gelegen sein, zu einem gleichberechtigten Partner aufzusteigen. Dazu waren allerdings Milliarden-Investitionen notwendig, für die die MAN, wie deren Vorstandschef Klaus Götte nur allzugut wußte, finanziell nicht gerüstet war. Nach harten Preisverhandlungen entschloß sich der Konzern deshalb Anfang 1985, seinen MTU-Anteil für 550 Millionen Mark an Daimler-Benz zu verkaufen.

Etwa zur gleichen Zeit, als er mit Götte und dessen Aufsichtsratsvorsitzendem, Allianz-Chef Wolfgang Schieren, über MTU verhandelte, nahm Edzard Reuter Verbindung zu mehreren Mitgliedern der Familie Dornier auf. Die Dornier GmbH, Friedrichshafen, Deutschlands zweitgrößter Luft- und Raumfahrtkonzern, war durch die unendliche Geschichte ihrer Eigentümerquerelen immer wieder in die Schlagzeilen geraten. Aus Sicht des baden-württembergischen Ministerpräsidenten und obersten Industrieförderers Lothar Späth bestand die Gefahr, daß die Uneinigkeit im Gesellschafterkreis in nicht allzu ferner Zeit zu einer Bedrohung für das Unternehmen werden könnte. Über seinen Wirtschaftsminister signalisierte er dem Daimler-Vorstand seine Unterstützung, falls der Konzern Dornier in seine Obhut nehmen wolle.

Wie viele andere Gründerunternehmer, so hatte auch der Luftfahrtpionier Claude Dornier sein Lebenswerk nur schlecht auf einen reibungslosen Generationswechsel vorbereitet. In der menschlich zwar verständlichen, unternehmerisch jedoch verhängnisvoll wirkenden Absicht, keines seiner sieben Kinder (aus zwei Ehen) zu benachteiligen, hatte er in seinem Testament alle gleichmäßig behandelt. Seinen Nachkommen erlegte er die Verpflichtung auf, die Firma »als Familienbetrieb zu erhalten« und »die Rechte aller Miterben in jeder Hinsicht paritätisch zu wahren«. Nachdem der geniale Erfinder 1969 mit 85 Jahren die Augen geschlossen hatte, führte zunächst sein bereits 1962 an die Vorstandsspitze berufener ältester Sohn Claudius das Unternehmen weiter. 1981 entmachtete ihn jedoch sein 22 Jahre jüngerer Halbbruder Justus, der gemeinsam mit zwei Miterben über die Stimmenmehrheit verfügte. Sogar aus dem Aufsichtsrat und dem Gesellschafterausschuß mußte der Erstgeborene, der das Erfindergenie seines Vaters geerbt hatte, weichen.

Mit der kostspieligen Entwicklung eines eigenen Flugbootes beschäftigt, ließ Claudius Dornier schon 1983 Bereitschaft erkennen, seinen Anteil an der Dornier GmbH von 16,8 Prozent zu veräußern. Nachdem es ihm im Februar 1985 nicht gelungen war, in einem von seiner Schwiegertochter und juristischen Beraterin Martine Dornier-Tiefenthaler inszenierten Coup den Spieß herumzudrehen und in einer Gesellschafterversammlung die Justus-Gruppe auszuschalten, bat er Lothar Späth um Hilfe bei der Suche nach einer Lösung der Dornier-Probleme. Der bemühte sich, nicht nur Daimler-Benz für das Unternehmen zu interessieren, sondern auch den ebenfalls an einer Verbreiterung seiner Geschäftsbasis arbeitenden Düsseldorfer Mannesmann-Konzern.

Allerdings waren die persönlichen Kontakte zwischen den führenden Daimler-Managern und den Dornier-Erben schon vorher wesentlich enger. Vor allem Niefer kannte aus seiner Zeit als MTU-Geschäftsführer und Präsident des Luftsportclubs Friedrichshafen (der Hobbyflieger brachte es bis zum Pilotenschein für den Starfighter) fast die gesamte Familie. Edzard Reuter dagegen hatte bis dahin lediglich Claudius Dornier bei einem offiziellen Essen im Stuttgarter Schloß kennengelernt und bei dieser Gelegenheit erste Einblicke in die Interna des heillos zerstrittenen Erbenclans gewonnen. Nachdem außer Späth auch die mit Dornier eng verbundene Deutsche Bank ihr dringendes Interesse an einem baldigen Ausscheiden der zu einer Belastung für die Firma gewordenen Familiengesellschafter zu erkennen gegeben hatte, nahmen Reuter und Niefer im Frühjahr 1985 erste Gespräche mit einzelnen Mitgliedern der beiden verfeindeten Lager auf. Die komplizierten Rechtsverhältnisse unter den Inhabern – wer Anteile an Außenstehende verkaufen wollte, mußte sie zunächst reihum den übrigen Gesellschaftern anbieten – machten die Parallelverhandlungen allerdings äußerst schwierig.

Dies mußten auch Franz Josef Weisweiler, Vorstandsvorsitzender des Düsseldorfer Mannesmann-Konzerns (Röhren, Maschinen- und Anlagenbau, Elektronik), und sein Finanzkollege Joachim Funk erfahren. Etwa zur selben Zeit wie Reuter und Niefer – Ende März bis Mitte April 1985 – machten die beiden den verstreut am Bodensee, in München, in Italien und in der Schweiz lebenden Erben ihre Aufwartung. Im Unterschied zu ihrem Stuttgarter Mitbewerber waren die Mannesmänner jedoch nicht von vornherein auf eine Mehrheit aus. Vielmehr wollten sie die technologische »Ideenfabrik« Dornier zum Zwecke einer Kooperation auf klar definierten Feldern über eine Minderheitsbeteiligung an sich binden. Als »externes Entwicklungshaus«, so ihr Kalkül, würde Dornier Mannesmann auf nahezu allen Arbeitsgebieten System-Know-how liefern können – angefangen bei der Planung von Transporteinrichtungen über die Werkstoff- und Prüftechnik bis zur Wasser- und Abfallwirtschaft. Daß sie im Werben um die Gunst der Familienmitglieder als harte Konkurrenten auftraten, hinderte Weisweiler und Daimler-Chef Breitschwerdt indes nicht, diskret zu verabreden, sich in den Preisverhandlungen nicht gegeneinander ausspielen zu lassen.

Um den zähen Übernahmepoker abzukürzen, lud Späth die Dornier-Erben zusammen mit den Unterhändlern von Daimler-Benz und Mannesmann für den 22. April ins Stuttgarter Staatsministerium ein. In dem bühnenreifen Spektakel, das an diesem Tage in der Villa Reitzenstein ablief, waren nicht nur die Hauptrollen bestens besetzt. Auch der Aufmarsch der Komparsen war der Bedeutung des Treffens angemessen: Mitglieder der Geschäftsführung und des Betriebsrates von Dornier hatten sich ebenso eingefunden wie die Anwälte der verkaufswilligen Gesellschafter, dazu Notare und Schreibkräfte. Weil es nicht zu erreichen gewesen war, die verzankte Familie um einen Tisch zu versammeln, verteilte der Hausherr seine Gäste auf 14 Zimmer und arrangierte eine Art Besuchsdiplomatie. Abwechselnd bemühten sich Reuter und Niefer sowie ihre Gegenspieler Weisweiler und Funk zu den Umworbenen.

Späth selber tauchte mal hier, mal dort auf, um seine Dienste als Moderator anzubieten. Der ehemalige Ministerpräsident hat später die Vermutung bestätigt, daß er insgeheim eine Entscheidung zugunsten von Daimler-Benz favorisierte – offiziell mit der Begründung, daß der Automobilkonzern auf einer nach seiner Meinung für die industrielle Führung Dorniers unbedingt notwendigen Mehrheitsbeteiligung bestanden habe. Sicherlich dürften für Späths Präferenz aber auch regionalwirtschaftliche Motive eine Rolle gespielt haben.

Nach mehr als 20stündigem Tauziehen – die Veranstaltung hatte zeitig am Morgen begonnen – waren Reuter und Niefer endlich am Ziel: Mit dem Entschluß Justus Dorniers, seine Anteile abzugeben, verfügten sie mit 68 Prozent über die angestrebte Majorität. Draußen vor der Villa, auf dem Weg zu ihren Wagen, wechselten die beiden Vollstrecker der von ihnen ersonnenen Konzernerweiterung zum erstenmal das freundschaftliche »Du«. In diesem Augenblick ahnten sie noch nicht, was ihnen bei Dornier noch alles bevorstehen sollte. Zwar war ihnen nicht entgangen, daß Justus-Gegenspieler Claudius Dornier zusammen mit seiner Schwiegertochter schon gegen 22 Uhr das Staatsministerium verlassen hatte, ohne seine Anteile verkauft zu haben. Offiziell hieß es jedoch, der 70jährige habe sich mit seiner hochschwangeren Beraterin nur wegen Erschöpfung ins Hotel zurückgezogen.

In Wahrheit steckte dahinter kühle Berechnung, wie die Daimler-Manager spätestens nach vier Tagen erkannten. Nach einem Pressegespräch, das »der Professor« in München führte, wurde Reuter und Niefer klar, daß derjenige unter den Dorniers, der mit seinem Verkaufsangebot einst die ganze Sache ins Rollen gebracht hatte, gar nicht mehr verkaufen wollte. Vielmehr verlangte er unter Hinweis auf sein Vorkaufsrecht für die notwendige Zustimmung zur Übertragung der Mehrheitsanteile seiner Verwandten auf Daimler-Benz finanzielle Gegenleistungen und obendrein die Gewährung qualifizierter Minderheitenrechte für sich. In der Daimler-Aufsichtsratssitzung am 2. Mai 1985 warnte denn auch Breitschwerdt vor der Gefahr einer langen gerichtlichen Auseinandersetzung mit Claudius Dornier, während der »die unternehmerische Führung der Gesellschaft durch Daimler-Benz nicht endgültig abgesichert wäre«. Sollte eine Lösung am Verhandlungstisch nicht gelingen, so wäre dies, wie der Vorstandsvorsitzende ergänzte, ein »gewichtiger Grund, den beabsichtigten Beteiligungserwerb noch einmal grundsätzlich zu überdenken«.

Soweit jedoch wollten es Reuter und Niefer unter keinen Umständen kommen lassen. Dabei waren sie sich nicht einen Augenblick darüber im unklaren, daß sie aus einer denkbar ungünstigen Position heraus verhandelten. Ein Scheitern wäre nicht nur für ihr Haus, sondern auch für sie persönlich als die eigentlichen Regisseure der Transaktion mit einem erheblichen Gesichtsverlust verbunden gewesen. Es half ihnen wenig, daß nach einem Besuch im Bonner Verteidigungsministerium dessen Staatssekretär Manfred Timmermann den Dornier-Erben einen mahnenden Brief geschrieben hatte – ohne Zweifel ein nicht alltäglicher Schritt eines ranghohen Regierungsvertreters in einer rein privatwirtschaftlichen Angelegenheit.

»Die geräuschvolle Kulisse der vergangenen Tage bezüglich der laufenden Übernahmeverhandlungen«, so hatte der auf der Hardthöhe für die Rüstungswirtschaft zuständige Ministervertreter wissen lassen, »wirkte hier wenig beruhigend; sie erzeugte vielmehr neue Irritationen ... Eine schnelle und wirksame Lösung ist deshalb sicher in beiderseitigem Interesse.« Zwar räumte Timmermann ein, daß es »natürlich nicht Aufgabe des Bundesministeriums für Verteidigung« sein könne, »in diesem Zusammenhang eine spezielle Lösung zu favorisieren oder gar Einfluß auf die Verhandlungspartner zu nehmen«. Was »aus unserer Sicht jedoch erwartet werden muß«, so der Staatssekretär, »ist die Realisierung eines tragfähigen und von potenten Partnern gestützten Unternehmensmodells«.

Claudius Dornier und seine streitbare Rechtsberaterin dachten jedoch gar nicht daran, von ihrer taktischen Linie abzugehen. Darauf bedacht, nicht nur ein einziges Eisen im Feuer zu haben, hielten sie während der gesamten Dauer ihrer Gespräche mit Daimler-Benz auch zu dessen Erzrivalen BMW Kontakt. Am Ende blieb Reuter und Niefer kaum ein Zugeständnis erspart. Nicht allein, daß sie ihrem Minderheitspartner eine (notfalls aus der Daimler-Kasse zu zahlende) Mindestdividende von zehn Prozent und einen festen, den Lebenshaltungskosten anzupassenden Übernahmepreis für die Anteile garantieren mußten, die sie ihrem Partner auf dessen Verlangen jederzeit abkaufen müssen. Auch ein Vetorecht gegen wichtige Beschlüsse, wie Satzungsänderungen und Kapitalerhöhungen, trotzte ihnen der älteste Gründererbe ab. Befriedigt konnte Martine Dornier-Tiefenthaler feststellen, sich gegen mögliche Aushungerungsversuche ihres übermächtigen Mitgesellschafters »an allen Ecken abgesichert« zu haben.

Im Daimler-Vorstand hatte der Einstieg bei Dornier nicht nur wegen der weitgehenden Zugeständnisse an die verbleibenden Familiengesellschafter zwiespältige Reaktionen ausgelöst.

Mehr noch bereitete einigen Mitgliedern die mit dem Engagement verbundene verstärkte Präsenz im Rüstungsgeschäft Kopfzerbrechen. Speziell Personalchef Manfred Gentz und Technik-Vorstand Rudolf Hörnig waren wenig davon erbaut, daß ihr Haus die unternehmerische Verantwortung für eine Firma tragen sollte, die ihr Geschäft zur Hälfte mit Wehrtechnik bestritt. Zwar lieferte Daimler-Benz ohnehin schon Armeelastwagen und Unimogs an die Bundeswehr und ins Ausland, MTU-Motoren für Fregatten und »Leopard«-Kampfpanzer sowie Turbinen für den Jagdbomber »Tornado«. Mit dem Erwerb der Dornier-Mehrheit beherrschte der Konzern jetzt aber erstmalig ein Unternehmen, das – entweder aus eigener Kraft oder gemeinsam mit ausländischen Partnern – komplette Waffensysteme entwickelte, von unbemannten Fluggeräten wie sogenannten Drohnen oder Abstandswaffen bis zum deutsch-französischen »Alpha Jet«. Auch unterhalb der Vorstandsebene war dies für viele Führungskräfte, die sich bis dahin jahrzehntelang als reine Automobilhersteller verstanden hatten, ein schwerwiegender Schritt. In der Hektik des Übernahmepokers mit den Dorniers blieb der Daimler-Spitze jedoch kaum die nötige Zeit, um den ersten Vorstoß auf unternehmerisches Neuland mit der besonderen wehrtechnischen Problematik in angemessener Form zu diskutieren. Nur elf Tage nachdem Werner Breitschwerdt seine Kollegen formell über Reuters und Niefers Gespräche mit der Familie informiert hatte, segnete der Vorstand den 440 Millionen teuren Mehrheitserwerb ab. Um die schwierige Transaktion, deren Zustandekommen sich auch die Politik als Verdienst anrechnete, nicht zu gefährden, stellten die Gegner des Dornier-Kaufs ihre Zweifel an der Richtigkeit des eingeschlagenen Weges zurück.

Niemand ahnte, als Edzard Reuter den Einstieg bei Dornier vor der Presse bekanntgab, daß Daimlers Finanzchef bereits intensiv an einem noch weitaus spektakuläreren Projekt arbeitete. Selbst in seiner nächsten Umgebung wußten nur ganz wenige, was sich hinter dem zur Geheimhaltung verwendeten Buchstabencode »XYZ« verbarg. Während einer Wanderung am Bodensee im Herbst 1984 hatte Reuter den damaligen Vorstandsvorsitzenden der AEG, Heinz Dürr, gefragt, ob er sich eine Beteiligung von Daimler-Benz an seinem Unternehmen vorstellen könnte. Völlig überraschend kam diese Frage für Dürr nicht. Schon einige Monate zuvor hatten beide die Möglichkeit eines Aktionärsmodells für AEG unter Beteiligung des Automobilkonzerns erörtert.

Edzard Reuter hatte Dürr Mitte der siebziger Jahre näher kennengelernt, als dieser (damals noch in der Geschäftsführung der seiner Familie gehörenden Stuttgarter Maschinenfirma Otto Dürr) zum Nachfolger Hanns Martin Schleyers als tarifpolitischer Verhandlungsführer der Metallarbeitgeber von Nordwürttemberg/Nordbaden gewählt worden war. Nachdem der schwäbische Mittelständler Anfang 1980 als Nothelfer an die Spitze des sanierungsreifen AEG-Konzerns getreten war, machte er über seinen Aufsichtsratschef Hans Friderichs im Frühjahr 1982 Reuter das Angebot, in sein Kontrollgremium einzutreten.

Der Daimler-Finanzchef akzeptierte, nachdem er die Angelegenheit mit seinem eigenen Aufsichtsratsvorsitzenden Guth besprochen hatte, ohne zu ahnen, daß Dürr nur wenige Monate später gezwungen sein würde, Vergleich anzumelden. Während des über zwei Jahre dauernden Insolvenzverfahrens hatte sich Dürr wiederholt bei Reuter Rat geholt, vor allem was den richtigen Umgang mit seinen Gläubigerbanken betraf.

Nach seinem Treffen mit Reuter am Bodensee weihte Dürr sofort AEG-Aufsichtsratschef Klaus Kuhn in seine Daimler-Pläne ein. Kuhn, dem neben Dürr und dem Vergleichsverwalter Wilhelm Schaaf das Hauptverdienst an der Rettung des schwer angeschlagenen Elektrokonzerns zukommt, war von der Idee einer Verbindung mit einem so finanzstarken Partner angetan. Allerdings schwebte Reuter zu diesem Zeitpunkt nur eine Minderheitsbeteiligung von 25 Prozent vor. Erst später, wenn sichergestellt sein würde, daß alle Arbeitsgebiete der AEG in guter Verfassung seien, sollte nach seinen Vorstellungen nach einem vorab verabredeten Procedere Daimler-Benz die Mehrheit übernehmen.

Im Unterschied zu Reuter plädierte Herrhausen dafür, sofort die Majorität anzustreben. Wenn man in dem Elektrokonzern schon eine gute Ergänzung sehe, dann – so sein Argument – solle man sich nicht mit Zwischenschritten aufhalten. Nachdem sich der Vorstand die Meinung seines Aufsichtsratsvorsitzenden zu eigen gemacht hatte, ging alles sehr schnell. Daß die dritte große Transaktion innerhalb eines Dreivierteljahres in der Schlußphase sogar ausgesprochen hektisch verlief, hatte seinen Grund in einer undichten Stelle im Berliner Kartellamt, aus der am 10. Oktober erste Informationen über die »Elefantenhochzeit« drangen. Eiligst wurden für den folgenden Sonntag die Aufsichtsräte beider Unternehmen einberufen.

Wegen der kurzen Einladungsfrist konnten allerdings nicht alle Mitglieder den – so Herrhausen in der Daimler-Sitzung – »historischen Beschluß« mitvollziehen. Eingangs hatte Werner Breitschwerdt die langfristigen Perspektiven eines Zusammengehens zwischen seinem Haus und dem mit elf Milliarden Mark Umsatz (1984) und 72 000 Beschäftigten zweitgrößten deutschen Elektrokonzern aufgezeigt. »Die Hochtechnologiefelder der AEG«, so der Vorstandschef laut Sitzungsprotokoll, »ließen Wachstumsraten vergleichbar denen des Automobils in der Vergangenheit erwarten. Synergieeffekte für den Daimler-Benz-Konzern dürften hinzukommen. Die Betätigung der AEG in den Bereichen Luft- und Raumfahrt, angewandte Elektronik sowie Kommunikations- und Informationstechnik ließ dies erwarten.« Bevor Herrhausen die Runde zur Abstimmung aufrief, meldete sich – was nur äußerst selten einmal vorkam – der 84jährige Ehrenvorsitzende Hermann Josef Abs zu Wort. »Ohne damit auf die Entscheidung Einfluß nehmen zu wollen«, verwies er auf einen im Londoner »Economist« erschienenen Artikel über die Unternehmensstrategie von General Motors. Mit dem Kauf einer Computerfirma und des Rüstungsherstellers Hughes Aircraft für zusammen fast acht Milliarden Dollar schien dem Senior der Deutschen Bank die Politik des weltgrößten Automobilproduzenten dem jetzt eingeschlagenen Weg von Daimler-Benz sehr ähnlich. Am Ende stimmte der Aufsichtsrat einmütig einer Mehrheitsbeteiligung an der AEG zu. Mit der Genehmigung des Bundeskartellamtes im Februar 1986 war der bis dahin größte Unternehmenszusammenschluß in der Geschichte der Bundesrepublik perfekt.

Sofort stellte sich die Frage, wie man den immer noch nicht vollständig sanierten Konzern, an dem man – zunächst – mit 56 Prozent beteiligt war, führen sollte. Im Daimler-Vorstand gab es hierzu unterschiedliche Meinungen. Vorstandschef Breitschwerdt hatte sich schon unmittelbar nach der entscheidenden Aufsichtsratssitzung vor der Presse für die Erhaltung der »vollen Eigenständigkeit und Eigenverantwortlichkeit« der AEG ausgesprochen. Auch in der Führung des Unternehmens solle alles beim alten bleiben. Demgegenüber forderte Reuter möglichst schnell den Abschluß eines Beherrschungsvertrages mit der AEG und das damit verbundene Abfindungsangebot an die verbliebenen Aktionäre, um die neue Tochter möglichst eng in die Strategie des erweiterten Konzerns einzubeziehen. Neben Breitschwerdt scheute vor allem Beteiligungsvorstand Liener davor zurück, bei der AEG so stark ins Obligo zu gehen. Es sollte über zwei Jahre dauern, bis sich Reuter – mittlerweile Nachfolger Breitschwerdts – durchsetzte und die AEG nach 105 Jahren wechselvoller Geschichte zu einem unselbständigen Unternehmen der Daimler-Benz-Gruppe wurde.

Mit der mehrheitlichen Übernahme der AEG schob sich Daimler-Benz im Jahre 1986 mit einem Umsatz von 65,4 Milliarden Mark an die Spitze der größten deutschen Industrieunternehmen und entthronte damit den zuletzt führenden Siemens-Konzern. Doch war dies gerade in den Augen der mehr auf Gewinn als auf Größe achtenden Daimler-Manager nicht viel mehr als ein Show-Effekt. Denn in Wirklichkeit basierte der Aufstieg zur Nummer eins allein auf einem »gekauften« Wachstum, das die Kriegskasse um nahezu drei Milliarden Mark erleichtert hatte (MTU und Dornier eingeschlossen). So gesehen, war es eher ein Vorschuß auf die Zukunft. Denn vorerst stand dem durch die drei Akquisitionen hinzugewonnenen Umsatz noch kein annähernd vergleichbarer Ertrag gegenüber – schon gar keiner der Güteklasse Daimler-Benz.

Ob Reuter die Aufgabe, Daimler-Benz auf neue Märkte zu führen und damit risikosicherer zu machen, richtig angepackt hat, ist innerhalb und außerhalb des Unternehmens immer wieder heiß diskutiert worden. Mutete er sich und seinen Führungskräften zuviel, zumindest zuviel auf einmal zu? Hätte man vielleicht besser zunächst einige wenige für Daimler-Benz interessante Arbeitsfelder abstecken und diese Schritt für Schritt entwickeln sollen? Sicherlich war es eine Schwäche des Reuterschen Konzepts, daß es nach seinem Inhalt und dem Tempo seiner Umsetzung nicht von allen Vorstandsmitgliedern mit der gleichen Überzeugung getragen wurde. Die Folge waren, vor allem in der Anfangsphase, erhebliche Reibungsverluste und teilweise pure Obstruktion.

Erfolgreich zu diversifizieren gehört zu den schwierigsten unternehmerischen Aufgaben. Selbst erste Adressen der Industrie haben hierbei versagt und bitteres Lehrgeld zahlen müssen. Nach der zu allen Zeiten gültigen Faustregel wachsen die Risiken mit zunehmender Entfernung der neuen Aktivitäten vom erlernten Metier. Vorsichtige achten deshalb darauf, daß sie bei ihrem Vorstoß auf neues Terrain zumindest teilweise auf eigene Erfahrungen zurückgreifen können, sei es in der Technik, im Vertrieb oder im Umgang mit der Kundschaft. Mit seinem Einstieg bei Dornier und AEG hatte sich Daimler-Benz zweifellos weit über seine eigenen Kompetenzgrenzen hinausgewagt. Durch seine beiden Akquisitionen war der Konzern mit einemmal auf Märkten vertreten, die ihm weitgehend fremd waren – von der Bürokommunikation und der Energietechnik über das Hausgerätegeschäft und die Automatisierungstechnik bis hin zum schwierigen Gebiet der Luft- und Raumfahrt. Vor Reuter und Niefer, deren Handschrift das neue Konzept trug, türmte sich Ende 1985 ein großer Berg Arbeit auf.

9. Ein Riese rüstet auf

MBB – ein Fall erregt die Republik

Zu tun gab es nach diesem Dreisprung in neue Dimensionen überall viel. Für die MTU wollte nach dem Ausscheiden des bisherigen Miteigentümers MAN eine Strategie für die Weiterentwicklung des Unternehmens zu einem weltweit voll anerkannten Hersteller von Flugzeugtriebwerken gefunden werden. Bei der AEG, die – notdürftig saniert – auf keinem Gebiet über eine weltweit führende Stellung verfügte, galt es, neu zu »sortieren«. Im Klartext bedeutete dies nichts anderes, als uninteressante Sparten abzustoßen und die für Daimler-Benz zukunftsträchtig erscheinenden Bereiche durch weitere gezielte Akquisitionen, Joint Ventures oder andere Formen der Kooperation mit dem Ziel auszubauen, Daimler-Benz/AEG auf diesen Feldern langfristig die Position eines der international führenden Anbieter zu sichern.

Am heißesten brannte Reuter und Niefer jedoch das Thema Dornier auf den Nägeln, nicht allein wegen der dringend erwarteten zivilen und militärischen Anschlußaufträge aus Bonn. In der Hektik der Übernahmeschlacht hatten die beiden – dieser Eindruck drängt sich auf – schwerwiegende Konsequenzen ihres Schachzuges noch gar nicht durchdacht oder schlicht ignoriert. Die Daimler-Strategen waren, ähnlich wie Mannesmann, in erster Linie auf den Friedrichshafener Unternehmensteil, das »Systemhaus« Dornier als eine Art »Hochtechnologie-Fabrik«, fixiert gewesen. Weitaus weniger lag ihnen an Dorniers Flugzeugbau in München-Neuaubing/Oberpfaffenhofen. Mit Flugzeugen, so hieß es bei Daimler-Benz damals, lasse sich kein Geld verdienen – eine im Lichte der weiteren Entwicklung des Unternehmens bemerkenswerte Einschätzung. Im Vorstand wurde sogar die Frage diskutiert, ob man sich von diesem Bereich nicht lieber trennen solle. »Darüber«, so ein Reuter-Kollege, »müßte sogar etwas im Vorstandsprotokoll stehen.«

Nur, wie hätte man den Flugzeugbau abstoßen sollen – vorausgesetzt, man hätte überhaupt einen Käufer gefunden? Gegen die in der Firma verbliebenen Familiengesellschafter Claudius und Silvius Dornier wäre diese Amputation niemals durchzusetzen gewesen. Immerhin war das Traditionsunternehmen noch bis 1962 ein reiner Flugzeughersteller. Erst dann entschloß sich der bereits 78jährige Gründer Claude Dornier, in die noch junge Raumfahrt einzusteigen. Schon aus diesen Gründen wäre allein der Gedanke, die eigentliche Basis des Unternehmens aufzugeben, für die noch beteiligten Dornier-Söhne blanker Frevel gewesen. Wohl oder übel mußten Reuter und Niefer sich die Frage vorlegen, wie es unter ihrer Regie bei Dornier mit dieser Sparte weitergehen sollte. Gesichert war die Basis keineswegs, ganz im Gegenteil: Sowohl der »Alpha Jet« auf der militärischen als auch das Regionalflugzeug »Do 228« auf der zivilen Seite waren Auslaufmodelle und verlangten gebieterisch nach einem Nachfolger.

Reuter und Niefer erkannten also sehr schnell, daß sie mit ihrem Dornier-Coup noch nicht viel erreicht hatten. Für sich alleine, so einer ihrer Vorstandskollegen, wäre diese Akquisition ein »Torso« geblieben. Man war »kein großer Spieler in diesem Geschäft«, sondern hatte allenfalls das »Eintrittsbillett in die Luft- und Raumfahrtindustrie« erworben, kennzeichnet Johann Schäffler, den Reuter seinerzeit von Airbus Industrie zu Dornier holte und der heute MBB leitet, die damalige Situation. Was sollte Daimler-Benz tun? Sich auf einen kostspieligen Verdrängungswettbewerb einlassen, von dem niemand wissen konnte, wie er letztlich ausgehen würde? Was wäre geschehen, hätte ein finanzstarker Konkurrent bei MBB die industrielle Führung übernommen und den durch seine zersplitterte, halb öffentliche, halb private Gesellschafterstruktur* gehemmten Konzern gehörig auf Trab gebracht? Diese Gefahr war um so größer, als in Bonn allmählich die Erkenntnis reifte, daß wie in Frankreich und England auch in der Bundesrepublik die Konzentration der Luft- und Raumfahrtinteressen auf nur noch ein Unternehmen aus wirtschaftlichen Gründen unvermeidbar sei.

Es gab für Daimler-Benz demnach gute Gründe, sich intensiver mit dem unbestrittenen Marktführer, mit der – gemessen am Umsatz – mehr als dreimal so großen Messerschmitt-Bölkow-Blohm GmbH (MBB) in Ottobrunn bei München zu beschäftigen. MBB hatte sich als der führende deutsche Rüstungshersteller in der Vergangenheit sehr viel stärker als Generalunternehmer bei internationalen Waffensystemen in Szene zu setzen verstanden als Dornier. Bei der Entwicklung eines neuen Flugzeugs oder Kampfhubschraubers als »Systemführer« aufzutreten ist nicht nur dem Prestige zuträglich, sondern zudem äußerst lukrativ. Wer »systemfähig« ist, hat nämlich maßgeblichen Anteil schon an der wirtschaftlich-technischen Konzeption des gesamten Projekts und kann vor allem Art und Umfang seiner eigenen Lieferungen entscheidend mitbestimmen.

So ist MBB deutscher Systemführer beim »Tornado«-Programm und dem neuen europäischen Kampfflugzeug »JF 90« (»Jäger 90«) und für sämtliche Hubschrauber-Entwicklungen. Daneben hat das Unternehmen auch bei Lenkwaffen, die über

* Vor dem Einstieg von Daimler-Benz waren an MBB beteiligt: Land Bayern: 24,08%, Land Hamburg: 18,22%, Land Bremen: 10,0%, Aérospatiale: 10,68%, Dresdner Bank/Bayerische Vereinsbank: 10%, Siemens: 9,32%, Willy und Lilly Messerschmitt-Stiftung: 7,0%, Allianz: 4,63%, Bosch: 4,39%, Ludwig Bölkow: 1,0%, Familie Blohm: 0,68%.

sensorgesteuerte Suchköpfe ihr Ziel anfliegen, mit Systemen wie »Milan«, »Hot« und »Roland« einen »eindeutigen Vorsprung«, wie das Bundeskartellamt in seiner Fusionsuntersagung 1988 feststellte. Auch an den von der Europäischen Weltraumbehörde ESA zwischen 1980 und 1987 an deutsche Firmen vergebenen Aufträgen partizipierte MBB mit deutlichem Abstand vor Dornier. Unter der Regie seines Mitbegründers Ludwig Bölkow hatte es der Marktführer stets verstanden, in internationalen Konsortien eine mindestens ebenso hohe Beteiligungsquote zu erreichen wie der jeweils größte Partner. Im Unterschied zu Dornier, das sich unter dem Einfluß seiner Familiengesellschafter bei internationalen Kooperationen traditionell zurückhielt, war MBB, vor allem bei der Entwicklung europäischer Waffensysteme, durchweg der deutsche Partner und profitierte auf diese Weise schon früh von großen Exportgeschäften der auf diesem Felde wesentlich unbefangener als die Deutschen agierenden Franzosen und Engländer.

Gegenüber MBB verfolgte Reuter zunächst das Ziel, gemeinsame Interessen mit Dornier herauszufinden. Für beide Unternehmen, so war er überzeugt, mache es wenig Sinn, sich mit ihren jeweils nicht voll ausgelasteten Kapazitäten einen ruinösen Konkurrenzkampf um die spärlicher fließenden Gelder ihrer öffentlichen Auftraggeber zu liefern. Mit dem Ziel, zu einer »vernünftigen Arbeitsteilung« zu kommen, nahm Reuter am 20. Februar 1986 Gespräche mit dem Vorsitzenden der MBB-Geschäftsführung, Hanns Arnt Vogels, auf. Um »nicht ständig im internationalen Wettbewerb gegeneinander ausgespielt zu werden«, sollten nach Reuters Vorstellung Dornier, AEG und MTU auf der einen sowie MBB auf der anderen Seite Schwerpunktbereiche bilden. Parallel dazu traf sich Reuter – teils allein, teils mit Niefer – mehrfach mit dem bayerischen Ministerpräsidenten Franz Josef Strauß. Der leidenschaftliche Hobbyflieger hatte ein großes Interesse an der Luft- und Raumfahrt. Nicht umsonst war der Freistaat zu dieser Zeit mit

24,08 Prozent größter Gesellschafter von MBB, dessen Aufsichtsrat Strauß selber angehörte.

Sein besonderes Engagement galt jedoch dem Airbus. Er war nicht nur Aufsichtsratschef der Dachgesellschaft Airbus Industrie in Toulouse, sondern auch der Deutschen Airbus GmbH, München, einer MBB-Tochter, die den deutschen Anteil am europäischen Airbus-Programm plant und überwacht. Mit wachsendem Verdruß unternahm Strauß mit schöner Regelmäßigkeit seine – wie er sie nannte – »jährlichen Bettel-Olympiaden um die Bonner Airbus-Milliarden«. Nach der von Helmut Kohl gewonnenen Bundestagswahl vom 25. Januar 1987 attachierte Strauß seinen Parteifreund Erich Riedl dem Bonner FDP-Wirtschaftsminister Martin Bangemann als Parlamentarischen Staatssekretär und Koordinator für die deutsche Luft- und Raumfahrtindustrie. Sofort nach der Regierungsbildung beauftragte Kohl Bangemann, sich mit Nachdruck um eine Lösung des leidigen Airbus-Problems zu kümmern. Noch im Frühjahr entschloß sich der Wirtschaftsminister, Strauß eine Privatisierung der mehrheitlich von den Bundesländern Bayern, Hamburg und Bremen kontrollierten MBB-Gruppe vorzuschlagen. Auf diese Weise, so sein Kalkül, würde der Bund endlich die lästige Sorgepflicht für den Airbus loswerden. Als Riedl bei einem Frühstück dem bayerischen Regierungschef den Bangemann-Plan schmackhaft zu machen versuchte, entgegnete dieser amüsiert mit spöttischem Unterton: »Habt ihr das in Bonn jetzt auch endlich begriffen?« Die Frage war nur allzu berechtigt. Denn Strauß hatte sich schon zwei Jahre zuvor nach einem zur industriellen Führung des Luft- und Raumfahrtkonzerns entschlossenen Privatunternehmen umgesehen. Die Gespräche mit BMW (aus der Sicht der MBB-Spitze alles andere als ein Wunschpartner) führten jedoch ebensowenig zu einem Ergebnis wie die Ermunterungen an die Adresse von Siemens. Zunächst an einer rein »bayerischen Lösung« interessiert, hatte Strauß Daimler-Benz seinerzeit noch nicht im Visier.

Eine völlig neue Situation ergab sich für Strauß jedoch durch Daimlers Einstieg bei Dornier. Da ein Teil der Dornier-Aktivitäten – die Flugzeugendmontage, die Reparaturwerft und die Medizintechnik mit dem Nierensteinzertrümmerer als Paradeprodukt – im Münchener Raum beheimatet ist, hatte Edzard Reuter Strauß noch während der Übernahmeverhandlungen mit den Familiengesellschaftern aufgesucht und ihn von den Plänen seines Hauses unterrichtet. Weil der Regierungschef die ständigen Querelen unter den Erben für das Unternehmen auf die Dauer als untragbar ansah, war er nur allzugern bereit, Daimlers Dornier-Pläne zu unterstützen. Nach Reuters Besuch fuhr er persönlich an den Bodensee, um Professor Claudius Dornier in dessen Haus in Immenstaad zum Verkauf seiner Anteile zu bewegen.

Nach Daimlers Einstieg bei Dornier wurde Strauß dann sehr bald klar, daß allein der Stuttgarter Automobilkonzern für die industrielle Führungsrolle in der deutschen Luft- und Raumfahrtindustrie und damit auch bei MBB in Frage käme. Die Gespräche, die Edzard Reuter und Dornier-Chef Schäffler mit der MBB-Spitze über eine gegenseitige Abstimmung ihrer Interessen führten, mußten zwangsläufig auf die Frage nach der optimalen Struktur der gesamten Branche zulaufen. Reuter konnte deshalb nicht sonderlich überrascht sein, als ihn Franz Josef Strauß bei einer ihrer Begegnungen mit der Frage konfrontierte, warum Daimler-Benz die Sache nicht gleich ganz in die Hand nehme und bei MBB mit einer Minderheitsbeteiligung von etwa 30 Prozent den bestimmenden Einfluß ausübe.

Auch Martin Bangemann war zu der Überzeugung gekommen, daß der reiche Autokonzern nunmehr der Gefangene seiner eigenen Vorwärtsstrategie geworden war. Nachdem sich die bisherigen industriellen MBB-Gesellschafter geweigert hatten, über eine Kapitalerhöhung das »fliegende Subventionsgrab« Airbus (so die »FAZ«) finanziell weiter zu unterstützen, konzentrierte der Wirtschaftsminister jetzt alle Hoffnungen auf

Daimler-Benz. Im Mai 1987 nutzte er eine Sitzung seines Außenwirtschaftsbeirats, um den diesem Gremium angehörenden Daimler-Chef Breitschwerdt erstmals direkt auf die Möglichkeit einer Beteiligung an MBB anzusprechen. Der sagte zu, die Angelegenheit mit seinen Kollegen im Vorstand zu erörtern. Die rieten einhellig, sich vorerst bedeckt zu halten. Unter keinen Umständen solle man sich zu früh aus der Reserve wagen, weil Bonn in diesem Fall mit ziemlicher Sicherheit versuchen werde, die Milliardenlast aus dem Airbus-Programm soweit wie möglich Daimler-Benz aufzubürden. »Wir mußten uns so lange keusch halten, bis uns tragbare Konditionen und Modalitäten angeboten wurden«, erläutert Reuter seine Taktik, »bevor offiziell etwas losging, haben wir uns natürlich ständig darüber Gedanken gemacht.«

Der horrende Finanzbedarf des europäischen Fliegers macht Reuters Zurückhaltung verständlich. Für den deutschen Anteil von 37,9 Prozent* hatte Bonn bis zum Zeitpunkt der Fusionsgespräche allein an bedingt zurückzahlbaren Zuschüssen zu den Entwicklungskosten für die bisherigen Typen der Airbus-Familie über 6,7 Milliarden Mark überwiesen. Hinzu kamen noch einmal mehr als drei Milliarden Mark an Bürgschaften. Da Flugzeuge ähnlich wie Rohöl weltweit auf Dollarbasis fakturiert werden, mithin bei einem anhaltenden Kursverfall der amerikanischen Währung die Verluste der Airbus-Partner zunehmen, waren Reuter und seine Kollegen gut beraten, für den Fall eines Einstiegs bei MBB auf eine möglichst enge Begrenzung der damit verbundenen finanziellen Risiken zu drängen.

Daß es für Daimler-Benz an MBB praktisch kaum noch einen Weg vorbei gebe, war Reuter im Laufe des Frühjahrs 1987 immer klarer geworden. Natürlich hätte man auch ver-

* Beteiligt sind außerdem: Aérospatiale (Frankreich) mit 37,9%, British Aerospace (Großbritannien) mit 20% und Casa (Spanien) mit 4,2%.

suchen können, Dornier durch internationale Kooperationen aufzuwerten und mit dem Rückhalt aus Stuttgart zumindest auf Teilgebieten salonfähig zu machen. Diese Perspektive war jedoch mit vielen Ungewißheiten behaftet. Demgegenüber konnte sich Daimler mit einem MBB-Engagement direkten Zugang zu den europäischen Großprogrammen verschaffen. Immerhin blickten Ludwig Bölkows Nachfolger beim Management internationaler Projekte bereits auf eine über 20jährige Erfahrung zurück. Gleichzeitig drängte die Bundesregierung jetzt noch stärker auf ein Zusammengehen der beiden Firmen. Bei der Vergabe des neuen europäischen Kampffliegers »JF 90« mußte Dornier seine zusammen mit dem US-Hersteller Northrop erstellte Projektstudie »ND 102« wieder in der Schublade verschwinden lassen und mit MBB als Hauptauftraggeber für den deutschen Teil kooperieren. Als Unterauftragnehmer ist die Firma an der Entwicklung des Fliegers mit einem Anteil von rund sieben Prozent dabei.

In der Öffentlichkeit entstand seinerzeit der Eindruck, als habe die Bundesregierung Daimler-Benz in die eigentlich gar nicht gewollte Fusion mit MBB hineingedrängt. Sogar von Pressionen durch ausgebliebene Dornier-Aufträge aus dem Bonner Verteidigungsministerium war die Rede. In Wahrheit haben sich beide Seiten aufeinander zubewegt, wenngleich dies nach außen lange Zeit nicht deutlich wurde. Irgendwann jedoch mußte aber auch der Taktiker Reuter aus der Reserve heraustreten und offen Farbe bekennen. Als er am 1. Juli 1987 während einer Aufsichtsratssitzung, die zeitweise unter Ausschluß des Vorstandes stattfand, auf der Terrasse im 14. Stock der Untertürkheimer Daimler-Verwaltung mit seinem Kollegen Schäffler noch einmal den aktuellen Stand der MBB-Überlegungen besprach, kam man sehr schnell an den entscheidenden Punkt. Reuter: »Wir waren uns einig, daß die Zeit reif war, um über die ganze Sache mit Bonn ernsthaft zu reden.«

Was jetzt begann, waren aber noch keinesfalls formelle Verhandlungen, sondern zunächst Sondierungen, klärende Gespräche über einen realistischen Weg, die beiderseitigen Interessen in Übereinstimmung zu bringen. So wichtig die Regelung der leidigen Airbus-Frage auch sein mochte – zunächst ging es einmal darum, mit welchem Anteil Daimler-Benz einsteigen könne und welche Rolle den Autobauern neben den im Unternehmen verbleibenden privaten und vor allem öffentlichen Mitgesellschaftern zukommen solle. Reuter, seit dem 1. September 1987 Nachfolger Breitschwerdts, war sich darüber im klaren, daß diese vierte Akquisition ungleich schwieriger und arbeitsaufwendiger als die drei vorangegangenen werden würde. Auf seinen Vorschlag hin beschloß der Vorstand deshalb am 1. November 1987, ein eigenes Projektteam zu bilden.

Anders als beim Mehrheitserwerb von Dornier stand Daimler-Benz bei MBB von dem Tage an, da die ersten Gerüchte über die geplante Fusion auftauchten, im Mittelpunkt massiver öffentlicher Kritik. »Rüstungsriese Daimler-Benz – Waffenschmiede der Nation« titelte der »Spiegel«, einen »grenzenlosen Größenwahn« warf die »ZEIT« dem Konzern vor, der – so die Gewerkschaftszeitung »Metall« – die »westdeutsche Waffenproduktion zu Lande, zu Wasser und in der Luft unumschränkt beherrsche«. Der stellvertretende Fraktionsvorsitzende der SPD im Bundestag, Wolfgang Roth, warnte in Anspielung auf die mögliche Dominanz des Unternehmens in der Wehrtechnik, der Bundeshaushalt dürfe nicht zum »Selbstbedienungsladen eines Konzerns« werden.

Auf die Mitarbeiter des Hauses blieb die teilweise polemisch zugespitzte Kritik nicht ohne Wirkung. Der gute Stern, vielgepriesenes Symbol deutscher Wertarbeit, plötzlich am Pranger – das war für altgediente Mercedes-Leute eine völlig neue, schockierende Erfahrung. Auch im Vorstand entzündete sich eine lange Diskussion an der Frage, ob das Unternehmen seine Interessen so eng mit dem Rüstungsgeschäft verbinden sollte. Vor allem Personalchef Manfred Gentz und sein Technikkollege Rudolf Hörnig ließen keinen Zweifel an ihren schweren Bedenken gegen das geplante Engagement. Reuter hielt den Kritikern entgegen, daß es in seinen Augen völlig legitim sei, in einem demokratischen Land wie der Bundesrepublik Soldaten mit den modernsten Waffensystemen auszustatten.

Aber erst am 8. Juni 1988 beschloß der Vorstand, nunmehr konkrete Verhandlungen über eine Beteiligung von Daimler-Benz an MBB aufzunehmen. Acht Tage später informierte Reuter in einem Brief seinen Aufsichtsrat erstmalig über die angestrebte Großfusion. Schon bei dieser Gelegenheit verwahrte er sich gegen den Vorwurf, eine ordnungspolitisch bedenkliche »Elefantenhochzeit« inszenieren zu wollen. Mit einem Jahresumsatz von 6,1 Milliarden Mark (1987) sei MBB deutlich kleiner als dessen französischer Partner Aérospatiale mit acht Milliarden und British Aerospace mit annähernd zwölf Milliarden Mark. »In den USA«, so Reuter in seinem Ankündigungsschreiben an den Aufsichtsrat weiter, »liegen mehrere bedeutende Firmen, die sich auf dem dort sogenannten Geschäftsfeld Aerospace betätigen, in einer Größenordnung von bis zu 25 Milliarden DM (Boeing). Im internationalen Vergleich würde unsere Unternehmensgruppe Luft- und Raumfahrt also immer noch von moderater Größenordnung sein.«

Bis zu einer endgültigen Entscheidung des Aufsichtsrates galt es für Edzard Reuter jedoch, noch eine Reihe gefährlicher Stolpersteine aus dem Weg zu räumen. Den ersten hatten ihm die lästigen Dornier-Mitgesellschafter vor die Füße gelegt. Unter Hinweis auf den ihnen 1985 eingeräumten Minderheitenschutz beanspruchten sie bei der durch Daimler-Benz mit dem Einstieg bei MBB angestrebten Neuordnung der Luft- und Raumfahrtindustrie ein Mitspracherecht. Die von den Autobauern seinerzeit garantierte »rechtliche und wirtschaftliche

Selbständigkeit der Dornier GmbH«, so die Testamentsvollstreckerin des im April 1986 gestorbenen Claudius Dornier, Martine Dornier-Tiefenthaler, sei bei einem Zusammengehen der beiden Luftfahrtfirmen unter Daimler-Regie nicht mehr gewährleistet. Mit seinem Einblick und seiner Kontrolle bei beiden Firmen könnte der Konzern über die Verteilung von Mitteln und Aufträgen nach eigenem Belieben entscheiden. Reuter bestritt den Dornier-Erben zwar ein Mitspracherecht beim MBB-Erwerb, scheute jedoch eine möglicherweise langwierige gerichtliche Auseinandersetzung und damit eine Blokkade seiner Pläne.

In einem über mehrere Etappen gehenden Verhandlungsmarathon, bei dem zu mitternächtlicher Stunde sogar der selbstkontrollierte Reuter einmal die Contenance zu verlieren drohte, erkaufte sich Dorniers Mehrheitsgesellschafter für ein Paket »finanzieller, materieller und geldwerter Leistungen« (Daimler-Finanzchef Liener) Anfang August 1988 seine Handlungsfreiheit gegenüber MBB. Im Aufsichtsrat von Daimler-Benz kam es wegen der finanziellen Zugeständnisse an die Familie zu harten Auseinandersetzungen mit der Arbeitnehmerseite. Franz Steinkühler kritisierte, Daimler-Benz habe Dornier nunmehr zweimal gekauft. Nach einer von seinem Kollegen Herbert Lucy beantragten Unterbrechung der Sitzung kündigte dieser an, daß sich seine »Fraktion« in dieser Angelegenheit der Stimme enthalten werde. Belastend für Daimler-Benz: Da sich bestimmte im GmbH-Recht enthaltene Schutzbestimmungen nicht einmal vertraglich außer Kraft setzen lassen, muß sich DASA-Chef Jürgen Schrempp bei der Integration Dorniers weiterhin auf Querschüsse aus dem Kreis der Erben gefaßt machen. Was 1988 »möglicherweise versäumt« worden sei, räumt Edzard Reuter immerhin ein, sei der Versuch gewesen, den aufmüpfigen Teilhabern eine »bombensichere Stimmrechtsübertragung« abzuhandeln.

Ob er mit seinen in der Zwischenzeit gesammelten Erfahrungen noch einmal bei Dornier einsteigen würde, ist eine für Reuter nicht leicht zu beantwortende Frage: »Ob wir das gemacht hätten, wenn wir gewußt hätten, was danach kam, weiß ich nicht.« Wobei er nur die finanziellen Risiken vor Augen hat, denn, so Reuter, »sachlich ist ja nichts liegengeblieben, es hat nur Geld gekostet«. Durch den Dauerzwist mit den renitenten Erben fühlten sich im übrigen alle diejenigen bestätigt, die immer der Meinung waren, daß man bei Dornier zu »tief gegriffen« habe. Sicherlich hätte Daimler-Benz auch schon 1985 bei MBB einsteigen können. Mehrere Gesellschafter, allen voran Krupp, Siemens und Thyssen, signalisierten deutliches Interesse, ihren mit wenig Einfluß verbundenen Anteil loszuwerden oder zu vermindern – was einige von ihnen dann auch taten. Allerdings stellt sich die Frage, ob die öffentlichen Eigentümer schon damals bereit gewesen wären, ihren Einfluß zugunsten Daimlers zu reduzieren. Und, mindestens ebenso wichtig: Wäre Bonn bei der Verteilung der Airbus-Risiken dem neuen Führungsgesellschafter bereits 1985 so weit entgegengekommen wie drei Jahre später?

Am 11. Juli 1988 informierte Edzard Reuter den Bundeskanzler in einem persönlichen Gespräch über seine Pläne. Es war das erstemal, daß der neue Daimler-Chef Helmut Kohl seine Aufwartung machte. Nach einer Tour d'horizon, bei der die Chancen der deutschen Industrie im künftigen EG-Binnenmarkt ebenso zur Sprache kamen wie die umstrittene Umweltbelastung durch Dieselautos und die Frage der Unternehmensbesteuerung, erläuterte Reuter dem Kanzler die Beweggründe seines Hauses, die unternehmerische Verantwortung für MBB zu übernehmen. Kohl begrüßte es, daß sich das – so wörtlich – »Flaggschiff der deutschen Industrie« in der Luft- und Raumfahrt weiter engagieren wolle. Vor allem müßte die Führungsstruktur bei MBB geändert werden, damit die Verbindungen von dort nicht mehr unmittelbar in die bayerische Staatskanzlei laufen könnten, mit dem Ergebnis, daß er von seinem »Konfrater« (Kohl) wöchentlich 20 Briefe erhalte. Der Kanzler ließ Reuter gegenüber keinerlei Zweifel aufkommen, daß er persönlich die auch in den Koalitionsfraktionen kritisch beurteilte Fusion für vernünftig halte und politisch unterstützen werde. Mit den Worten »Sie haben hier stets eine offene Tür« verabschiedete der Kanzler den Konzernchef.

Zu diesem Zeitpunkt hatten sich Daimlers Unterhändler mit Wirtschaftsminister Bangemann bereits auf die Grundzüge einer Airbus-Regelung verständigt. Danach sollte Bonn nicht nur für die finanziellen Altlasten einstehen, sondern auch absehbare künftige Risiken so lange tragen, bis die Voraussetzungen für eine privatwirtschaftliche Führung des Airbus-Programms erfüllt seien. Gemeint waren hierbei insbesondere die Komplettierung der Airbus-Flotte bis zum Ende der neunziger Jahre und die Schaffung eines europäischen Gesellschaftsrechts, auf dessen Grundlage Airbus Industrie nach streng betriebswirtschaftlichen Prinzipien betrieben werden könnte. Schließlich wollte sich die Bundesregierung verpflichten, mögliche Währungsverluste durch einen weiter sinkenden Dollar bis zu einem Kurs von 1,60 Mark aus dem Haushalt auszugleichen.

Edzard Reuter konnte also durchaus mit einem guten Zwischenergebnis seiner Verhandlungen aufwarten, als er sich am 9. November 1988 in der MBB-Sache erstmals der Diskussion seines Aufsichtsrates stellte. Es sollte, allein von der Dauer der teilweise hitzigen Aussprache, eine denkwürdige Sitzung werden. Selbst langjährige Mitglieder konnten sich nicht daran erinnern, schon einmal fast zehn Stunden ohne Pause getagt zu haben. Gegen Mittag wurden lediglich Platten mit Snacks hereingereicht. In einer äußerst geschickt angelegten Einführung begründete der Daimler-Chef das Interesse an MBB mit einem Kurswechsel in der Bonner Luft- und Raumfahrtpolitik. Habe man früher aus Wettbewerbsgründen auf mehrere miteinander konkurrierende Anbieter Wert gelegt, so favorisiere man inzwischen nach dem Vorbild Englands und Frankreichs eine Konzentration auf eine einzige starke Unternehmensgruppe. Es sei »vor dem Hintergrund der weltweiten Wettbewerbssituation mehr als verkürzt, nur auf den Markt der Luft- und Raumfahrtindustrie in der Bundesrepublik zu schauen. Vielmehr handele es sich um einen internationalen Markt, der entsprechende Größenordnungen zwingend erfordere.«

Reuter mußte an diesem Tag zum erstenmal erleben, daß er in einer für die Zukunft des Konzerns entscheidenden Frage auf Kollisionskurs mit den Arbeitnehmervertretern lag. Sie hatten ihn stets als »ihren« Kandidaten betrachtet und allzugern schon als Zahn-Nachfolger anstelle von Prinz gesehen; sie hatten auch die von ihm ausgehandelten Beteiligungen an Dornier und AEG unterstützt. Aber diesmal versagten sie ihm ihre Gefolgschaft. Die Akquisitionen des Jahres 1985, so der stellvertretende Aufsichtsratsvorsitzende und Betriebsratschef Herbert Lucy in der Diskussion, seien mit der Notwendigkeit begründet worden, »den Fahrzeugbereich durch die Angliederung von Technologiebereichen abzusichern. Dabei sei seinerzeit nicht auf die Luft- und Raumfahrtbereiche verwiesen worden.«

Gegen die Bildung eines Rüstungskonzerns durch den Einstieg bei MBB wandte sich IG-Metall-Chef Franz Steinkühler, wie das Protokoll vermerkt: »Das Wort von der Erpreßbarkeit des Staates sei in vieler Munde. Jeder wisse, wie sensibel die Öffentlichkeit auf diesem Gebiet reagiere. Die geschichtlichen Erfahrungen in Deutschland kämen hinzu. Aus diesem Grunde könne erst recht nicht erwartet werden, daß dieses Thema zur Ruhe komme.«

Am späteren Nachmittag, als längst alle Argumente pro und kontra vorgebracht zu sein schienen, griff unerwartet Alfred Herrhausen mit längeren Ausführungen in die Debatte ein. Der Aufsichtsratsvorsitzende hatte die Diskussion bis dahin »am langen Zügel« geführt und war allen kritischen Einwänden, wie es insbesondere den Belegschaftsvertretern schien, mit besonderer Aufmerksamkeit gefolgt. Was er jetzt selber sagte, ließ keinen Zweifel zu, daß er sich mit seiner Entscheidung mehr als schwergetan hatte. Fast jeder Gedanke mündete in skeptische Fragen ein. Ob die »äußerst schwierige« industrielle Führung bei MBB gelinge, sei, so Herrhausen, »nicht ohne weiteres zu beantworten«. Zwar seien Zukunftschancen nicht zu übersehen, doch blieben »die Risiken für Daimler-Benz dennoch groß«. Ordnungspolitisch sei das geplante Engagement »in der Tat bedenklich«. Es könne nicht übersehen werden, daß der Konzern schon heute das größte Unternehmen der Bundesrepublik sei. Die ordnungspolitischen Bedenken könne man seines Erachtens »nur dann zurückstellen, wenn das Engagement vor dem Hintergrund einer europaweiten Lösung gesehen würde«. Nur »unter der Bedingung, daß eine europäische Lösung von Anbeginn in Angriff genommen werde, könne er daher dem Engagement zustimmen«. Allerdings, so fügte er hinzu, bleibe auch dann immer noch die Frage, »ob Daimler-Benz der richtige Partner sei«.

Als Aufsichtsratsvorsitzender und Vertreter des führenden Großaktionärs hätte es Alfred Herrhausen in der Hand gehabt, Daimlers MBB-Einstieg zu verhindern. Als er nach der AEG-Übernahme gefragt wurde, ob denn diese Großfusion seiner Ansicht nach ordnungspolitisch zu verantworten sei, fragte er nur ebenso direkt zurück: »Wäre es denn sonst dazu gekommen?« Seinem von hartnäckigen Zweifeln durchzogenen Diskussionsbeitrag nach hätte er die Fusion ablehnen müssen. Enge Vertraute des am 30. November 1989 ermordeten Bankiers bezeugen denn auch ziemlich übereinstimmend Herrhausens anfänglich sogar eindeutig ablehnende Haltung gegenüber den Absichten des Daimler-Vorstandes. Ein Unternehmensberater zitierte ihn mit den Worten: »Bekämpfen Sie die Sache von links, ich bekämpfe sie von rechts.« Für seine Ablehnung der MBB-Pläne waren nicht allein, ja vielleicht nicht einmal primär, ordnungspolitische Gründe maßgebend. Vielmehr hatte er starke Zweifel, daß Daimler-Benz die nötigen Managementreserven habe, um in einer so schwierigen, für einen Automobilhersteller zudem nicht vertrauten Branche wie der Luft- und Raumfahrtindustrie die dringenden Strukturbereinigungen vorzunehmen. Was dies bedeutete, wußte Herrhausen nur allzugut aus eigener Erfahrung: Im Auftrag von Bundeskanzler Helmut Schmidt hatte er 1977 die Aufgabe übernommen, dabei zu helfen, die Vereinigte Flugtechnische Werke GmbH (VFW) in Bremen aus der in die Sackgasse geratenen deutsch-niederländischen Flugzeugallianz VFW-Fokker herauszulösen und mit ihrem südlichen Konkurrenten MBB zu fusionieren. Bis zum Gelingen der Operation gingen seinerzeit drei Jahre ins Land. Das von Schmidt gleichzeitig verfolgte Ziel, MBB mit seinem für eine international erfolgreiche Geschäftspolitik untauglichen gemischt privat-öffentlichen Gesellschafterkreis der industriellen Führung eines finanzstarken Großunternehmens zu unterstellen, war selbst mit Herrhausens Hilfe unerreichbar geblieben.

Neben der für ihn ungewissen Frage der Beherrschbarkeit des erweiterten Konzerns beunruhigte den Großbankier vor allem jedoch der Gedanke, daß Daimler-Benz fortan mit dem Stigma eines Rüstungskonzerns würde leben müssen. Dabei dürfte er auch an die Rückwirkungen dieses Erscheinungsbildes auf die Deutsche Bank als den bestimmenden Großaktionär gedacht haben. Aus diesem Grunde beauftragte er die ihm in seinem Hause direkt unterstellte Abteilung für Konzernentwicklung, eine Art interdisziplinären *Think tank*, Wege aufzuzeigen, wie man Daimlers MBB-Engagement auf den zivilen Bereich, insbesondere das Airbus-Programm, beschränken könne. Zu einem »heftigen Gewitter« (Reuter) kam es, als Herrhausen in einem bereits weit fortgeschrittenen Stadium der Verhandlungen mit Bonn seine Überlegungen bei einer Zusammenkunft der zehn Anteilseignervertreter des Daimler-Aufsichtsrates vortrug. Reuter, dem schon während der mit ihm nicht abgestimmten Ausführungen deutlich sichtbar die Zornesröte ins Gesicht gestiegen war, reagierte prompt und erklärte mit schneidender Stimme, daß Herrhausens Sicht der Dinge nicht die des Vorstandes sei.

Daß sein Aufsichtsratsvorsitzender, wie Edzard Reuter rückblickend einräumt, »die ganze Zeit über geschwankt« hat, führt der Daimler-Chef nicht zuletzt auf die ablehnende oder zumindest reservierte Haltung in dessen Umfeld zurück. Vor allem in seinem eigenen Vorstand hätten es wohl die meisten lieber gesehen, wenn ihr wichtigstes Beteiligungsunternehmen MBB verschmäht und der Deutschen Bank auf diese Weise die bereits neuerlich aufkeimende Machtdiskussion erspart hätte. Sogar noch zu einem Zeitpunkt, als politisch praktisch schon alles gelaufen war und nach dem Nein des Kartellamtes nur noch die als sicher geltende Ministererlaubnis der Fusion durch Bangemanns Nachfolger Helmut Haussmann ausstand, gab Herrhausen (wie Reuter zu wissen überzeugt ist) gegenüber dem FDP-Chef und Fusionsgegner Otto Graf Lambsdorff zu erkennen, daß er nicht unbedingt böse wäre, wenn die Genehmigung durch den Wirtschaftsminister ausbliebe.

Ob Alfred Herrhausen, als es auf einer Sondersitzung des Daimler-Aufsichtsrates am 21. Dezember 1988 endgültig zum Schwur kam, vielleicht aus Loyalität gegenüber seinem persönlichen Freund Helmut Kohl die »Elefantenhochzeit« mit MBB ohne Wenn und Aber besiegeln ließ, wie manche glauben, weist in den Bereich der Spekulation. Für die Vermutung, daß gerade er das vom Daimler-Vorstand und der Bundesregierung gemeinsam getragene Strukturkonzept für die deutsche Luft- und Raumfahrtindustrie aus gesamtwirtschaftlichen Gründen nicht habe scheitern lassen wollen, spricht indes einiges. Neue Argumente und Standpunkte waren in der in der Frankfurter AEG-Zentrale abgehaltenen Sondersitzung des Aufsichtsrates kaum noch zu erwarten gewesen. Unversöhnlich prallten noch einmal die gegensätzlichen Positionen von Reuter und Steinkühler aufeinander. Der IG-Metall-Chef warf dem Vorstand vor, »mit seiner Beteiligung an MBB offenkundig vom Automobilbereich als dem Mittelpunkt der unternehmerischen Tätigkeit abzurücken«. Im Unterschied zu den Akquisitionen von Dornier und AEG, die »unmißverständlich der Ergänzung des Automobilbereichs dienten und so seinerzeit begründet worden seien, lasse die Begründung eines MBB-Engagements keinen Zweifel daran, daß das strategische Ziel ein teilweiser Ersatz des Automobilbereichs sei«.

Sichtlich überrascht konterte Reuter, der Vorwurf, seine Kollegen und er hätten kein Konzept zur Weiterentwicklung des Automobilgeschäfts, werde im Aufsichtsrat zum erstenmal erhoben. Immerhin hätte gerade die IG Metall erst vor einiger Zeit auf eine ihrer Meinung nach drohende Strukturkrise der deutschen Automobilindustrie hingewiesen. Auch wenn der Vorstand diese Einschätzung nicht teile, bestehe die Gefahr, daß sowohl das Personen- als auch das Nutzfahrzeuggeschäft unter Druck geraten könnte. Das Rededuell zwischen Reuter und Steinkühler war jedoch nicht mehr als eine letzte Pflichtübung – die Sitzung endete wie erwartet: Mit elf zu neun Stimmen – die Vertreterin der leitenden Angestellten votierte mit der Kapitalfraktion – segnete der Aufsichtsrat den spektakulärsten Firmenzusammenschluß seit Bestehen der Bundesrepublik ab. Zwar sorgten das Nein des Kartellamtes und das zähe politische Tauziehen um die Ministererlaubnis dafür, daß der »Fall MBB« noch fast das ganze Jahr 1989 über in den Schlagzeilen blieb. Doch im Dezember war es soweit: Für 1,9 Milliarden Mark übernahm Daimler-Benz die Mehrheit von 50,01 Prozent der Messerschmitt-Bölkow-Blohm GmbH.

Edzard Reuter hatte geschafft, was er sich vorgenommen hatte. Es war ein schwerer Weg gewesen, nicht nur, was die Widerstände betraf, die es intern und außerhalb des Hauses zu überwinden galt. Auch persönlich war ihm manches unter die

Haut gegangen, das ständige Ringen mit Herrhausen, die polemischen Angriffe aus seiner eigenen Partei, der SPD, die in gewissen Medien gezogenen Parallelen zur Rolle des »Rüstungskonzerns Daimler-Benz« in der Zeit des Dritten Reiches. Wie unterschiedlich seine Kollegen an der Spitze anderer Unternehmen seine Strategie beurteilen mochten – das Stehvermögen, mit dem er die in weiten Teilen der Öffentlichkeit unpopuläre Fusion bis zum erfolgreichen Ende vorangetrieben hatte, nötigte ihnen Respekt ab.

Nicht ohne Stolz verkündete Reuter, mit den Akquisitionen der letzten vier Jahre ein Umsatzvolumen von etwa 20 Milliarden Mark hinzugewonnen zu haben – und dies mit einem Viertel dieses Betrages. »Ich frage mich, wo in der Welt zur Zeit noch ein Unternehmen zu finden ist, das sich mit einem so verhältnismäßig überschaubaren Aufwand so große Zukunftschancen sichern konnte«, zog er in einem Vortrag vor der Wirtschaftspublizistischen Vereinigung in Düsseldorf Bilanz. Als Finanzchef, gleichsam aus der zweiten Reihe, hatte Reuter den mit sich selbst zufriedenen, in sich ruhenden Automobilhersteller 1985 in Bewegung gesetzt. Jetzt, vier Jahre später, war er Vordenker und Lenker eines nach seinen Vorstellungen geformten »integrierten Technologiekonzerns«. Auch sein Bild in der Öffentlichkeit hatte sich in dieser Zeit stark verändert. In den Augen derjenigen Politiker, die in ihm einen Industriemanager neuen, moderneren Typs gesehen hatten, für jene Medien, die nicht müde geworden waren, dem über den Tellerrand enger Unternehmensinteressen hinausblickenden Intellektuellen zu huldigen, hatte er seine Unschuld verloren. Für die Kollegen in den Chefetagen der Wirtschaft, die den räsonierenden Sozialdemokraten stets ein wenig als Außenseiter betrachtet hatten, war der vom Kartellamt, von der SPD-Opposition und Teilen der Presse Geprügelte nach der »Feuertaufe MBB« einer der Ihren geworden.

Mit 61 Jahren stand Edzard Reuter jetzt im Zenit seiner

Karriere. Aus dem scheinbar ewigen Verlierer war ein Sieger geworden. Viel, sehr viel war seit jenem Sommer 1984 geschehen, als er sein Strategiepapier präsentiert hatte. Aber weitaus mehr galt es jetzt – weit weniger spektakulär als die aufsehenerregenden Akquisitionen – zu tun: zu sortieren, zu strukturieren, das Erworbene zusammen mit dem Alten in eine beherrschbare Ordnung zu bringen; für einen vier Jahre vor der Pensionierungsgrenze stehenden Mann fürwahr eine Herkulesaufgabe.

10. Allein in dünner Luft

Wie man einen integrierten Technologiekonzern führt

Für eine ebenso legitime wie den Kern der Erfolgsvoraussetzungen treffende Frage halte ich es allerdings, wenn man sich Gedanken macht, ob der erweiterte Konzern führungsmäßig noch beherrschbar ist.
(Edzard Reuter am 23. Februar 1989 in einer Rede in Düsseldorf)

In seinem Büro, genau gegenüber dem blau-weißen Bewegungsbild des israelischen Konstruktivisten Yaacov Agam, hat Edzard Reuter eine gerahmte Karikatur aus einer amerikanischen Zeitschrift aufgestellt. Sie zeigt einen riesigen Dinosaurier. Darunter steht vieldeutig: »History is full of giants who couldn't adapt.« Die beziehungsreiche Abbildung machte ihm der Präsident der Mercedes-Benz of North America, Erich Krampe, zum Geschenk – nachdem der Automobilkonzern mit dem Mehrheitserwerb von MBB innerhalb weniger Jahre die vierte Großakquisition abgewickelt hatte.

War der Riese, der groß und dick gewordene Dinosaurier, tatsächlich unfähig geworden, sich den neuen Verhältnissen, die er selber geschaffen hatte, anzupassen? Jedenfalls mußte man zeitweise diesen Eindruck gewinnen, so laut wurde darüber gestritten, wie der aus seinen alten Strukturen herausgewachsene Gigant am besten zu organisieren sei. Jahrzehntelang war dies kein Thema gewesen. Zwar hatten schon Schleyer und

Zahn, letzterer mit Hilfe der Beraterfirma Booz-Allen & Hamilton, an neuen Organisationsmodellen gestrickt; weil sich jedoch die Herren im Vorstand, die damit gleichzeitig auch immer Machtfragen verknüpft hatten, nicht auf etwas Neues einigen konnten, blieb letztlich alles bei der altbewährten funktionalen Führungsstruktur. Jedes Vorstandsmitglied hatte dabei die Ressortzuständigkeit für eine der betrieblichen Funktionen: Finanzen und Betriebswirtschaft, Personal, Forschung und Entwicklung, Materialwirtschaft, Produktion, Vertrieb und Beteiligungen.

Doch schon mit der Erweiterung des Konzerns um MTU, Dornier und AEG erwies sich das einem reinen Automobilhersteller angepaßte Führungsmodell als heillos überfordert. Grundgedanke der zum Jahreswechsel 1986/87 in Kraft gesetzten neuen Organisation war, die Konzernspitze von Routinearbeit zu entlasten und mehr Verantwortung auf die einzelnen Geschäftsbereiche zu verlagern. Eingeführt wurde daher eine sogenannte »Matrixorganisation« aus fünf Divisions (Pkw, Nutzfahrzeuge, AEG, Dornier und MTU) und fünf Funktional- oder Querschnittsressorts (Finanzen, Personal, Einkauf, Vertrieb, Forschung und Technik). Um die neu erworbenen Firmen auch personell in den Daimler-Konzern zu integrieren, erhielten die Divisionschefs Vorstandsrang.

Edzard Reuter hatte gegen die intern von vielen als »organisatorische Mißgeburt« betrachtete Führungsstruktur von vornherein starke Vorbehalte und hätte gerne eine noch weitergehende Aufgabenverlagerung von oben nach unten gesehen. Gegen Herrhausen und Breitschwerdt, die sich auf diesen Kompromiß verständigt hatten, war jedoch eine noch stärkere Divisionalisierung nicht durchzusetzen. Führungsmodelle ohne völlig klare Abgrenzung der Kompetenzen und Verantwortlichkeiten zwischen mehreren Ebenen funktionieren jedoch selten, vor allem dann nicht, wenn der Vorstand ohnehin nicht gerade ein Harmonieverein ist. Und das war er zu dieser Zeit weniger denn je. So konnte es nicht überraschen, daß vor allem zwischen den Zentralressorts Vertrieb sowie Forschung und Technik einerseits und einigen »Stammesfürsten«, speziell im Automobilbereich, andererseits heftige Interessenkämpfe ausbrachen. Die halbherzige Strukturreform, daran gab es keinen Zweifel, bedurfte dringend einer Weiterentwicklung in Richtung auf ein Holdingmodell.

Am 1. September 1987 übernahm Edzard Reuter als Nachfolger Breitschwerdts den Vorstandsvorsitz. Damit war der Weg für die zweite Stufe des neuen Führungsmodells frei. Ihr Kernstück war der Ausbau der Daimler-Benz AG zu einer »geschäftsführenden Holding«. Zu diesem Zweck wurden die bei ihr liegenden Geschäftsbereiche Nutzfahrzeuge und Personenwagen in die am 1. Juli 1989 gegründete Mercedes-Benz AG eingebracht. Neben das Automobilunternehmen des Konzerns trat als zweite Säule die am 19. Mai 1989 eingetragene Deutsche Aerospace AG (DASA). Unter ihrem Dach gruppieren sich die Luft- und Raumfahrtinteressen, also Dornier, MTU, Telefunken Systemtechnik (ein aus der AEG ausgegliederter ehemaliger Geschäftsbereich) und als letztes Teilstück wenig später MBB. Weiterhin wacht die Holding über die AEG und den vierten Unternehmensbereich, die am 1. Juli 1990 gegründete Daimler-Benz InterServices (debis) als Anbieter von Dienstleistungen.

Der Architekt dieses dreistufigen Konzerns stand mit einemmal nicht mehr an der Spitze einer Gesellschaft, die wie bisher Autos produzierte und verkaufte, sondern Eigentümerin von vier Unternehmen war, die das operative Geschäft in eigener Regie betrieben. »Nur Kuponschneiden« konnte allerdings kaum die Aufgabe sein, die Reuter nach dem beispiellosen Kraftakt, der hinter ihm lag, für sich selbst ausersehen hatte. Welche Rolle sollte jedoch die Daimler-Benz AG in ihrer neuen Form spielen? Zur Hauptversammlung 1989 schrieb der Vorstandschef an seine Aktionäre: »Eine geschäftsführende oder auch Management-Holding ist zwischen einem Stammhaus-Konzern mit einer sehr zentral angelegten Führung und einer stark dezentral geführten Finanz-Holding angesiedelt. Wir haben uns für eine geschäftsführende Holding entschieden, weil nach unserem Verständnis die strategische Führung in einem Technologiekonzern zentral ausgeübt werden muß. Nur so kann greifbarer Nutzen für die Konzernglieder erbracht werden, wie zum Beispiel die Übertragung besonderer Kenntnisse und Fähigkeiten zwischen den einzelnen Konzerngesellschaften und durch die strategisch vorbereitete gemeinsame Nutzung von Ressourcen.«

Edzard Reuter ist zutiefst davon überzeugt, daß sein Unternehmen weit mehr als nur die Summe seiner Teile sein kann, sofern es wirklich als »integrierter Technologiekonzern« geführt wird. Deshalb konnte es für ihn nicht in Frage kommen, daß die vier Unternehmensbereiche wie bisher völlig unabhängig ihre eigenen Wege gehen. Vielmehr sollten sie unter dem gemeinsamen Dach der Holding ihre Strategien aufeinander abstimmen und sowohl durch Know-how-Transfer als auch kooperative Forschung Synergieeffekte zu realisieren versuchen. Dieses Ziel war jedoch, wie Reuter sofort erkannte, nur dann wirklich zu erreichen, wenn der Holding bei allen strategischen Entscheidungen ihrer Unternehmensbereiche das letzte Wort vorbehalten blieb. Außer über originäre Holding-Vorhaben, wie etwa den Vorstoß in einen völlig neuen Markt, befindet die Zentrale auch über Aktivitäten, bei denen Abstimmungsprobleme innerhalb des Konzerns auftreten. Beispiel: das Leasing-Geschäft mit ganzen Nutzfahrzeugflotten, für das sich Mercedes-Benz und debis gleichermaßen interessieren. Aber selbst Projekte, für die eines der Unternehmen unbestritten die Alleinkompetenz hat, müssen in Möhringen auf den Tisch – sofern sie wegen ihres Liquiditätsbedarfs, finanziellen Risikos, aber möglicherweise auch im Blick auf die von ihnen ausgehenden öffentlichen Wirkungen gravierende

Bedeutung für den Gesamtkonzern haben. Beispiele: der bei Dornier gefaßte Beschluß zum Bau des neuen Passagierflugzeugs »Do 328« oder die Triebwerkskooperation zwischen DASA/MTU und der zum US-Konzern United Technologies (UTC) gehörenden Firma Pratt & Whitney. Nicht einmal die Mercedes-Benz AG, von deren Gewinn bislang fast alle übrigen Bereiche leben, darf – vor allem in ihrer Modellpolitik – grundlegende Beschlüsse allein fassen. Würden die Autobauer beispielsweise auf die Idee kommen, unterhalb des Mercedes 190 noch eine kleinere Klasse einzuführen (das Schubladenprojekt »Stadtauto« ist hausintern seit vielen Jahren in der Diskussion), müßte hierüber in letzter Instanz der Konzernvorstand entscheiden. Ginge es aber nur um die Nachfolgemodelle der Kompakt-, Mittel- oder S-Klasse, läge, weil sich ja die Pkw-Strategie nicht änderte, die Entscheidung allein bei der Mercedes-Benz AG.

Die lange Liste »zustimmungspflichtiger Angelegenheiten«, die die Geschäftsordnung des Holding-Vorstandes enthält, berührt jedoch nur die formale Seite. In der Realität ist wie in allen Vorständen großer Gesellschaften der Übergang von der »Zustimmung« zur »Kenntnisnahme« fließend. Wenn etwa der Divisionschef von Mercedes-Benz oder DASA ein aus seiner Sicht zwingend notwendiges Vorhaben plausibel begründet und der finanzielle Rahmen gewahrt bleibt, wird er kaum Probleme haben. Projekte von einiger Bedeutung sind ohnehin meist im Vorfeld mit der Holding abgestimmt, meist sogar mit Edzard Reuter persönlich. Denn der Vorstandsvorsitzende der Daimler-Benz AG sitzt gleichzeitig den Aufsichtsräten von Mercedes-Benz, DASA, AEG und debis vor.

In der Möhringer Zentrale ist die ihm direkt unterstellte Abteilung »Konzernplanung und -controlling«, kurz »KPC« genannt, sein wirksamstes Führungs- und Steuerungsinstrument. »Ohne den Zugriff auf dieses Instrument wird der Vorstandsvorsitzende einer Holding schnell zum Frühstücksdirektor«, ist er überzeugt. Es ist das scharfe Auge, mit dem er in die entferntesten Ecken seines Konzerns blicken kann. Schon als Finanzchef unter Prinz hatte er dieses betriebswirtschaftliche Früherkennungssystem methodisch entwickelt und es als logischen Bestandteil seines Ressorts verteidigt – bis er selber Konzernchef wurde und es mitnahm. Die heute aus den Bereichen Konzernplanung, Controlling und Konzernorganisation bestehende 90 Mitarbeiter starke Abteilung liefert ihm für jedes Quartal die Ergebnisse aller Unternehmensbereiche – und zwar detailliert aufgeschlüsselt: bei der Mercedes-Benz AG beispielsweise bis zu jeder Pkw-Modellreihe. Ergänzend dazu erfährt Reuter von signifikanten Abweichungen vom vorausgeplanten Trend und erhält die ständig aktualisierten Hochrechnungen auf das Jahresergebnis. Alle Daten kann er an seinem Schreibtisch per Knopfdruck über einen versenkbaren, mit dem Zentralrechner verbundenen PC abrufen.

Mit der in seiner KPC nach erheblichen Startschwierigkeiten betriebsfertig installierten »Strategischen Planung« hat der einstige Planungschef ein Instrument in der Hand, mit dem er den Multiproduktkonzern Markt für Markt in eine optimale Wettbewerbsposition bringen möchte. Auf dem Wege dahin zerlegten Reuters Experten den Riesen in 14 sogenannte »Konzerngeschäftsfelder«, die ihrerseits in »Strategische Geschäftsfelder« und weiter in rund 150 »Strategische Geschäftseinheiten« unterteilt wurden. So bilden beispielsweise Nutzfahrzeuge ein »Konzerngeschäftsfeld«, zu dem unter anderem das »Strategische Geschäftsfeld« Omnibusse und zu diesem wiederum die »Strategische Geschäftseinheit« Stadtbusse gehört. Für alle »Strategischen Geschäftsfelder« läßt Reuter in der KPC in Projektform »von der Analyse des Marktes bis zur Evaluierung unserer Produkte« Strategien ausarbeiten – eine, wie er überzeugt ist, sinnvolle Ergänzung der Aktivitäten in den einzelnen Unternehmensbereichen. Reuter ist sehr darauf bedacht, daß sich die in seinem Vorstand sitzenden »Kompaniechefs« der vier Unternehmensbereiche nicht nur als Anwälte von Einzelinteressen verstehen, sondern für den Gesamtkonzern verantwortlich fühlen. Peinlich achtet er deshalb darauf, daß sich in den Sitzungen niemand bei der Behandlung einer ihn nicht unmittelbar betreffenden Vorlage »ausblendet«. Reuter: »Da muß man schon mal fragen: ›Was denken Sie denn darüber?‹, wenn man sieht, daß einer in seinen Papieren liest.« Ansonsten bevorzugt er eine deutlich straffere Gesprächsführung als sein Vorgänger. Während Breitschwerdt jeden Punkt der Tagesordnung mit längeren eigenen Ausführungen einzuleiten pflegte, erwartet Reuter, daß alle Kollegen die mindestens drei Werktage vor der Sitzung verteilten schriftlichen Unterlagen gelesen haben. Dank seiner straffen Regie sind die gewöhnlich jeden zweiten Dienstag um zehn Uhr beginnenden Treffen der Neunerrunde in aller Regel zwischen ein und zwei Uhr zu Ende.

Auf seinen persönlichen Führungsstil angesprochen, hat Edzard Reuter in einem Interview einmal geantwortet: »Es gibt für mich eine Leitlinie, und die ist, möglichst sachbezogen zu arbeiten und möglichst offen zu sein für Argumentationen. Wir leben ja, ob wir das wollen oder nicht, in einem solchen Unternehmen nicht zum Zweck, uns gegenseitig zu umarmen und zu lieben, sondern wir sind eine Organisation, die gemeinsam was erreichen will. Da ist das Sachliche und das Argumentative ganz weit im Vordergrund. Argumentativ heißt aber, daß ich mir mindestens Mühe gebe, die Geduld aufzubringen, Meinungen anzuhören, die abweichen von meinen eigenen, auf sie einzugehen, wenn ich davon überzeugt werden kann, daß sie wohl richtiger sind als meine eigenen.« Als Mann, der erklärtermaßen an die Macht der Vernunft glaubt, versucht Reuter, nach vorangegangener Analyse sachlich alle Möglichkeiten auszuloten, um auf diese Weise die beste Lösung zu finden. Sicherlich ist der Daimler-Chef ein konsensorientierter Manager und für Argumente anderer offen; leicht ist es aber nicht, ihn von einem Standpunkt, den er sich einmal zu eigen gemacht hat, wieder herunterzuholen. Vielleicht muß einem stark von der strengen naturwissenschaftlichen und juristischen Denkweise geprägten Mann die Vorstellung nicht eben leichtfallen, daß es mehr als nur eine objektive, rational nachvollziehbare Wahrheit gibt.

Seinem ausgeprägten Gefühl für Disziplin folgend, führt Reuter, wie es ein enger Mitarbeiter formuliert, »stark über die Hierarchie«. Selbst in seinem eigenen Ressort, das über 400 Mitarbeiter zählt,* hält er sich stets an die erste Ebene, also die Direktoren der ihm unterstellten Abteilungen. Sie tragen für alles, was in ihrem Bereich geschieht, die alleinige Verantwortung.

Sich hinter dem Rücken eines Vorgesetzten direkt an einen tiefer eingestuften Mitarbeiter zu wenden ist Reuters Sache nicht. Auch seine ressortinterne Informationspolitik verläuft – wie er es bildhaft bezeichnet – nach »Art einer Kaskade«. Unmittelbar nach jeder Vorstandssitzung informiert er seine ihm direkt zugeordneten Mitarbeiter im Beisein seines Assistenten und des Hauptsekretärs anhand schriftlicher Notizen eineinhalb bis zwei Stunden lang detailliert über Beratungen und Beschlüsse. Dabei geht er davon aus, daß die Teilnehmer der Runde anschließend ihre eigenen Kollegen unterrichten. Schon als junger Planungsvorstand war er dafür bekannt, daß er seine unmittelbaren Mitarbeiter ungewöhnlich offen und ausführlich über die Sitzungen ins Bild setzte, sogar über diskret zu behandelnde Personalangelegenheiten. »Wenn ich meinen Leuten gesagt habe, dieses bitte noch vertraulich, habe ich noch nie etwas vorzeitig in der Zeitung gelesen«, fühlt sich Reuter in seiner Informationspolitik bestärkt. Allerdings müßten seine Mitarbeiter zwischen einem Zurückhalten von Informationen als Herrschaftswissen einerseits und einer ungefilter-

* Dem Vorstandsvorsitzenden zugeordnet sind außer der Abteilung für »Konzernplanung und -controlling« (KPC) die Abteilungen »Öffentlichkeitsarbeit und Wirtschaftspolitik«, »Recht« und »Konzernrevision« sowie das Hauptsekretariat.

ten Weitergabe aller erhaltenen Kenntnisse andererseits schon selber das richtige Maß finden.

»Wie ist denn das, wenn Sie wütend sind, Sie wirken immer so beherrscht?« fragte der Fernsehjournalist Ernst Elitz Reuter in einem Interview einmal. Natürlich, so antwortete er, könne er auch mal brüllen, aber, fügte er sogleich hinzu, »ich gebe mir Mühe, das mindestens im beruflichen Bereich nicht zu tun«. Daran, daß Edzard Reuter schon jemals im Büro explodiert wäre, können sich in der Tat selbst altgediente Mitarbeiter kaum erinnern. Seine Sekretärinnen konnten, wenn er aus einer Sitzung in sein Büro zurückkehrte, allenfalls an seinem Gesicht oder der Art, wie er seine Unterlagen auf den Schreibtisch warf, ablesen, daß es Ärger gegeben hatte. Doch auch wenn der selbstkontrollierte Verstandesmensch in aufgeladenen Situationen seine Emotionen im Zaum hält, entgeht seinen mit am Tisch sitzenden Kollegen nie, wenn es in ihm »kocht«. Dazu spricht allein schon sein Körper eine allzu beredte Sprache, etwa wenn in sein hageres Gesicht Röte aufsteigt, wenn seine Hände und Füße in Bewegung geraten. Dann bedarf es kaum noch jener kunstvoll verschachtelten Sätze, in denen er mit schneidender Stimme mitunter bittere Ironie sprechen läßt. »Sarkasmus und Ironie sind Schutzschilde, hinter denen er seine Verletzlichkeit verbirgt und eine größere Empfindsamkeit, als man sie bei ihm vermutet«, hat Lothar Späth den Daimler-Chef wohl zutreffend charakterisiert.

Daß Reuter alles andere als ein »Boß« ist, verrät auch die zurückgenommene Art, in der er Mitarbeiter für begangene Fehler kritisiert. Statt ihnen ungeschminkt die Wahrheit zu sagen und im Wiederholungsfall Konsequenzen anzudrohen, versucht er, den Betreffenden sachlich auseinanderzusetzen, worin ihr Irrtum bestanden habe und wie statt dessen der richtige Weg gewesen wäre. »Er kritisiert, aber auf einem Niveau, daß bei seinem Gesprächspartner gar nicht der Eindruck entsteht, er werde kritisiert«, beschreibt ein Vorstandskollege Reuters den

Stil des Vorstandsvorsitzenden. Wem es an der nötigen Sensibilität gegenüber der in solchen Situationen nicht sehr deutlichen und direkten Sprache seines höchsten Chefs fehlt, merkt bisweilen erst am unbefriedigenden Verlauf seiner Karriere, was dieser insgeheim über ihn denkt.

Sein immenses Arbeitspensum absolviert Edzard Reuter dank eines eisernen Zeitmanagements. Sitzungen, Gespräche, sogar Telefonate beschränkt er auf das unbedingt notwendige Maß. Selbst auf der Tagesordnung für die Vorstandssitzungen notiert er sich für jeden einzelnen Programmpunkt die seiner Ansicht nach angemessene Beratungsdauer, um im Zeitrahmen zu bleiben. Termine hält er, so ein Mitarbeiter, »wie Verträge«. Kein Besucher kann die gewisse Unruhe ignorieren, die sich der Daimler-Benz-Chef anmerken läßt, sobald der Uhrzeiger in die Nähe der magischen Marke rückt, an der das Gespräch spätestens zu Ende sein sollte. Wer mit seinem Stoff noch nicht durch ist, muß wohl oder übel auf eine neue Lücke im Terminkalender hoffen. Dasselbe, wenn er telefoniert: »Grüß Gott, wie geht's? Was liegt an? Was schlagen Sie vor zu tun? In Ordnung. War's das? Machen Sie's gut!«

Das erste, was Edzard Reuter tut, wenn er morgens – nicht allzu früh – ins Büro kommt, ist die von seinen Presseleuten aufbereitete Mappe mit Zeitungsausschnitten zu lesen. Aus leidvoller Erfahrung weiß er nur zu gut, wie stark die Medien das Bild des Konzerns nicht nur in der Öffentlichkeit bestimmen, sondern auch in der eigenen Belegschaft. Anschließend erhält er die Post, täglich etwa 20 Briefe, die nach einer Vorauswahl durch seinen Assistenten auf den Chefschreibtisch kommen. Reuter ist ein schneller Leser und kommt, wie seine Mitarbeiter rühmen, rasch auf den Punkt. Seine starke Zeitdisziplin ermöglicht es ihm, die gesamte Arbeit im Büro zu erledigen. Wenn es irgend geht, nimmt Reuter keine Akten mit nach Hause. »Es gibt nichts Tödlicheres, als wenn ein Manager von morgens bis abends, von Montag bis Sonntag verplant ist und keine Möglichkeiten zu Spontaneität und Kreativität besitzt«, sagte er 1990 einer Schweizer Zeitung.

Vor allem an den Wochenenden, so Reuter, »gebe er sich Mühe, rigoros das Telefon und das Papier wegzuschieben und aufzutanken«, übrigens nicht erst, seit er an der Spitze des Konzerns steht. Schon als Planungsvorstand und späterer Finanzchef konnte er sehr frostig reagieren, wenn es jemand wagte, ihn am Samstag oder Sonntag in einer Sache anzurufen, die ebensogut vor- oder nachher hätte besprochen werden können. Ein früherer Assistent erinnert sich, in den sechs Jahren, die er bei Reuter war, nur zweimal von seinem Chef am Wochenende angerufen worden zu sein. Beide Male ging es darum, eine für den Beginn der neuen Woche vorgesehene Reise aus wichtigem Grund abzusagen – einmal wegen einer schweren Erkrankung seiner Schwester, das andere Mal nach dem plötzlichen Tod von Gerhard Prinz.

Eine der wichtigsten und zugleich zeitaufwendigsten Aufgaben der Daimler-Chefs war zu allen Zeiten die Unterrichtung des Aufsichtsrates, besonders die geschäftspolitische Feinabstimmung mit den Großaktionären. Mit dem Ausscheiden der Familien Flick und Quandt aus dem Kreis der Haupteigentümer konzentrierte sich das Verhältnis nahezu ganz auf die Deutsche Bank und den von ihr gestellten Aufsichtsratsvorsitzenden. Reuter hat sie alle erlebt, teils aus der Sicht des Adlatus, später aus unmittelbarer Zusammenarbeit: Abs, Ulrich, Guth und schließlich Alfred Herrhausen, dem er es zu verdanken hatte, daß er die Berufung an die Konzernspitze doch noch erleben durfte.

Das Schicksal fügte es, daß hier zwei Männer aufeinandertrafen, die beide nicht unbedingt den vorherrschenden Typ ihrer »Zunft« verkörperten. Ebensowenig wie Reuter dem gängigen Managerklischee entspricht, war Herrhausen der typische Banker. Anders als die meisten seiner Kollegen, die in den von ihnen mitbeaufsichtigten Unternehmen an der Oberfläche bleiben und, wenn es irgendwann einmal »brennt«, oft nur mit wohlfeilen Ratschlägen zur Stelle sind, hatte der Nachfolger Guths eine sehr viel stärkere Neigung, durch Strukturieren und Gestalten industrielle Probleme anzugehen. Als einer, der alten Zöpfen zu Leibe rückte, erlebte ihn vor allem auch sein eigenes Haus. So wie er gegen erhebliche Widerstände der Traditionalisten die Deutsche Bank zu einem schlagkräftigen »Global Player« auszubauen versuchte, war seine Situation der Edzard Reuters nicht unähnlich.

Daß es zwischen zwei so ambitionierten Männern gelegentlich zu Spannungen kommen mußte, ist nicht weiter verwunderlich. Herrhausen hielt sich nicht zurück, wenn ihm etwas bei Daimler-Benz nicht paßte. So kritisierte er die nach seinem Geschmack zu laute Öffentlichkeitsarbeit Reuters und mahnte bei der verspäteten Entwicklung der neuen S-Klasse zur Eile. Ungehalten zeigte er sich auch über die in seinen Augen mangelnde Durchsetzungskraft des Daimler-Vorstandes gegenüber den verbliebenen Familiengesellschaftern von Dornier. Reuter seinerseits hatte mehr als einmal Mühe, Herrhausen von Ideen abzubringen, zu denen ihn Mitarbeiter oder ausländische Gesprächspartner inspiriert hatten. Einen monatlichen »Jour fixe«, wie ihn der Bankchef anregte, hätte Reuter sehr begrüßt, allein aus dem seiner Art entsprechenden Bedürfnis heraus, den Kontakt zu seinem Aufsichtsratsvorsitzenden nach einem festen Reglement zu pflegen. Allerdings blieb es bei der Anregung.

Die größte Bewährungsprobe für das Gespann Herrhausen–Reuter war sicherlich der Fall MBB. Vermutlich wäre das Verhältnis zwischen den beiden schwer belastet worden, hätte Herrhausen, seinen großen Vorbehalten gegen die Akquisition folgend, Reuters Projekt zu stoppen versucht. Doch erkannte er zu einem bestimmten Zeitpunkt, daß es ohne schweren Schaden für das Unternehmen kein Zurück mehr gebe. Von da ab trug er trotz verbliebener Zweifel die Fusion nach außen loyal mit. In dieser Phase kamen sich Herrhausen und Reuter auch menschlich näher. Zusammen mit ihren Frauen wollten sie 1989 zwischen Weihnachten und Neujahr in Österreich ein paar Tage Ski fahren. Aber dazu sollte es nicht mehr kommen. Als Edzard Reuter am Morgen des 30. November vom Düsseldorfer Flughafen zu einer Veranstaltung des Arbeitgeberverbandes Gesamtmetall in die Stadthalle fuhr, erhielt er über Autotelefon die Nachricht, daß der Vorstandssprecher der Deutschen Bank von RAF-Terroristen ermordet worden sei. Noch ganz unter dem Schock des Geschehens stehend, war er der erste prominente Mann der Wirtschaft, dem die schwere Aufgabe zufiel, vor der Fernsehkamera Worte zum Tod seines Aufsichtsratsvorsitzenden zu finden.

Herrhausens Amtsnachfolger Hilmar Kopper, weniger Star als Teamführer, industriell bei weitem nicht so ambitiös wie der zupackende Willensmensch, legte Reuter gegenüber von Anfang an die Spielregeln fest: Der Vorstand führe die Geschäfte in alleiniger Verantwortung. Für den Fall, daß ein Problem auftreten oder aus sonstigen Gründen sein Rat gefragt sein sollte, stehe er jederzeit zur Verfügung. Die Aufsichtsratssitzungen bereitet Reuters Hauptsekretariatsleiter mit Koppers Assistenten vor; was zu klären übrigbleibt, besprechen die Chefs telefonisch.

Daß Edzard Reuter bei seinen zwei mißglückten Anläufen zur Konzernspitze im Aufsichtsrat von den Vertretern der Belegschaft und der IG Metall unterstützt wurde, hat ihn, erst recht als SPD-Mitglied, vielen als Mann der Arbeitnehmerseite erscheinen lassen. In dem Sinne, daß er ihren Anliegen gegenüber besonders aufgeschlossen gewesen wäre, trifft dies sicherlich nicht zu, insbesondere nicht in seiner neuen Funktion als Vorstandsvorsitzender. Mehr als einmal setzte er, die Schmerzgrenze seiner Förderer souverän mißachtend, zu deutlicher Kritik an den in seinen Augen viel zu weit gehenden Zugeständnissen gegenüber den Gewerkschaften an. Auf die Frage

»Arbeiten die deutschen Arbeiter zu wenig?« antwortete er 1989 in der ZDF-Sendung »Was nun, Herr Reuter?« ohne Zögern: »Nach meiner Überzeugung ja.« Die Japaner als die Hauptkonkurrenten seien 20 bis 30 Prozent länger im Betrieb. »Niemand unter den deutschen Arbeitern würde in irgendwie geartete Schwierigkeiten kommen, wenn einmal kein Lohnzuwachs für einige Zeit entsteht«, verteidigte er seine öffentlich erhobene Forderung nach einem vorübergehenden Lohnstopp. Daß er, obwohl eher konsensorientiert, notfalls auch der harten Konfrontation mit der Arbeitnehmerfraktion nicht ausweicht, demonstrierte er 1989, als er die von dieser vehement bekämpfte MBB-Übernahme durchsetzte.

»Der Reuter ist jemand, der die Dinge knallhart auf den Punkt bringt«, charakterisiert Karl Feuerstein, Gesamtbetriebsratschef und stellvertretender Aufsichtsratsvorsitzender, den Mann seiner Wahl, »für ihn zählt im Grunde nur die sachliche und nachprüfbare Argumentation; wir wußten, daß wir es mit ihm schwerer haben würden als mit dem einen oder anderen.« Der beliebte Kuhhandel, bei dem man einer Sache zustimmt, wenn dafür die Gegenseite in einer anderen Frage einlenkt, ist Reuters Sache nicht. »Das beste Verhältnis zu Betriebsräten ist ein sachlich-faires«, ist der Daimler-Chef überzeugt. Wenn er von Fairneß spricht, so schließt dies für ihn die Rücksichtnahme auf die »Interessenlage und die Umfeldbedingungen« der Belegschaftsvertreter mit ein: »Natürlich weiß ich, daß ein Betriebsratsvorsitzender wiedergewählt werden will, sich gut verkaufen, einen Erfolg vorweisen muß, selbst wenn ich den für noch so unsinnig halte.«

Seit jenen Tagen, da er in St. Gallen und andernorts mit seinen kühnen Konsensthesen als intellektueller Winkelried die Pfeile der konservativen Kollegenschaft auf sich zog, ist Edzard Reuter merklich nachdenklicher, illusionsärmer geworden – gerade auch in der Einschätzung der Gewerkschaften und ihrer Bereitschaft, bei ihrem Kampf um mehr Lohn und weniger Arbeitszeit Augenmaß zu bewahren. Zwar ist der Daimler-Chef davon überzeugt, daß sich die Unternehmensmitbestimmung in Deutschland »ganz gut bewährt« habe; jeden weitergehenden Einfluß der Arbeitnehmer auf die Geschäftspolitik würde er jedoch entschieden ablehnen. In einer Marktwirtschaft könne man nicht mit einer Demokratisierung der Unternehmensführung leben. Ein zu langer Diskussionsvorlauf müßte, wie er fürchtet, zwangsläufig zu einer Entscheidungsunfähigkeit führen, und dies sei »mit Sicherheit tödlich«.

Kann ein Automobilhersteller, der bei Nutzfahrzeugen längst noch nicht aus dem Ertragstal ist und mit seinen Mercedes-Pkw härteren Zeiten entgegengeht, gleichzeitig noch die deutsche Luft- und Raumfahrtindustrie neu ordnen und einen verlustgeplagten Elektrokonzern sanieren? Eine Herkulesaufgabe vergleichbarer Art hat sich ein führendes Unternehmen in der jüngeren Industriegeschichte nicht aufgeladen. Dabei wäre Reuter sicherlich manche Enttäuschung erspart geblieben, hätte er sich an seine eigene Empfehlung gehalten: nämlich nur Unternehmen zu kaufen, die über ein in jeder Hinsicht vertrauenswürdiges Management verfügen. Denn mochte sein Haus auch noch so gute Automobilentwickler und -konstrukteure, Produktionsplaner und Marketingleute haben – eine Reserve an zupackenden Managern, die gelernt hatten, ein Unternehmen zu sanieren, umzustrukturieren, Werke zu schließen oder zu verkaufen, besaßen die Stuttgarter nicht. Wo sollten sie ihre Erfahrung auch herhaben in einem Konzern, mit dem es immer nur aufwärtsging, wo sich alles um die Frage drehte, wann und wo Kapazitäten erweitert oder neu errichtet werden müßten? Hinzu kam, daß die von ihrer Prädominanz überzeugten Mercedes-Manager bis dahin, von ganz geringen Ausnahmen abgesehen, nur über wenig internationale Praxis, vor allem im Management von Unternehmenskooperationen, verfügten. Edzard Reuter hätte also gute Gründe gehabt, Daimler-Benz vor einer Situation zu bewahren, in der man gezwungen sein würde, bei den neuen Gesellschaften mit eigenem Führungspersonal auszuhelfen.

Genau diese Situation aber trat ein. Glücklicherweise erkannte Reuter bei der Deutschen Aerospace sehr schnell, daß ein Mann aus dem eigenen Haus wohl am unbefangensten an die schwierige Aufgabe herangehen würde, aus MBB, Dornier, MTU und Telefunken Systemtechnik einen schlagkräftigen Luft- und Raumfahrtkonzern zu zimmern. Die Entscheidung fiel ihm um so leichter, als er für diese Position einen Mann im Auge hatte, der zu den ganz wenigen international erfahrenen Nachwuchsmanagern bei Daimler-Benz zählte: Jürgen Schrempp, bis dahin neben Helmut Werner für die Nutzfahrzeugsparte des Konzerns zuständig, davor für das Haus in den USA und zweimal in Südafrika, zuletzt als Chef der Mercedes-Benz of South Africa. Nachdem Reuter seinen Favoriten auf einer gemeinsamen Reise nach China im September 1988 noch nicht zu einem Wechsel hatte überreden können (»Er war mit Leib und Seele ein Trucker«), gelang ihm dies bei einem Essen für das Ehepaar Schrempp in seinem Haus schließlich doch. »Da haben wir uns kräftig einen hinter die Binde gegossen, und als wir auseinandergingen, hat er zugesagt«, schildert Reuter seine schwierige Überzeugungsarbeit.

Vielleicht wäre es richtiger gewesen, auch bei AEG Leuten das Ruder in die Hand zu geben, die »unseren Stallgeruch haben und deren Managerqualitäten wir genau kennen«, hat Reuter später bedauert. Aus der Rückschau ist die Frage sicherlich berechtigt, ob Heinz Dürr, der Anfang 1991 an die Spitze der Deutschen Bundesbahn trat, der richtige AEG-Chef war. Zurück ließ er ein Unternehmen mit deprimierenden Verlustzahlen. Nur, wie hätte man die richtige Personalentscheidung treffen sollen ohne tiefere Kenntnisse der Märkte, auf denen die AEG (durchweg in Konkurrenz mit internationalen Anbietern) tätig war, ohne klare Vorstellungen von der Position ihres neuen Unternehmens auf diesen Märkten und den hieraus resultierenden strategischen Aufgaben? Die Schwäche der von Reuter betriebenen Diversifikationspolitik war sicherlich, daß sie sich an dem sehr abstrakten Begriff der »Hochtechnologie« orientierte und – zumindest am Anfang – wenig Bezug zu ganz bestimmten Branchen und Märkten hatte. Deswegen später auch das sehr theoretische Suchen nach Synergieeffekten zwischen den hinzuerworbenen Konzernfirmen. Auf lange Sicht, so hieß es bei Daimler-Benz recht allgemein, würden sich die Technologien, die man bei den Akquisitionen erworben hatte, schon in interessante Produkte umsetzen lassen. Was man, zumindest in diesem Maße, wohl nicht voraussah, war der durch die internen »Widerstandsnester« im traditionellen Automobilbereich zusätzlich verstärkte Erwartungsdruck auf den AEG-Chef, zugleich jedoch auch auf dessen Aufsichtsratsvorsitzenden.

Edzard Reuter reagierte auf die Negativmeldungen aus der Frankfurter AEG-Zentrale zunehmend gereizt. Besonders ärgerten ihn die Mißerfolge im Geschäftsfeld »Automatisierungstechnik«, das die Daimler-Strategen zu einem Kerngebiet erklärt hatten und auf dem sie gegen so bedeutende Konkurrenten wie Siemens, General Electric und die japanische Roboterfirma Fanuc dringend Erfolge erwarteten. Doch die AEG-Manager schafften es nicht einmal in den Mercedes-Werken, den großen Rivalen Siemens zu verdrängen. Mit wachsender Ungeduld verfolgte Reuter auch Dürrs vergebliche Versuche, das im internationalen Wettbewerb zu kleine Hausgerätegeschäft der AEG an einen Kooperationspartner anzukoppeln und für die chronische Verlusttochter AEG Olympia eine Lösung zu finden. Allerdings ist er selbstkritisch genug, um seine Mitschuld an der Fehleinschätzung der Bürotechnik einzugestehen, die 1990 für die Hälfte des negativen Betriebsergebnisses der AEG verantwortlich war. Unter dem Einfluß externer Berater definierte er die Sparte gegen die Bedenken seiner Planungsleute zu einem Kerngeschäftsfeld des Konzerns.

»Wir haben uns inzwischen ganz eindeutig dazu bekannt, daß wir nach vorne marschieren werden«, erklärte er noch 1988 in einem »Spiegel«-Interview. Keine zwei Jahre später stand fest, was Branchenkennern schon seit langem klar war: daß in dem von einem gnadenlosen Verdrängungswettbewerb geprägten Markt AEG keine Chance hatte.

Wenn er, woran nicht zu zweifeln ist, bereits geraume Zeit vor dem Ausscheiden Dürrs überzeugt war, daß »die Führung der AEG nicht in Ordnung« gewesen sei – warum handelte Edzard Reuter dann nicht früher? Warum verfuhr er nicht nach der einst Friedrich Flick zugeschriebenen Kapitalistenregel, daß sich entweder die Zahlen oder andernfalls die Köpfe ändern müßten? Diese nicht zuletzt im Hause Daimler-Benz viel gestellte Frage führt zu einem Wesenszug des Daimler-Chefs, der besonders Mitarbeiter, die ihm auch menschlich näherstehen und seinen Kurs mit Engagement unterstützen, zunehmend irritiert. Reuter läßt seine Manager, daran besteht kein Zweifel, an der langen Leine laufen, an einer zu langen Leine, wie manche meinen. Vielleicht weil er sich mit seinem preußischen Pflichtgefühl nicht vorstellen kann oder will, daß andere nicht ihr Menschenmögliches tun, vielleicht auch aus seiner Scheu, Leuten unangenehme Dinge offen ins Gesicht zu sagen, tut er sich schwer, hart durchzugreifen, jemanden wegen schwerwiegender Fehler zur Rede zu stellen oder ihm gar Konsequenzen anzudrohen.

Einen Mitarbeiter zu sich zitieren, ihm sagen, es ginge nicht länger mit ihm, er möge sich innerhalb einer bestimmten Frist einen neuen Arbeitgeber suchen – »Ich glaube, das kann er nicht«, schätzt ein Vorstandskollege Edzard Reuter ein. Gottlob gibt es hilfsbereite Freunde, die in diesen Dingen weniger »pingelig« sind, oder eine elegante Lösung »à la AEG«: Dort entschloß sich Reuter im Herbst 1990, Ernst Georg Stöckl, Chairman der Daimler-Benz-Tochter Freightliner Corp. in Portland (Oregon), als stellvertretenden Vorstandsvorsitzenden Dürr an die Seite zu stellen. Publik wurde der Plan nie, denn kurze Zeit später gab Dürr seinen Wechsel zur Bahn bekannt – und Daimler-Benz konnte Stöckl, dem der Ruf eines zupackenden Managers vorausging, gleich als Nachfolger vorstellen.

11. Nach dem Fressen – die Moral?

Managen in ethischer Verantwortung

»Da sitzt dieser über allen Wassern schwebende Überflieger, der Praxis weit entrückt, in seinem elften Stock entscheidungsschwach herum und geht seinen intellektuellen Spielereien nach, anstatt endlich einmal hart durchzugreifen . . .« Edzard Reuter malt sich aus, wie manche Mitarbeiter sich über ihren obersten Chef das Maul zerreißen. Mit gespielter Heiterkeit moduliert er Volkes Stimme, doch der feine Sarkasmus, der in seinen Worten mitschwingt, ist unüberhörbar.

So gleichgültig kann ihn die überfallartige Durchsuchungsaktion auch kaum gelassen haben, zu der tags zuvor, am 14. März 1991, etwa 120 Staatsanwälte und Zollfahnder in Büros und Privaträumen von zehn Managern der Daimler-Benz-Zentrale sowie in den Werken Untertürkheim und Wörth erschienen waren. Der Verdacht, dem die Ermittler nachgingen, war ungeheuerlich: Das Unternehmen habe noch kurz vor dem Überfall des Irak auf das Scheichtum Kuwait im Sommer 1990 Schwerlastwagen als Träger mobiler »Scud«-Raketen an Bagdad geliefert. An illegalen Nahostgeschäften hätten sich obendrein ranghohe Daimler-Manager persönlich bereichert.

Edzard Reuter macht sich nichts vor: »Durchstechereien« gibt es in großen Unternehmen immer wieder einmal. Daimler-Benz macht da keine Ausnahme. Eine aufgeflogene Stahlschiebung im Einkauf ist noch in guter Erinnerung. Ungesetzliche

Rüstungsgeschäfte jedoch, so beteuert Reuter, habe es unter seiner Führung nicht gegeben. Dennoch weiß der Daimler-Chef nur zu gut, welches Maß an Verunsicherung nach schlagzeilenträchtigen Durchsuchungsaktionen wie der während des Golfkrieges in der Belegschaft zurückbleibt. Und nicht nur da. Allein der durch ein Ermittlungsverfahren in der Öffentlichkeit in die Nähe der Gewißheit gerückte Verdacht verbotener Lieferungen dient vielen schon als Beweis, daß es die Industrie, wenn es um gute Geschäfte geht, mit der Moral nicht allzu genau nimmt.

Nicht zu Unrecht stellte Edzard Reuter in einem Vortrag über das Thema »Die politische Verantwortung des Unternehmers« im Februar 1989 die Frage, ob »nicht vorstellbar« sei, daß »mancher Beobachter zu dem Schluß gekommen sein mag, unternehmerisches Handeln und Moral hätten ungefähr soviel miteinander zu tun wie der sonntägliche Kirchenbesuch von Mafiosi mit ihren eigentlichen Handlungen«. Damit war er bei der Schlüsselfrage: »Reden wir also in Wirklichkeit über einen sinnlosen Versuch, miteinander Unvereinbares zur Deckung zu bringen?«

Vielleicht gerade weil Geschäft und Moral vielfach wie Feuer und Wasser wirken, hat das Thema, wie der Bischof der Evangelischen Landeskirche von Württemberg, Theo Sorg, in einer Diskussion zwischen 50 Dekanen und Reuter Anfang 1991 beziehungsreich feststellte, »Konjunktur«. Die Programme von Unternehmensberatern und Wirtschaftsverlagen sprechen eine beredte Sprache. Worum es geht, hat der Jesuit und Unternehmensberater Rupert Lay, Autor des Buches »Ethik für Manager«, einprägsam auf den Punkt gebracht. Ein Vorstandsvorsitzender dürfe sich niemals »so weit aufgeben, daß er nur noch im Sinne der Firma funktioniert, ohne einen eigenen sittlichen Maßstab für seine Entscheidungen zu haben«, predigt er seinen Zuhörern. Allerdings genüge es nicht, so der Moralphilosoph, einfach nur guten Menschen die

Führung von Unternehmen anzuvertrauen: »Ökonomische Moral ist eine wirtschaftliche Kategorie, die oft viel rigider ist als ethische Moral. Ethische Moral verpflichtet, Folgen zu verantworten, die absehbar sind. Ökonomische Moral muß weiter denken. Bei oft sehr komplexen Entscheidungen – Investitionsvorhaben beispielsweise – muß das Management unter Unsicherheiten abwägen, welche Folgen auftreten können. Im Sinne ökonomischer Moral kann man für Katastrophen verantwortlich werden, die gar nicht oder nur sehr schwer vorherzusehen waren.«

Edzard Reuter hatte die Frage unternehmerischer Moral angesprochen, lange bevor sich der Zeitgeist dieses Themas bemächtigte. In seiner vielbeachteten Rede »Über Macht und Ohnmacht des Geistes« sagte er schon 1985, ganz im Sinne Lays: »Wirtschaftsunternehmen sind mehr als Instrumente einer partikularen Verstandesleistung von Technokraten. Der Zweck ihres Handelns muß moralisch verstanden und darf moralisch, nicht nur wirtschaftsstatistisch, bewertet werden ... Deshalb dürften – wie ich meine – Unternehmungen nur durch diejenigen geführt werden, die in der Lage sind, sie als Instrumente aufklärerischer Vernunft zu verstehen.«

Als »Aufklärer reinsten Wassers«, wie er sich selber sieht, hat Edzard Reuter ein stark von seinen philosophischen Überzeugungen geprägtes Moralverständnis. Poppers Handlungsmaxime der kleinen, im Falle des Irrtums reversiblen Schritte ist für ihn zugleich auch ein moralischer Imperativ. Insoweit geht sein Gespür für die ethische Dimension von Management zu einem erheblichen Teil auf frühe Einflüsse zurück – nicht allein durch sein Interesse an der Philosophie, sondern vielleicht mehr noch als Mitgift seiner Erziehung. Dabei kann sich der Daimler-Chef nicht daran erinnern, daß ihn seine Eltern jemals »mit erhobenem Zeigefinger« ermahnt hätten, etwa nicht zu lügen oder sich demütig gegenüber Älteren zu verhalten. Vielmehr sei es die Atmosphäre gewesen, die von ihnen ausgegangen sei: »Daß sich meine Eltern als humanistische Sozialdemokraten verstanden, hatte ja ursächlich damit zu tun, daß der Mensch in ihren Augen ein auf das Gute angelegtes Wesen ist, dem nur die entsprechenden Lebensumstände und Chancen geboten werden mußten. Ihm diese Voraussetzungen zu schaffen war für sie der eigentliche Gegenstand von Politik.«

Mit dem Glauben an ein Jenseits hatte dieser Humanismus nichts zu tun. Ernst Reuter, der als junger Sozialist der Kirche aus Protest gegen die Einheit von Thron und Altar den Rücken gekehrt hatte, las zwar viel in der Bibel, doch sah er in Christus mehr eine ethisch vorbildhafte historische Figur als eine göttliche Erscheinung. Edzard Reuters Verhältnis zur Religion ist von der ganz auf das Diesseits gerichteten Moralität seiner Eltern entscheidend geprägt worden: »Mein eigener Begriff von moralischer oder ethischer Verpflichtung leitet sich ganz sicher davon ab, daß ich glaube, daß es kein Jenseits gibt und daß ich deshalb in meinem Leben das tun muß, was mir die Spanne Zeit zu tun läßt, sonst gibt es für mich keinen Sinn des Lebens.«

Es stellt sich die Frage: Läßt sich die private Moral auf die Ebene einer industriellen Führungsaufgabe übertragen? Prinzipiell sieht Reuter zwischen privater und dienstlicher Moral keinen Unterschied: »Ich kann mich an verantwortlicher Stelle in einem Unternehmen nicht anders verhalten, als ich es in meinem Privatleben auch tun würde.« Dies beginne mit der Verpflichtung, sich gegenüber Mitarbeitern offen und fair zu verhalten und bei allen geschäftspolitischen Entscheidungen ihre legitimen Interessen zu berücksichtigen. Und es ende bei der von Hans Jonas postulierten Verpflichtung, die Dynamik der heutigen technischen Welt ethisch verantwortbar zu halten, das heißt, die Lebensbedingungen für Mensch und Natur auch für die Generationen nach uns aufrechtzuerhalten. Auch im Verhältnis zwischen Unternehmen und Umwelt müßten, so Reuter, dieselben Kriterien von Moral wie im Privatleben gelten.

Realität oder idealistisches Wunschdenken eines Moralisten? Manche Zweifel drängen sich auf. Bewegen sich nicht gerade auf Zeit angestellte Manager in einem Korsett von Sach- und Konsenszwängen, die es ihnen außerordentlich schwermachen, den Spagat zwischen inneren Überzeugungen und Einsicht in objektive Notwendigkeiten mit Haltung zu vollziehen? Kann ein Manager, und sei es der Vorstandsvorsitzende eines Weltkonzerns, tatsächlich das Grundgesetz einer Wettbewerbswirtschaft ungestraft ignorieren – ein Grundgesetz, das Effizienz, konsequentes Wahrnehmen von Marktchancen und Anpassung an neue Konkurrenzsituationen verlangt? Vor allem: Wie weit kann und darf er vom hohen Thron des Vorstandsvorsitzenden einer Holding nach eigenem Belieben in die Maschinerie des operativen Geschehens greifen und wohlbegründete Sachentscheidungen qualifizierter Führungskräfte korrigieren?

Wo die Schmerzgrenze zwischen Moral und Masochismus genau liegt, ist generell schwer zu sagen. Allzu groß dürften die Spielräume insbesondere international konkurrierender Unternehmen jedoch kaum sein. Kann etwa ein Automobilhersteller im Sinne des auf die Umwelt ausgedehnten Jonasschen Moralverständnisses wirklich eine offene Diskussion über die absehbaren Folgen einer weiter wachsenden Motorisierung führen? Zu welchem Ergebnis – um ein konkretes Beispiel zu nehmen – kann unter dem Druck der eisernen Branchenlogik »Kleine Autos – kleiner Gewinn, große Autos – großer Gewinn« die Frage führen, ob ein Wagen wie das Spitzenmodell der 1991 vorgestellten neuen S-Klasse mit 408 PS Leistung, fast 2,2 Tonnen Gewicht und 20 Litern Spritverbrauch im Stadtverkehr noch in die heutige Landschaft paßt? Doch wohl nur zu einem überzeugten »Weiter so!« – »Für manche wird darum wieder einmal endgültig bewiesen sein, daß wir das Flaggschiff der Umweltfeinde sind«, nahm Reuter in seiner Begegnung mit evangelischen Dekanen das heiße Eisen von sich aus in die Hand, um seinen Zuhörern gleich anschließend die wirkliche

Bedeutung des Mercedes-Kraftpakets vor Augen zu führen: »Solche Fahrzeuge am oberen Ende der Modellhierarchie sind immer auch Technologieträger und Markttester, in denen heute realisiert wird, was morgen in die Massenherstellung einfließt ... Es wäre schlimm, wenn das Wissen um die wirtschaftlichen Fortschrittsmechanismen in einem Brei aus Unkenntnis und pseudomoralischer Bekennerei versänke.«

Ein Randereignis, in seiner moralischen Wertigkeit vielleicht umstritten, jedoch exemplarisch für die faktische Macht von Sachzwängen: Wenn es nach Edzard Reuter gegangen wäre, hätte Mercedes-Benz Anfang 1988 nicht die Rückkehr in den internationalen Rennsport erklärt, von dem es sich 1955 nach einem schrecklichen Unglück in Le Mans – damals starben 72 Zuschauer – zurückgezogen hatte. Der Entschluß stieß auch in der Öffentlichkeit auf Kritik. War es zu verantworten, durch die Teilnahme an der Jagd auf Geschwindigkeitsrekorde einen betont »sportlichen« Fahrstil zu idealisieren oder gar der Raserei auf unseren Straßen Vorschub zu leisten? Daimlers Entwicklungsingenieure brannten schon seit Jahren darauf, den – wie es in einem PR-Text blumig heißt – »niemals wirklich verwelkten Lorbeer des Silberpfeil-Images« zu nutzen und den Sport als »populäre Bühne für die Darstellung technischer Kompetenz und Faszination wirkungsvoll einzusetzen.«

Reuter selber macht keinen Hehl aus seiner Abneigung gegenüber den »wirklich nicht mehr zeitgemäßen« Materialschlachten mit ihren Ritualen »männlicher Macho-Tradition, Champagner und hübschen Frauen ringsherum«. Er, der während seiner Berliner Jahre fast jeden Kampf seines Boxidols Bubi Scholz am Ring miterlebte und später dann und wann unter den Zuschauern eines guten Fußballspiels zu finden war, blieb den Motodroms, auf denen Mercedes-Werkspiloten gleich zweimal hintereinander die Weltmeisterschaft in der C-Klasse gewannen, demonstrativ fern. Nicht einmal ein Glückwunschtelegramm an die Sieger rang er sich ab, sehr zum Ärger der Entwickler und Rennleiter. Dennoch erreichte er nur, daß die Stuttgarter ihr Comeback etwas bescheidener als geplant feierten: »Ich habe alles getan, um zu verhindern, daß sich die Leute voller Verve in die ›Formel 1‹ stürzten.« – »Zumindest aus heutiger Sicht«, so schränkte er vor seinem Aufsichtsrat am 9. März 1988 ein, stehe ein Engagement in der »Eliteklasse« auch weiter nicht zur Diskussion.

Vor allem Großunternehmen stehen heute weitaus mehr als früher im Blickpunkt des öffentlichen Interesses. Aufmerksam registrieren die Medien jede tatsächliche oder vermeintliche Verfehlung. Das reicht von der Herstellung gesundheitsgefährdender Produkte und der Mißachtung von Umweltschutzbestimmungen über die Verletzung von Exportverboten bis zu den vielfältigen Möglichkeiten, wirtschaftliche Macht in politischen Einfluß umzumünzen. Daß es vor allem Print- und Fernsehmagazine waren, die in der Vergangenheit immer wieder Skandale aufdeckten, und nicht die Justiz, unterstreicht, daß die »vierte Gewalt« in diesem Bereich eine wichtige und legitime Wächterrolle wahrnimmt. Es macht wenig Sinn, wenn manche Manager und Verbandsführer beklagen, daß sich unter dem Einfluß solcher Medienhatz Mitbürger in moralischer Entrüstung ergingen, die privat nichts dabei fänden, in ihrer Steuererklärung zu mogeln oder ihrer Versicherung einen fingierten Schadensfall unterzuschieben. Was immer man von solcher Doppelmoral halten mag – die Maßstäbe, an denen sich wirtschaftliches Handeln messen lassen muß, sind im Laufe der Zeit immer schärfer geworden.

Daß dies sogar dazu führen kann, daß ein Management mit weit zurückliegenden Vorgängen konfrontiert wird, die es selber gar nicht zu verantworten hat, mußte der Daimler-Vorstand 1986 erfahren. Ausgerechnet in einem Augenblick, da sich die Stuttgarter für die Feierlichkeiten aus Anlaß des 100jährigen Jubiläums der auf ihre Gründerväter Gottlieb Daimler und Karl Benz zurückgehenden Erfindung des Automobils rüsteten, begannen sich die Medien für die Beschäftigung ausländischer Zwangsarbeiter in den Werken des Konzerns in der Endphase des Dritten Reiches zu interessieren. Neun Tage vor der live aus der Stuttgarter Hanns-Martin-Schleyer-Halle übertragenen Geburtstags-Show sah sich der Vorstand zu der Ankündigung genötigt, er werde die Frage einer Entschädigung der überlebenden Arbeitssklaven prüfen.

Über 40 Jahre lang hatte Daimler-Benz wie alle übrigen betroffenen deutschen Unternehmen das düstere Kapitel seiner jüngsten Geschichte erfolgreich verdrängt. Und vielleicht hätte der bestverdienende Konzern der Bundesrepublik mit dieser moralischen Altlast auch noch weiter leben können, hätte der bevorstehende Rückblick auf hundert Jahre Firmenentwicklung nicht kritische Fragen aus der Öffentlichkeit nach den weniger ruhmreichen Abschnitten der Daimler-Historie erwarten lassen. Dies war um so mehr zu befürchten, als die 340 Seiten starke offiziöse Unternehmenschronik den Einsatz von KZ-Häftlingen denkbar knapp und rücksichtsvoll abhandelte. Nicht nur in Teilen der Presse stieß die »dürre Skizze« (»Spiegel«) auf Kritik; auch im eigenen Hause regte sich ob der taktvollen Vergangenheitsbewältigung Unbehagen. Edzard Reuter, zu dieser Zeit noch Finanzchef, erklärte später, unter seiner Verantwortung wäre diese Phase schonungsloser aufgearbeitet worden.

Dies sollte wenigstens in einer wissenschaftlichen Untersuchung nachgeholt werden, die der Vorstand noch kurz vor den Feierlichkeiten in Auftrag gab. Dabei hätte es externer Unterstützung kaum bedurft, um die Ereignisse vor allem in den beiden letzten Kriegsjahren zu rekonstruieren. Viele Daimler-Veteranen waren Zeuge der von der SS organisierten Menschentransporte in die Fabriken. Kein Geringerer als der langjährige Betriebsratschef und stellvertretende Aufsichtsratsvorsitzende Herbert Lucy, seinerzeit Lehrling im Werk Mannheim, erlebte die Torturen der Gefangenen hautnah mit. Allmorgendlich wurden die in Viehwaggons der Reichsbahn aus dem KZ-Außenlager Sandhofen herangefahrenen Zwangsarbeiter in ihren gestreiften Häftlingsanzügen über den Hof geführt. Durften ihre deutschen Kollegen während der häufigen Fliegerangriffe im Werksbunker Zuflucht suchen, wurden die Häftlinge, überwiegend polnische Juden, in einer Montagehalle zusammengetrieben und von bewaffneten SS-Aufsehern bewacht. Unverständlicherweise brachten es auch die ansonsten so streitbaren Betriebsräte und ihre Kollegen aus der IG Metall nach dem Krieg nicht über sich, den Vorstand zu der aus moralischen Gründen gebotenen Entschädigung der mit dem Leben davongekommenen Opfer zu bewegen.

Von sich aus hielt es die Daimler-Führung lange Zeit nicht für opportun, aus der durch die Wirtschaftsverbände zusammengehaltenen Einheitsfront der deutschen Industrie auszuscheren. Insbesondere der BDI verwies immer wieder auf die unbestrittene Rechtslage, wonach die Unternehmen selber für die ihnen durch staatliche Stellen zugewiesenen Zwangsarbeiter nicht in Anspruch genommen werden könnten. Wenn überhaupt, dann sei allenfalls der Staat zu Wiedergutmachungsleistungen verpflichtet. Darum bemüht, die leidige Vergangenheit ruhen zu lassen, verweigerte der Daimler-Vorstand sogar seriösen Historikern den Zugang zu den brisanten Teilen seines Firmenarchivs. Offizielle Begründung: Die Aktenbestände seien für eine wissenschaftliche Benutzung noch nicht ausreichend geordnet. Selbst ein international so anerkannter Experte wie Professor Fritz Stern von der New Yorker Columbia University, der für einen seiner Habilitanten um Freigabe der unter Verschluß gehaltenen Quellen gebeten hatte, holte sich eine Abfuhr – sehr zum Unwillen Reuters, der den einst aus Deutschland emigrierten Bismarck-Biographen zu seinen Freunden zählt. Dem in dieser Frage damals nicht zuständigen Finanzchef erschien es »völlig unverständlich, daß wir das nicht offen zeigen wollen«. Rückblickend spart Reuter nicht mit bitteren Worten an die Adresse der älteren Generation, die aus der »Kameraderie der Nazizeit« und aus Angst vor dem Vorwurf der »Nestbeschmutzung« die damaligen Vorgänge allzulange totgeschwiegen habe.

Als man sich endlich dazu durchrang, sich der moralischen Mitverantwortung für das Leiden der Zwangsarbeiter zu stellen, war es kaum noch möglich, überlebende Opfer aus den Daimler-Werken zu identifizieren. So schrieb schließlich der Vorstand am 8. Juni 1988 an den Aufsichtsrat: »Im Ergebnis sind wir zu der Überzeugung gelangt, daß individuelle Entschädigungen tatsächlich nicht möglich sind, weil der damit verbundene Ermittlungsprozeß eine Vielzahl von Problemen aufwerfen würde, ohne dabei in der Gesamtheit zu befriedigenden Ergebnissen zu kommen.« Fürwahr ein deprimierendes Eingeständnis, 43 Jahre nach Kriegsende.

Um sein Versprechen einzulösen, sich unabhängig von der Rechtslage über eine Entschädigung Gedanken zu machen, verfiel der Vorstand auf den Ausweg, 20 Millionen Mark an die Jewish Claims Conference, das Rote Kreuz und das Maximilian-Kolbe-Werk zu überweisen. Mit dem Geld sollten Alters- und Pflegeheime sowie medizinische Einrichtungen gefördert werden, die – wie es hieß – vorrangig ehemalige Zwangsarbeiter, aber auch andere NS-Opfer unterstützen und betreuen. Zum Andenken an die Arbeitshäftlinge enthüllte Reuter im Januar 1989 auf dem Werksgelände in Untertürkheim die Eisenskulptur »Tag und Nacht« von Bernhard Heiliger. Der Berliner Künstler, für Reuter »einer der ganz wichtigen deutschen Bildhauer«, hatte in den fünfziger Jahren unter anderem mehrere Büsten Ernst Reuters angefertigt, von denen die wohl schönste im Privathaus des Daimler-Chefs steht.

Seine erste Hauptversammlungsrede als Vorstandsvorsitzender hatte Edzard Reuter am 1. Juli 1988 dazu genutzt, die Haltung des Konzerns gegenüber einem anderen, diesmal hochaktuellen Fall rassistischer und politischer Diskriminierung zu erläutern. Mehrfach schon waren weiße und schwarze Gegner der südafrikanischen Apartheid-Politik als Kleinaktionäre in der jährlichen Hauptversammlung aufgetreten und hatten unter Hinweis auf den Boykottbeschluß der UN den Rückzug des Unternehmens aus der Kap-Republik verlangt. Der Daimler-Vorstand hatte jedoch eine Schließung seines Montagewerkes in East London mit insgesamt rund 5000 Beschäftigten (darunter 70 Prozent Farbige und Asiaten) stets kategorisch abgelehnt. Auch diesmal hatten sich wieder mehrere Redner zu Wort gemeldet, um die Bühne des Aktionärstreffens für Angriffe gegen die Rassentrennung zu nutzen. In seinem Rechenschaftsbericht wiederholte Reuter vor den 4000 Besuchern nicht nur die sattsam bekannten Gründe für das Bleiben des Konzerns in Südafrika, vor allem Rücksichten auf die von einem Fortgang am stärksten betroffenen schwarzen Arbeiter; vielmehr stellte er – wohl erstmalig bei einer deutschen Aktiengesellschaft – das brisante Thema in den Mittelpunkt allgemeiner politischer Betrachtungen zum Problem privatwirtschaftlicher Einflußnahme in Ländern mit repressiven Herrschaftssystemen und Menschenrechtsverletzungen:

»Es ist wahr, meine Damen und Herren, daß nur in einem kleinen Teil der Welt Recht und Würde des Menschen den Schutz finden, der unseren Überzeugungen entspricht. Darum können wir die Verzweiflung von Menschen verstehen, die nach Auswegen auch mit Hilfe von wirtschaftlichen Pressionen suchen. Aber das befreit uns selbst nicht von der manchmal durchaus quälenden Prüfung, ob solche Mittel wirklich geeignet sind. Dabei werden wir gewiß nicht in die Heuchelei verfallen, so zu tun, als ob wir kein auf Erwerb ausgerichtetes Unternehmen seien. In einer Welt, die vom Wettbewerb geprägt ist, haben wir deswegen nicht die Freiheit, Erwägungen anzustellen, die allein oder vorwiegend politisch motiviert sind.

(Lebhafter Beifall)

Welches könnte oder welches sollte denn eigentlich auch das

Kriterium sein, nach dem wir uns in dem einen Land betätigen oder dorthin liefern, während wir gegenüber einem anderen Land mit durchaus vergleichbaren Verhältnissen die Obstruktion wählen? – Niemand darf jedenfalls im Ernst von uns erwarten, dies nach den gerade herrschenden innenpolitischen Strömungen in der Bundesrepublik Deutschland zu entscheiden.

(Lebhafter Beifall)

Daß wir aus voller Überzeugung Regelungen wie das Außenwirtschaftsgesetz oder den EG-Kodex einhalten und anwenden, versteht sich dabei von selbst. Das ist die eine Seite der Medaille. Doch, meine Damen und Herren, fragen darf man wohl auch nach der politischen Wirksamkeit von wirtschaftlichen Pressionen, zu denen uns manche raten, die, wie wir inzwischen noch genauer wissen, im Zweifelsfalle selbst lieber nicht bereit sind, auch nur die geringste Mitverantwortung zu übernehmen.

(Lebhafter Beifall)

Ich berufe mich nicht einfach darauf, daß uns viele Menschen in Südafrika, nicht zuletzt zahlreiche Mitarbeiter, sagen oder zu verstehen geben, wir müßten um der friedlichen Entwicklung des Landes willen bleiben. Ebensowenig berufe ich mich darauf, daß ein Rückzug den Verlust von Arbeit und Einkommen für die Beschäftigten und ihre in der Regel großen Familien bedeutete, die oft nur einen Ernährer haben ... Wissen wir Deutsche denn nicht aus bitterem eigenen Leid, daß eine wechselseitige Radikalisierung keinesfalls zu friedlicher Konfliktlösung, sondern nur zum schrecklichen Gegenteil führt? Müssen wir nicht eben durch Dableiben und Einflußnahme dem Umkippen in Gewalt und Scharfmacherei widerstehen helfen? Es gibt dies alles doch bereits in einem unerträglichen Übermaß: auf der einen Seite die Einkerkerung von Männern und Frauen, die nicht mehr erreichen wollen als die Gleichbehandlung aller ethnischen Gruppen in Südafrika, auf der anderen Seite aber auch Menschen, die ihre eigenen Nachbarn und Arbeitskollegen durch Androhung oder Anwendung von Gewalt zwingen, gegen ihren Willen zu handeln.

Menschenwürde für alle Südafrikaner wird es auf beiden Wegen nicht geben. Wir wollen dies allen Verantwortlichen auch künftig direkt ins Gesicht sagen können, uns also nicht in einer entfernten Zuschauerloge die Hände in bequemer Unschuld waschen. Ich hoffe sehr, ich hoffe inständig, daß sich unsere Kritiker wenigstens die Mühe machen, sich in die Begründung unseres Handelns hineinzudenken. Vielleicht verstehen sie dann, warum wir überzeugt davon sind, so und nicht anders handeln zu können.

(Lebhafter Beifall)«

Aus moralischer Gesinnung, nur der öffentlichen Wirkung wegen, etwas im Ergebnis Unmoralisches zu tun – dies ist für den strengen Verstandesmenschen Reuter mehr als nur ein Fehler, es ist Heuchelei. Mehr noch als bei seinem Eintreten für einen Verbleib in Südafrika zeigte sich dies in der Art und Weise, in der er das Engagement von Daimler-Benz in der Rüstungswirtschaft gegen Kritik von innen und außen rechtfertigte. Die gefühlsmäßige Abneigung gegen eine zu weit gehende Verstrickung in der Waffenproduktion, die Sorge vor Imageschäden, vor negativen Reaktionen in der Mercedes-Kundschaft, nicht zuletzt vor persönlichen Anfeindungen – dies alles zusammengenommen konnte seine rationalen Rechtfertigungsgründe einer Übernahme von MBB nicht aufwiegen.

In einem ZDF-Interview sagte er 1989 dazu: »Soweit ich weiß, steht in unserem Grundgesetz das Verbot, Angriffskriege vorzubereiten. Und soweit ich weiß, ist diese Bundesrepublik Deutschland durch demokratischen Entscheid ihrer Bürger Mitglied eines atlantischen Verteidigungsbündnisses. Dieses Bündnis und diese Bundeswehr rufen jedes Jahr Tausende junger Leute ein. Glauben Sie nicht, daß es demokratisch legitimiert ist, diesen jungen Menschen in einem Verteidigungsbündnis auch die Verteidigungssysteme, die Verteidigungswaffen meinetwegen, zur Verfügung zu stellen? Ich habe nicht das geringste Problem, mich dazu zu bekennen.«

Gegen diesen Standpunkt konnte im Vorstand niemand ernsthaft etwas einwenden. Und doch fragte sich der eine oder andere, ob ausgerechnet Daimler-Benz die Rolle des größten Lieferanten der Bundeswehr übernehmen müsse. In einer Klausursitzung der Führungsspitze über die grundsätzliche Einstellung gegenüber einem weiteren Engagement in der Wehrtechnik wurden erhebliche Differenzen deutlich. Die Gegner einer starken Ausdehnung des Konzerns in die Militärtechnik mußten sich jenseits aller moralischen Erwägungen aber einmal mehr das wirtschaftliche Argument entgegenhalten lassen, daß ohne die vom Staat bereitgestellten Entwicklungsmilliarden für neue Waffensysteme der davon profitierende zivile Bereich der Luft- und Raumfahrt kaum noch aufrechtzuerhalten ist. In einem »Beruhigungsbeschluß« (Reuter) vereinbarte der Vorstand immerhin, daß neu entschieden werden müsse, falls sich die DASA – unwahrscheinlich genug – auf weiteren Gebieten der Waffentechnik betätigen wolle. Um glaubwürdig zu bleiben, so Reuter und seine Kollegen, wolle man sich anders als früher offen zur Stellung des Konzerns in der Wehrtechnik bekennen.

Als Daimler-Benz 1985 die Mehrheit bei Dornier erwarb und sich wenig später anschickte, mit der Übernahme von MBB zum führenden deutschen Rüstungskonzern aufzusteigen, konnte niemand erkennen, daß die Tage des östlichen Militärbündnisses und damit des Kalten Krieges in Europa gezählt waren. Auch Edzard Reuter war bei seinen Akquisitionen nicht von der Erwartung ausgegangen, daß er, jedenfalls soweit es den militärischen Bereich betraf, in einem möglicherweise schon bald spürbar schrumpfenden Markt investierte. Für ihn ergab sich aus der plötzlich veränderten politischen Lage die nicht einfache Aufgabe, glaubhaft zu machen, daß er, entgegen den naheliegenden wirtschaftlichen Interessen seines Unternehmens, den in greifbare Nähe gerückten Prozeß einer umfassenden Abrüstung bejahte.

Schon in der Hauptversammlung am 28. Juni 1989 setzte er sich in seinem Rechenschaftsbericht gegen »Verdächtigungen« seiner Partei zur Wehr, die in einem gegen die MBB-Übernahme gerichteten Entschließungsantrag ihrer Bundestagsfraktion festgestellt hatte: »Der durch die Fusion beabsichtigte Großkonzern würde wohl kaum den gegenwärtigen Abrüstungsprozeß unterstützend begleiten. Im Gegenteil: Es ist zu befürchten, daß seine Öffentlichkeitsarbeit stärker auf eine Fortsetzung der Rüstungsanstrengungen ausgerichtet wird.« Dazu Reuter: »Wären wir nicht geradezu hirnverbrannt, gegen den Strom zu schwimmen und in einer Welt, die Abrüstung braucht und auf Abrüstung drängt, das eigene Image und damit etwa die Verkaufschancen für unsere Pkw durch das Beharren auf den Dogmen des Kalten Krieges zu ruinieren?«

Sicherlich konnte niemand widersprechen, als der Daimler-Chef feststellte, daß die »Konversion von militärischer in zivile Produktion« für sein Unternehmen »kein existentielles Problem« sei. Konnte er zu diesem Zeitpunkt jedoch verbindlich ausschließen, daß der Konzern »aus Beschäftigungsgründen um militärische Beschaffungsprogramme werde buhlen müssen, die im Widerspruch zu den Chancen auf Abrüstung stehen«? Alle Erfahrung lehrt, daß Rüstungshersteller, sobald tatsächlich Arbeitsplätze auf dem Spiel stehen, in seltener Harmonie von Management und Betriebsräten lobbyistisch aktiv werden. Daß dies auch in der Weise geschehen kann, daß die Industrie versucht, den Staat bei Beschäftigungsausfällen durch einen Stopp großer Waffensysteme mit ins Risiko zu nehmen, zeigt das Beispiel des europäischen Kampfflugzeuges »Jäger 90«. Der gemeinschaftlich von Deutschen, Engländern, Italienern und Spaniern entwickelte Nachfolger des »Tornado« war für Daimler-Benz beim Einstieg in die Luft- und Raumfahrtindustrie eine feste Größe.

Schon am 9. März 1988, also vor dem Mehrheitserwerb von MBB, hatte Reuter im Aufsichtsrat auf die große Bedeutung des »Jäger 90« für die an dem Projekt beteiligten Daimler-Firmen hingewiesen. Mit einem Beschaffungsvolumen von 800 Flugzeugen sei es für MTU »unter dem Gesichtspunkt interessant, die technologische Wettbewerbsfähigkeit der europäischen Triebwerksindustrie zu gewährleisten; in der Planung der MTU seien bis 1992 rund 800 Millionen allein an Entwicklungsaufträgen für das Triebwerk enthalten«. Aber auch für Dornier, so Reuter, sei dieser Anschlußauftrag wichtig, da die Produktion des deutsch-französischen Gemeinschaftsflugzeuges »Alpha Jet« auslaufe.

Als sich unter dem Eindruck der allgemeinen Entspannungseuphorie selbst im Bonner Regierungslager massiver Widerstand gegen das kostspielige Rüstungsvorhaben (»Jäger«-Stückpreis: mehr als hundert Millionen Mark) regte, wies Daimler-Benz sofort auf die drohenden Konsequenzen hin. Schon am 8. November 1989 räumte DASA-Chef Jürgen Schrempp vor dem Daimler-Aufsichtsrat ein, daß die Zukunft des Jagdfliegers »fraglos ungewiß« sei. Schrempp, laut Protokoll: »Die Wirtschaft habe aufgrund verbindlicher Erklärungen der Regierung darauf vertrauen können, daß der ›Jäger 90‹ komme. Sollte er gestrichen werden, sei DASA nicht in der Lage, aus eigener Kraft kurzfristig für Kompensation zu sorgen.«

In dem von der Evangelischen Landeskirche Württemberg und Daimler-Benz im Januar 1991 veranstalteten Seminar »Ethik und Wirtschaft« bezeichnete Edzard Reuter den Fall »Jäger 90« geradezu als einen »Lackmustest von Moralität«. Eine »moralische Objektivität« sei jedoch ohne Sachverstand nicht zu erreichen. Der Sachverstand führe aber nicht an der Tatsache vorbei, daß ein Ausstieg aus dem Projekt nach Ablauf der Entwicklungsphase teurer als eine Fortsetzung werde und Deutschland damit die Fähigkeit zum militärischen Flugzeugbau verlieren könnte. Die Frage muß erlaubt sein, ob eine so verstandene Moralität letzten Endes nicht doch bestimmte Formen von Rüstungslobbyismus heiligt.

Daß Riesen leicht anecken, ist nicht neu. Wenn der größte Industriekonzern gleichzeitig noch der führende Rüstungshersteller ist, ist es gar nicht zu verhindern, daß er sich immer wieder gegen öffentliche Vorwürfe zur Wehr setzen muß. So gerieten die Mercedes-Manager nach der Durchsuchungsaktion am 14. März 1991 einmal mehr in den Verdacht, verbotene Waffengeschäfte betrieben zu haben. Konkret ging es um die Lieferung von 26 Schwerfahrzeugen, die – von einer französischen Firma ausgerüstet – angeblich von Iraks Diktator Saddam Hussein als mobile »Scud«-Raketenbasen im Golfkrieg eingesetzt worden seien. Reuter ließ sich von seinem für das Nutzfahrzeuggeschäft bei Mercedes-Benz verantwortlichen Vorstandskollegen Helmut Werner einen genauen Bericht über das Mitte 1989 mit Bagdad abgeschlossene Geschäft vorlegen und die gegen den Konzern erhobenen Vorwürfe in einer kurzfristig einberufenen Pressekonferenz zurückweisen: Die gelieferten Fahrzeuge seien »entgegen allen Behauptungen und anonym vorgebrachten Verdächtigungen nie speziell für militärische Zwecke und schon gar nicht für den Abschuß von Raketen ausgelegt« worden. Die Stuttgarter Staatsanwaltschaft stellte denn auch das Ermittlungsverfahren schon nach kurzer Zeit ein.

Edzard Reuter begnügte sich jedoch nicht damit, sein Haus gegen den Vorwurf zu verteidigen, illegal Waffen in Spannungsgebiete geliefert zu haben. Mit zunehmender Härte geißelte er die doppelte Moral vieler Politiker. »Nirgendwo in der Bundesrepublik gibt es ein wirtschaftliches Thema, das mit mehr Heuchelei, Feigheit und Opportunismus durchsetzt ist«, stellte er schon im Februar 1989 in einem Vortrag vor der

Industrie- und Handelskammer Mittlerer Neckar in Stuttgart fest. Ein besonders anschauliches Beispiel für das von ihm kritisierte Verhalten der Politiker erlebte er einen Tag vor Eröffnung der »Technogerma '91« in Seoul. Telefonisch bat der Staatssekretär im Bonner Wirtschaftsministerium, Dieter von Würzen, Edzard Reuter, das auf dem Daimler-Gemeinschaftsstand ausgestellte Modell eines »Tornado« zu entfernen. Ansonsten werde Bundespräsident von Weizsäcker, wie er durchblicken ließ, bei seinem Rundgang den Pavillon auslassen. Die Stuttgarter hatten das Exponat nicht ohne Bedacht ausgewählt: Mit politischer Unterstützung des Bundeswirtschaftsministers hatte MBB gegen harte amerikanische Konkurrenz einen Vertrag über die Lieferung von »Tornados« ausgehandelt. Reuter versprach, das Modell wunschgemäß verschwinden zu lassen, kündigte jedoch an, »in der Öffentlichkeit zu sagen, wer das gewünscht hat«.

In Briefen an Bundeskanzler Kohl und den EG-Kommissionspräsidenten Jacques Delors forderte Reuter am 22. März 1991 eine »europaweit einheitliche Exportkontrolle für verteidigungstechnische oder militärisch nutzbare Waren, Technologien und Dienstleistungen«. Eine Harmonisierung der nationalen Genehmigungspraktiken ist längst überfällig. Denn alle größeren Waffensysteme werden heute in internationaler Kooperation entwickelt und produziert, wobei die Projektpartner der Deutschen, allen voran Franzosen und Engländer, beim Ausstellen von Ausfuhrgenehmigungen vielfach großzügiger verfahren. Gleichzeitig sind jedoch deutsche Firmen durch Staatsverträge verpflichtet, auch für solche ausländischen Lieferungen Komponenten und Know-how zur Verfügung zu stellen, die hierzulande nicht gestattet würden. Bisweilen mit grotesken Folgen: Politiker versuchten 1989, deutsche Banken, unter ihnen die staatseigene Kreditanstalt für Wiederaufbau, daran zu hindern, den Export von acht »Tornados« durch die Engländer nach Jordanien zu finanzieren. Mit 40 Prozent sollte die MTU am Bau der Triebwerke beteiligt sein. Unfaßbar für Reuter: Diejenigen Politiker, die eine Kreditierung des (am Ende aus anderen Gründen geplatzten) Geschäfts durch deutsche Banken verhindern wollten, gehörten teilweise derselben Partei, nämlich der FDP, an, deren Vertreter es im Bundessicherheitsrat ausdrücklich gutgeheißen hatten. »Ich halte es für ebenso legitim wie notwendig«, so merkte der Daimler-Chef öffentlich an, »daß man derartig gespaltene Zungen nagelt und nicht in falscher Vornehmheit darauf hofft, solche schrägen Situationen würden schon ohne dauerhaften Schaden für die Glaubwürdigkeit von Unternehmen vorübergehen.«

Ein Mann, der sich nicht scheut, Politikern solche Zensuren zu erteilen, muß – dessen war sich Reuter bewußt – besonders darauf bedacht sein, an seiner eigenen Glaubwürdigkeit keine Zweifel aufkommen zu lassen. Unmittelbar nach dem Zugriff der Staatsanwaltschaft beauftragte er eine fünfköpfige Untersuchungskommission unter Leitung des Chefs seiner Rechtsabteilung mit der Überprüfung aller Exportgeschäfte der letzten Jahre mit nahöstlichen Ländern auf etwaige Unkorrektheiten, insbesondere Schmiergeldzahlungen an Mitarbeiter von Mercedes-Benz.

Edzard Reuter, der, wie er sagt, »immer noch etwas von ein paar preußischen Tugenden hält«, haben nicht nur die Beschuldigungen gegen eigene Mitarbeiter nachdenklich gestimmt. Persönlich nahe gingen ihm vor allem die staatsanwaltschaftlichen Ermittlungen gegen seinen Kollegen und Vertrauten Werner Niefer wegen des Verdachts der Steuerhinterziehung und der erzwungene Rücktritt des wegen industriefinanzierter Privatreisen in Bedrängnis geratenen Ministerpräsidenten Späth. Als Symbolfigur für ein vielerorts als vorbildlich angesehenes kooperatives Zusammenwirken von Staat und Unternehmen stand er dem überzeugten Industriepolitiker Reuter näher als so mancher Sozialdemokrat mit seinen interventionistischen Altrezepturen. Obwohl die sichtbar gewordene Verquickung von dienstlichen und privaten Beziehungen zwischen dem Regierungschef und einzelnen Männern der Wirtschaft nicht nach seinem persönlichen Geschmack sein konnte, sprach Reuter in einer Rede – allerdings ohne den Namen Späth zu nennen – von einer »erbarmungslosen Hatz« der Presse, von »hektischer Sensationssuche« und einem »Exzeß an Heuchelei«. Dennoch vergaß er nicht, hinzuzufügen, daß es in dem Fall um das »im Kern uralte Problem« gehe, »die Trennlinie zwischen Politik und Wirtschaft, aber auch zwischen persönlicher Freundschaft, Geschäft und politischer Durchsetzung des Gemeinwohls zu ziehen«.

Da die Formen, in der Politiker und Wirtschaftler miteinander umgehen, nicht durch Gesetz zu regeln seien, komme es, so Reuter, auf das eigene Moralverständnis, das eigene Verständnis von Stil, das eigene Anstandsgefühl an. Oberstes Gebot ist für den Daimler-Chef, nichts zu tun, was sich nicht öffentlich rechtfertigen ließe, falls es publik würde. Reuter: »Wenn ich einem Ministerpräsidenten ein Firmenflugzeug zur Verfügung stelle, muß ich wissen, ob ich am nächsten Tag, wenn es in der Zeitung steht, sagen kann, daß es richtig war und ich es jederzeit wieder tun würde. Wenn ich dies nicht sagen kann, ist es nicht zulässig.«

Edzard Reuter hat sich nach seiner Wahl zum Vorstandsvorsitzenden bemüht, auch im eigenen Kollegenkreis für etwas mehr Maß zu sorgen. So pflegten bei Daimler-Benz traditionell im Sommer einmal die Woche vom Unternehmen gestellte Gärtner auf den Privatgrundstücken von Vorstandsmitgliedern und Direktoren den Rasen zu schneiden. Bald tauchten hier und dort auch in den Ferienhäusern firmeneigene Gartenpfleger auf. Der angenehme Service verführte einige gar dazu, auch Maler und andere Handwerker gelegentlich in ihren privaten vier Wänden zupacken zu lassen. Reuter, selber auch in kleinen Dingen um äußerste Korrektheit bemüht, stutzte den Privilegien-Wildwuchs gleich nach seinem Amtsantritt.

Mit der ihm eigenen Scheu, Kollegen unangenehme Dinge ungeschminkt ins Gesicht zu sagen, hätte es der Vorstandsvorsitzende am liebsten bei einem allgemeinen Appell an das gemeinsame Stilempfinden im engsten Führungskreis belassen. Doch die erhoffte Zurückhaltung bei privater Selbstbedienung, insbesondere bei der Nutzung firmeneigener Autos für Familienmitglieder, wollte sich nicht überall einstellen. »Jetzt müssen wir es eben regeln«, bedauerte Reuter.

Überhaupt kann er sich nur sehr schwer mit dem Gedanken anfreunden, die Normen und Formen des gemeinsamen Umgangs miteinander in einen Verhaltenskodex zu pressen, den jeder Mitarbeiter wie einen Katechismus daherbeten kann. Im Innersten hofft er, daß in einem Konzern, dessen über 376 000 Beschäftigte zählende Belegschaft so etwas wie einen Querschnitt einer pluralistischen Gesellschaft darstellt, die Menschen von sich aus ein Gespür dafür entwickeln, wie sie sich einwandfrei zu verhalten haben. Allerdings ließe sich, wie Reuter überzeugt ist, durch eine formale Regelung bestimmter Vorgänge durchaus »Moralität im Unternehmen stärker verankern«. Beispiel Rüstungsexporte: Um in der »Grauzone«, die der Gesetzgeber den Unternehmen gelassen habe, verantwortlich zu entscheiden, muß in bestimmten, von einer eigens eingerichteten »Exportkontrollstelle« aufgegriffenen Zweifelsfällen der Gesamtvorstand das letzte Wort sprechen. »Es kann also nicht vorkommen, daß sich das Unternehmen hinter irgendeinem Mitarbeiter versteckt«, erläutert er das auf seine Initiative eingeführte Procedere.

Viel gäbe er dafür, wenn er zum Zeitpunkt seines Abschieds von der Möhringer Vorstandsetage ehrlich davon überzeugt sein könnte, allein durch sein persönliches Vorbild Denk- und Verhaltensweisen im Unternehmen zum Besseren verändert zu haben. Doch bei allem Idealismus ist er skeptisch genug, sogleich die Frage aufzuwerfen, was man denn wirklich vorleben könne. Für einen Mitarbeiter, so Reuter, sei es sicherlich ein angenehmes Gefühl, an der Spitze des Konzerns Menschen zu wissen, die eine solche Vorbildfunktion ausüben. »Aber ob sich dieses Wohlbefinden dann auch umsetzt in eigenes Verhalten, ob es gar noch nachwirkt, wenn diejenigen, wenn derjenige aus den Augen, aus dem Sinn ist . . .?«

Edzard Reuter läßt diese Frage unbeantwortet.

12. Der fremde Genosse

Edzard Reuter, die Politik und die SPD

Was der Festredner Edzard Reuter am 28. September 1983 auf einer Gedenkveranstaltung zum 30. Todestag Ernst Reuters in Berlin sagte, klang für viele Zuhörer zugleich wie eine eigene Standortbestimmung. »Ich weiß wohl«, so der Sohn einleitend, »daß ich – wenn überhaupt – allenfalls durch verwandtschaftliche Bindungen legitimiert bin, über Ernst Reuter zu sprechen, nicht als das einfache, politisch nicht tätige Mitglied der Sozialdemokratischen Partei, das ich bin. Dennoch wage ich die ebenso klare wie banale Behauptung, daß Ernst Reuter ganz sicher nicht alles mitgetragen hätte, was heute unter dem weiten Dach der SPD Heimstatt hat. Es sollte deshalb auch an einem solchen Tage nicht verschwiegen werden, daß ihn manches Geschehen und Handeln innerhalb der Partei zuzeiten vielleicht noch mehr belastet hat als drückende und bedrängende Staatsverantwortung.«

Wie sehr – zumindest temporär – das Verhältnis seines Vaters zur SPD der eigenen kritischen Distanz seiner Partei gegenüber glich, ließ er einige Passagen später deutlich werden. Obwohl er, so Reuter, um die »regenerierende Kraft ständiger Neuerungsbereitschaft für die deutsche Sozialdemokratie wisse«, sollte nicht ganz vergessen werden, »daß es für eine große Volkspartei dieser Bedeutung irgendwo eine recht grundlegende Entscheidung gibt: die Frage nämlich, ob sie eigentlich auf die Dauer unmittelbar politische Verantwortung, das heißt Regierungsverantwortung, anstreben oder ob sie sich als oppositionelles Sammelbecken von Träumern aller Art verstehen will«.

Mit Ideologien und Dogmatismus, gleich welcher Provenienz, hat Edzard Reuter wie schon sein Vater nie viel im Sinn gehabt. Überzeugt von der Kraft der Vernunft im Sinne der Aufklärung, huldigten beide stets einem nüchternen, allerdings von festen Prinzipien geleiteten Pragmatismus. Der Daimler-Chef hat, sobald er auf seinen Vater und dessen Einflüsse auf ihn angesprochen wurde, jedoch nie vergessen, auch seine Mutter zu erwähnen. Hanna Reuter entstammte einem sozialdemokratischen Elternhaus und hatte ihren Mann als redaktionelle Mitarbeiterin des SPD-Parteiorgans »Vorwärts« kennengelernt. Obwohl sie nach der Heirat ihr Leben ganz in den Dienst ihres Mannes stellte und ihre eigenen beruflichen Ziele weitgehend aufgab, war sie eine ausgesprochen politische Frau.

Daß Edzard Reuters Leben von Anbeginn politisch bestimmt war, ergab sich allein schon durch die Verfolgungen, denen sein Vater bald nach der Machtübernahme durch die Nationalsozialisten ausgesetzt war. Am 11. März 1933 – Edzard war gerade fünf Jahre alt geworden – wurde Ernst Reuter als Magdeburger Oberbürgermeister »beurlaubt« und von SA-Schergen gewaltsam aus dem Rathaus vertrieben. Im Juni mußte er ins Gefängnis, zwei Monate später brachten ihn die Nazis ins Konzentrationslager Lichtenburg bei Torgau, aus dem er im Januar 1934 wieder entlassen wurde. An die erneute Verhaftung seines Vaters am 16. Juni 1934 kann sich Edzard Reuter noch gut erinnern: »Es war ziemlich früh am Morgen, da klingelten plötzlich zwei Männer, die so aussahen, wie man solche Leute aus Filmen kennt, mit Ledermänteln und breitkrempigen Hüten. Meine Mutter packte meinem Vater einen kleinen Koffer, ich weiß noch, es mußte alles sehr schnell gehen. Wir sind dann ans Fenster gegangen und haben gesehen, wie er in dieses ominöse Auto einstieg und wegfuhr. Meine Mutter hat mir nur gesagt: Jetzt holen sie den Vati wieder ab. Aber das kannte ich ja schon vom ersten Mal.«

Zuvor hatte Edzard Reuter selber für einen kleinen »Skandal« gesorgt, als er beim Herumtollen auf der Straße von einem Bauzaun ein nicht ganz ordentlich geklebtes Hitler-Plakat abgerissen hatte. Der Vorfall wurde gemeldet, ein Polizist erschien bei den Reuters, um die Hintergründe der »politischen Demonstration« aufzuklären. Wer wollte es nach allem, was passiert war, dem Sechsjährigen verargen, daß er Ostern 1934, die obligate Zuckertüte im Arm, mit recht unguten Gefühlen das erstemal zur Schule ging. Seine Angst war nicht ohne Grund gewesen. Reuter: »Ich sehe noch, wie mich der Lehrer, offenbar ein strammer Jung-Nazi, empfing: Aha, der Sohn! Ich wurde in die letzte Reihe gesetzt, heulte furchtbar, weil das alles in einem sehr barschen Ton geschah, und so blieb die Behandlung dann auch.« Zum Glück zog die Familie, weil nach der erneuten Freilassung Ernst Reuters eine dritte Verhaftung drohte, im Oktober zu Frau Reuters Mutter nach Hannover. Hier merkte der Frischling von dem braunen Ungeist nur noch wenig; sein neuer Klassenlehrer, der, wie Reuter vermutet, wohl wußte, wessen Sohn der Neue war, schien es insgeheim eher mit den Sozialdemokraten zu halten.

Edzard Reuter hat in den Gesprächen mit seinem Vater nicht viel Authentisches über dessen bewegte politische Vergangenheit erfahren. Nicht etwa, weil Ernst Reuter etwas hätte verdrängen wollen. Die Mission zum Beispiel, die er 1918 im Auftrag von Lenin und Stalin beim Aufbau einer autonomen deutschen Wolga-Republik übernommen hatte und derentwegen er von seinen politischen Gegnern in Deutschland später so stark angefeindet worden war, erfüllte ihn sogar zeitlebens mit großem Stolz. »Mein Vater gehörte nie zu denjenigen, die aus ihrem früheren Leben Geschichten erzählt haben«, sagte der Daimler-Chef 1987 in einem Interview. Ähnlich schweigsam überging er die Leiden, die ihm die Nazis zugefügt hatten. Reuter: »Ich erinnere mich mit keinem Wort, daß mein Vater etwas von seinen Erlebnissen im KZ erzählt hätte, und ich habe auch nie danach gebohrt.«

Während der Exiljahre war Politik Tagesgespräch. In einem Fernsehinterview schilderte der Daimler-Chef das enge Familienleben: »Wir saßen am Mittagstisch zusammen, wir saßen am Abendbrottisch zusammen, damals gab es nicht die Ablenkung der Glotze. Es war alles sehr eng. Meine Mutter und mein Vater hatten, glaube ich, das bewußte Prinzip, ihren Sohn von Anfang an als erwachsenen Menschen zu behandeln, ihm zu sagen, was in der Welt vor sich geht ... Damals war Politik unser uns aufgezwungenes Leben. Unsere Existenz in der Türkei hing ab vom Fortschritt der Politik, und der Fortschritt der Politik wurde beeinflußt durch die Nazis in Deutschland und durch das Verhalten der Alliierten. Es war eigentlich alles Politik, und wer als junger Mensch so etwas nicht miterlebt hat, kann es auch nicht verstehen, wenn ich sage, daß ich wirklich Politik im Blut mitbekommen habe.«

Unvergeßlich ist für Edzard Reuter der Augenblick, als am 18. Februar 1943 aus dem Radio Goebbels' berüchtigte Sportpalastrede mit der Suggestivfrage »Wollt Ihr den totalen Krieg?« erschallt. Jeden Tag fiebert der junge Emigrant jetzt den BBC-Nachrichten über die letzten Frontereignisse entgegen. Den Briefen, die seine Mutter ihrem zeitweilig in Istanbul arbeitenden Mann schreibt, fügt der 15jährige seine eigenen Ansichten zum Kriegsgeschehen an. Am 12. September schreibt er: »Hoffentlich gelingt es möglichst bald, Italien von den Deutschen zu säubern, obwohl ich nicht wie Mutti glaube, daß die Alliierten in Oberitalien landen.« Und fünf Tage später – Hitler hat seinen Freund Mussolini gerade durch deutsche Fallschirmjäger vom Gran Sasso ins Führerhauptquartier bringen lassen – berichtet er: »Heute kam nun endlich die Nachricht, daß die 8. und 5. Armee sich vereinigt hätten. Obwohl das ja zu erwarten war, hatte ich es doch nicht so schnell erwartet. Ich glaube, daß die Deutschen jetzt ein ganz hübsches Stück zurückgehen müssen, schon aus dem Grund, daß links und rechts von ihnen die Alliierten stehen. Und in Rußland sind die Ereignisse ja auch nicht gerade zu ihren Gunsten. Aber weiter im Norden von Italien wird es wohl noch zu schweren Kämpfen kommen, die Großes entscheiden können. Aber ich kann doch noch nicht so recht glauben, wie Mutti, daß der Krieg dies Jahr zu Ende sein soll, ich weiß nicht einmal, ob er im Winter zu Ende sein wird. Man muß eben abwarten, was die Alliierten machen werden, vielleicht landen sie nächstens in Frankreich? Daß Mussolinis Entführung den Deutschen viel nützt, glaube ich überhaupt nicht.«

Ernst Reuter seinerseits erzählt Edzard von einem Besuch Carl Goerdelers in Istanbul, der maßgeblichen Anteil am mißglückten Attentat auf Hitler am 20. Juli 1944 haben sollte. Doch war der Sozialdemokrat skeptisch, ob die Generäle wirklich losschlagen würden und der konservative Goerdeler (Edzard Reuter: »Ich glaube, er hat sogar das Wort ›Reaktionär‹ benutzt«) der richtige Mann für einen Neubeginn nach einem Sturz des NS-Regimes sei. Seinem mittlerweile im Maschinenschreiben geübten Sohn diktiert er im März 1943 jenen beschwörenden Brief an Thomas Mann, in dem er den »großen Meister unserer schönen Sprache« zu einem Appell an die Deutschen in aller Welt aufforderte, an der Wiedererneuerung ihrer Heimat mitzuwirken, wenn erst einmal der Tag gekommen sei. Doch der im fernen kalifornischen Exil lebende Schriftsteller, der mit deutlicher Distanz einem »gewissen deutschen Emigrantenpatriotismus« gegenüberstand, wollte den Ball nicht aufnehmen.

Edzard Reuters erste Berliner Briefe an seine Freunde in der Türkei lassen spüren, wie sehr sich der 18jährige Heimkehrer von der hoffnungsvollen Aufbruchstimmung kurz nach Kriegsende mittragen ließ. Matthias Neumark berichtete er am

11. Januar 1947: »Ich gehe zu jeder Sitzung des Stadtparlaments und lerne jeden Tag eine Menge neuer Menschen kennen ... Wenn man sieht, was für ein gesundes Verständnis die Berliner für alle Fragen haben, dann freut man sich immer wieder und weiß, daß es mit den Chancen des Faschismus, welcher Richtung er nun gerade sei, ein für allemal aus ist.«

Über seinen politischen Standort läßt er keinerlei Zweifel aufkommen. »Es ist für uns nur ein Glück, daß wir Schumacher haben, der unter den Deutschen einen Riesenrespekt genießt und ohne den die Sache gar nicht zu machen wäre«, schwärmt er einer Freundin in Ankara vor. »Begeisternd ist, wie die große Menge der deutschen Bevölkerung hinter der SPD steht und sich bewußt ist, daß die Zukunft nur im Sozialismus liegen kann.« Der Sozialdemokratischen Partei war er schon im Jahr seiner Rückkehr beigetreten. Der Hauskassierer des Kreises Zehlendorf-Nord verlor den Genossen *Edgard* Reuter, als der er auf der am 15. Dezember 1946 ausgestellten SPD-Mitgliedskarte X/376/47 registriert ist, allerdings wohl irgendwann aus den Augen. Denn 1949 mußte Vater Reuter für seinen säumigen Filius 300 Mark an ausstehenden Beiträgen an die Parteikasse überweisen.

Wie für ein Mitglied seines Alters üblich, beginnt er die Basisarbeit bei den Jungsozialisten seines Wohnbezirks. Bis tief in die Nacht reden sich die Parteijunioren die Köpfe über marxistische Wirtschaftsmodelle und das Verhältnis der SPD zu den Kommunisten in der östlichen Besatzungszone heiß. Doch der introvertierte, etwas schüchterne Student hat Schwierigkeiten, sich in dem neuen Kreis darzustellen. »Ich habe«, gesteht Reuter selbstkritisch ein, »in solchen Organisationen nie das besondere Talent gehabt, aufzustehen und ohne Punkt und Komma über irgend etwas zu reden und mich auf diese Weise durchzusetzen.« Im übrigen beginnt ihn das »fruchtlose Herumdiskutieren« schon bald anzuöden. Seine Aversion gegen die verbreitete Neigung, »ein Thema einfach nur deshalb hochzuputschen, um Stimmen zu gewinnen«, läßt die frühe Reserve gegenüber dem von taktischen Erwägungen bestimmten politischen Geschäft der Parteien erkennen. So dauert es dann auch nicht lange, bis er »innerlich und äußerlich von dieser Juso-Organisation Abschied nahm«.

Im Unterschied zu vielen Altersgenossen, die ihre Sturm-und-Drang-Zeit in der Verfolgung extremer idealistischer Ideen ausleben, entfernte sich Edzard Reuter kaum von den in seinem Elternhaus hochgehaltenen politischen Grundsätzen. Unter dem Eindruck der Frontstadtsituation gab sich der Bürgermeistersohn streng antikommunistisch. Noch heute zeigt der kühle Rationalist Emotionen, wenn er auf die berühmte Rede seines Vaters am 9. September 1948, kurz nach Verhängung der sowjetischen Blockade über West-Berlin, zu sprechen kommt. Über 300 000 Menschen hörten vor der Reichstagsruine an diesem Tage den leidenschaftlichen Appell ihres Bürgermeisters an die »Völker der Welt«: »Schaut auf diese Stadt und erkennt, daß ihr diese Stadt und dieses Volk nicht preisgeben dürft, nicht preisgeben könnt.« Edzard Reuter, der während der Rede auf dem Podium hinter seinem Vater stand, erinnert sich: »Sein Appell richtete sich damals ganz konkret an die westlichen Alliierten, die gerade mit den Russen verhandelten. In dieser Situation kam es für ihn darauf an hinüberzubringen, daß die drei Westmächte gar nicht anders handeln konnten. Diese Rede war überhaupt nicht formuliert. Er hatte nur kleine Spickzettel. Ich habe die ganze Zeit gedacht, wie bringt er das nur rüber, und war von dieser Formulierung, in die das Ganze einmündete, geplättet.«

Noch von der politisch aufgeladenen Atmosphäre in Berlin elektrisiert, empfindet er die Entzugserscheinungen in Göttingen, wo er mit Beginn des Wintersemesters 1948/49 sein Studium fortsetzt, um so härter. Am 8. November schreibt er an seine Mutter: »Schlaflose Stunden bereitet mir die Lage in Berlin. Wie soll das bloß werden, wenn es kalt wird? Können denn die

Leute das überhaupt durchhalten? ... Der arme Vati wird weniger denn je Ruhe haben, und Du wirst es auch nicht gerade bequem haben. Aber wenn man so Berlin mit dieser hiesigen Atmosphäre vergleicht, weiß man doch so recht, was dort auf dem Spiele steht. Besonders diese Gegend ist trostlos, und vor allem zeigt kein Mensch den geringsten guten Willen ... Die Leute sind hier offenbar alle Kirchtumspolitiker und liegen noch dazu auf dem Kurs: Wir sind Marxisten, die KP ist marxistisch – warum gehen wir nicht mit ihr zusammen?«

Nach einem Vortrag, den er im Fridtjof-Nansen-Haus vor 50 Zuhörern hält, gewinnt er nach der Diskussion den Eindruck, daß man die Dinge hier von einem »rein theoretischen, von keiner praktischen Anschauung geprägten Standpunkt« erörtert. »So diskutiert man z. B. darüber«, berichtet er nach Hause, »ob es von der SPD richtig sei, sich und die Bevölkerung so zu exponieren, wenn doch eines Tages die Russen Berlin nehmen könnten!« Ganz besonders »auf die Palme« bringt ihn, daß sich der Rektor der Georgia Augusta, Ludwig Raiser, beharrlich ziert, einer Einladung zur Eröffnungsfeier der Freien Universität Berlin zu folgen. Auf einer akademischen Veranstaltung spricht ihn, wie er am 25. November 1948 empört seinen Eltern berichtet, Niedersachsens SPD-Ministerpräsident Hinrich Wilhelm Kopf (»Der rote Welfe«) auf den Fall an: »Was denkt eigentlich Ihr Vater von der Freien Universität, soll Raiser fahren? Ist das nicht eine reine Kampfuniversität? Rufen Sie doch morgen mal an bei Ihrem Vater, fragen, was ich Raiser sagen soll.« Kommentar des 20jährigen: »Der Idiot hat also Raiser offensichtlich in der Ansicht unterstützt, daß es eine Kampf-Uni ist!!«

Edzard Reuter ist 1989 in einem Fernseh-Interview gefragt worden, warum er nicht wie sein Vater Politiker geworden sei. Seine Antwort: »Ich wäre aus dem Haus, aus dem ich komme, schon gerne Politiker geworden. Ich habe mir nur aus der Beobachtung des politischen Geschehens damals gesagt, du solltest erst einmal einen unabhängigen Beruf haben, und dann kannst du das ja immer noch tun.« Das ist sicherlich nur ein Teil der Wahrheit, wenngleich für einen unabhängigen Geist wie ihn mit der Gewißheit, »den Bettel jederzeit hinwerfen und in den Beruf zurückgehen« zu können, das Wagnis einer politischen Karriere überhaupt erst vorstellbar gewesen wäre. Aber es war nicht einmal so sehr die Angst, wirtschaftliche Risiken auf sich zu nehmen, wenn er Berufspolitiker werden würde. Vielmehr waren es die erbitterten Grabenkämpfe, die sein Vater kurz vor seinem Tod mit dem linken Flügel der Berliner SPD unter Franz Neumann hatte ausfechten müssen. Wie seinerzeit seine Mutter ist auch Edzard Reuter überzeugt, daß diese Auseinandersetzungen nicht unwesentlich zum Herzinfarkt Ernst Reuters beigetragen haben. Diese Gewißheit und die anhaltenden innerparteilichen Machtkämpfe, in denen Willy Brandt die linke »Keulenriege« in der Berliner SPD niederrang, konnten dem Reuter-Sohn die Aussicht, sein weiteres Leben mit der Politik zu verbinden, nicht allzu reizvoll erscheinen lassen.

Dabei hätte es an einflußreichen Förderern wahrlich nicht gefehlt. Willy Brandt, der in der Partei damals schon als kommender Mann galt, hatte sich nach dem Tod Ernst Reuters sofort erboten, dem Sohn das nötige Entree zu verschaffen: »Das ist doch ganz selbstverständlich, daß du in die Politik gehst.« Aber selbst die Aussicht, die obligate Ochsentour durch die Parteihierarchie als ein Reuter und dank hilfreicher Gönner abzukürzen, konnte ihn in seiner Überzeugung nicht schwankend machen: »Niemals setzt du dich einer Situation aus, daß du von solchen Menschen abhängig werden könntest!«

Der frühere baden-württembergische Ministerpräsident Lothar Späth glaubt, daß Edzard Reuter durchaus das Zeug zu einem guten Fachminister hätte, allerdings hinter einem populistischen Regierungschef – etwa wie in der sozialliberalen Koalition Karl Schiller und Alex Möller unter Brandt. Nur warfen beide schon bald das Handtuch, weil sie sich von ihrer eigenen Partei im Stich gelassen fühlten. Ob er, der Missionar der praktischen Vernunft, eher bereit wäre, eine mehr von opportunistischen Parteiinteressen als von der strengen Logik der Ratio bestimmte Linie zu akzeptieren und überzeugend nach außen zu vertreten? Ob er, der Ungeduldige, der zu »langes Gequassel« nur schwer erträgt, die Leidensfähigkeit hätte, das Lavieren und Taktieren, das mühsame Suchen nach Auswegen und Kompromissen durchzustehen? Ob er, der verletzliche Intellektuelle, schließlich die unvermeidbaren Niederlagen und Tiefschläge im Kampf um Macht und Mehrheiten so einfach weggesteckt hätte?

Schwer vorstellbar auch, daß der Sohn jenes Maß an Zustimmung und persönlicher Zuneigung aus der Bevölkerung, das dem Vater in schwerster Zeit zuteil geworden war, je erreicht hätte. Bei aller bürgerlichen Bildungsbeflissenheit hatte Ernst Reuter einen ausgeprägten Sinn für die Nöte und Sorgen einfacher Menschen. Seine alle 14 Tage über den RIAS ausgestrahlte Sendung »Wo uns der Schuh drückt«, in der er Alltagsfragen der Berliner ansprach, wurde im Laufe der Zeit zu einer festen Einrichtung. Im Unterschied zu seinem als mittelloser sozialistischer Wanderprediger ins Politikerleben eingetretenen Vater blieb Edzard Reuter das sozialdemokratisch geprägte Arbeitermilieu – jedenfalls aus hautnaher Berührung – fremd. Statt in Kreuzberg oder im »roten« Wedding lebte er, wohlbehütet und aller materiellen Sorgen ledig, im Villenvorort Zehlendorf und träumte davon, eines Tages ein erfolgreicher Naturwissenschaftler zu werden. Mehr als in sozialistischen Debattierzirkeln fühlte er sich inmitten seiner überwiegend »besseren« Elternhäusern entstammenden Tennisfreunde heimisch.

Die wenigen regelmäßigen Kontakte, die Edzard Reuter heute noch zu führenden, fast ausnahmslos dem rechten Parteispektrum zugehörigen SPD-Politikern unterhält, resultieren überwiegend aus seiner späteren Stellung bei Daimler-Benz.

Das »zahlende Mitglied ohne Funktion«, wie er sich selber einstuft, hat nach seinem Weggang von Berlin nie wieder einen sozialdemokratischen Parteitag besucht oder seinen Namen für eines der großen politischen Anliegen der SPD hergegeben. Am meisten verstanden fühlt sich Reuter nicht zufällig von einem Mann, der seiner Partei inzwischen ebenso reserviert gegenübersteht wie er selber: Helmut Schmidt. Im Gegensatz zu führenden Bonner SPD-Politikern unterstützte der Exbundeskanzler sogar öffentlich in einem »ZEIT«-Beitrag Daimlers MBB-Pläne. Im Vorfeld der Transaktion hatte Reuter zusammen mit seinem Kollegen Niefer Schmidt an dessen Feriensitz am Brahmsee aufgesucht, um mit ihm die politischen Auswirkungen des angestrebten Zusammenschlusses zu erörtern.

Kennengelernt hatten sich die beiden Männer zur Zeit der großen Koalition im Jahre 1967. Der Anlaß war eher trivial. Schmidt, zu dieser Zeit SPD-Fraktionschef im Bundestag, hatte die Forderung erhoben, die Tantiemen von Aufsichtsratsmitgliedern generell auf 8000 Mark pro Mandat jährlich zu begrenzen. Reuter empfand den Vorstoß als sehr unglücklich. In einem Brief an Schmidt wies er darauf hin, daß solche Initiativen dazu geeignet seien, das in Kreisen der Wirtschaft mühsam aufgebaute Vertrauen in die SPD ohne Not aufs Spiel zu setzen. In dem anschließend verabredeten Gespräch beklagte sich Schmidt abermals über die im Vergleich zu den Gehältern der Politiker seiner Ansicht nach überhöhten Einkommen in der Wirtschaft.

Persönlich näher kamen sich beide erst auf einer Reise, die Schmidt 1978 als Bundeskanzler nach Japan und Singapur unternahm und auf der ihn das Daimler-Vorstandsmitglied Reuter neben anderen Spitzenmanagern begleitete. 1982 – der Sozialdemokrat aus der Mercedes-Beletage hatte inzwischen, vor allem durch seine St. Gallener Rede, öffentliches Profil gewonnen – wurde Reuters Name für die Nachfolge des amtsmüden Finanzministers Hans Matthöfer gehandelt. Ein konkretes Angebot Schmidts, in sein Kabinett einzutreten, erreichte Reuter jedoch nicht. Als dieser 1985 bei einer Buchpräsentation des SPD-Politikers Wolfgang Roth zu einem rhetorischen »Rundschlag« (»Handelsblatt«) gegen die praktizierte Form von Politik ausholte, war dem unter den Zuhörern weilenden vormaligen Kanzleramtsminister Manfred Schüler klar, daß es der Manager als Minister und die SPD-Bundestagsfraktion äußerstenfalls sechs Wochen miteinander ausgehalten hätten. Noch zweimal versuchte die SPD, ihr prominentestes Mitglied aus dem Kreis der deutschen Topmanager in die politische Pflicht zu nehmen: 1984 trug ihm der Berliner Landesvorsitzende Peter Ullrich die Kandidatur für das Amt des Regierenden Bürgermeisters an. Ein zweiter Reuter für Berlin? Diese Offerte, das spürte er sofort, zielte nicht allein auf sein politisches Engagement. Hier ging es nicht um ein beliebiges Amt. Sollte, ja durfte er diese Aufgabe, die sein Vater in schwerster Zeit übernommen und mit der er durch den Kalten Krieg und die Blockade zu einem Politiker von internationalem Format herangewachsen war, einfach ausschlagen? Er beriet sich ausgiebig mit seiner Frau, aber dann stand sein Entschluß fest: Statt seine berufliche Zukunft in die Hände der Berliner Wähler zu legen, wollte er lieber als Finanzchef von Daimler-Benz den Konzern auf den Weg bringen, der ihm seit längerem unausweichlich erschien. An seiner Stelle übernahm der treue Parteisoldat Hans Apel die Spitzenkandidatur – und verlor die Wahl zum Abgeordnetenhaus gegen seinen CDU-Kontrahenten Eberhard Diepgen klar.

Ein Jahr später, im Frühjahr 1985, sagte sich Willy Brandt in Begleitung Egon Bahrs zu einem Besuch in Edzard Reuters Privathaus an. Der Parteivorsitzende war zu der Ansicht gelangt, daß der für die Bundestagswahl 1987 nominierte sozialdemokratische Kanzlerkandidat, der nordrhein-westfälische Ministerpräsident Johannes Rau, gegen den Amtsinhaber Helmut Kohl nur dann eine Chance haben werde, wenn er in einem Schattenkabinett einen attraktiven Wirtschaftsmann präsentieren könne. Dieser Hoffnungsträger sollte nach seinen Vorstellungen Reuter sein. Doch wenn Brandt gehofft haben sollte, daß sein Favorit nach der Niederlage gegen Breitschwerdt zwei Jahre zuvor bei Daimler-Benz auf dem Absprung sei, hatte er sich getäuscht. Ganz im Gegenteil: Der, wie es schien, »ewige Zweite« hatte mittlerweile längst damit begonnen, sein Konzept der Konzernerweiterung umzusetzen. Gerade in diesem Augenblick seinen Posten zu verlassen und sich mit bald 60 Jahren auf die Unwägbarkeiten einer Politikerkarriere einzulassen widersprach nicht nur seinem ausgeprägten Gefühl für Verantwortung, sondern erschien ihm überdies auch nicht gerade reizvoll. Die Offerte, als Mitglied einer »Kernmannschaft« mit Rau in den Bundestagswahlkampf zu ziehen, lehnte Brandts Wunschkandidat deshalb von vornherein ab. Ob er später, nach einem möglichen Wahlsieg Raus, für das Amt des Wirtschafts- oder Finanzministers zur Verfügung stehen werde, wollte er demgegenüber noch offenlassen. »Wir sind beide mit dem Eindruck nach Hause gefahren, als wolle er sich die Sache ernsthaft überlegen«, erinnert sich Bahr an seinen Besuch mit Willy Brandt.

Auch Rau selber, mit dem Reuter die Frage seiner Kandidatur in der Bonner Landesvertretung Nordrhein-Westfalens besprach, gewann den Eindruck, daß durchaus Anlaß zur Hoffnung bestand: »Ich war davon überzeugt, er macht's.« Allerdings waren die beiden Realist genug, um sich darüber im klaren zu sein, daß es für den Kohl-Herausforderer am 23. Januar 1987 wohl kaum zu einem Sieg reichen würde, mithin alle personellen Planspiele weitgehend Theorie waren. Johannes Rau ist einer der wenigen SPD-Spitzenpolitiker, mit denen Edzard Reuter – vor allem als gesuchter Ratgeber in wirtschaftspolitischen Fragen – in engerem Kontakt steht. Näher kennengelernt haben sich die beiden in einem Kreis SPD-orientierter Manager um den Düsseldorfer Landesbankchef Friedel Neuber.

Gern hätten Raus Wahlkampfmanager Edzard Reuter wenigstens bei einigen großen Wahlveranstaltungen als prominentes »Zugpferd« präsentiert, doch ließ es der Umworbene mit dem Besuch einer Kundgebung auf dem Stuttgarter Killesberg bewenden. Wie es die Regie bestimmt hatte, begrüßte der zusammen mit seiner Frau in der ersten Reihe sitzende Wahlhelfer den Kanzlerkandidaten unter dem Blitzlichtgewitter der Fotografen mit demonstrativer Herzlichkeit. Wäre es nicht gerade Rau gewesen, den er persönlich schätzt, sondern vielleicht Oskar Lafontaine – er hätte seiner Partei höchstwahrscheinlich selbst diese Geste sichtbarer Verbundenheit verwehrt.

Warum ist der Sohn Ernst Reuters überhaupt noch Sozialdemokrat? Die Grundwerte, die er mit der Partei verbindet und zu denen er sich unverändert bekennt – Toleranz, Gerechtigkeit und Solidarität mit den Schwächeren –, gehören mit unterschiedlichen Nuancierungen zu den politischen Idealen auch der anderen großen Parteien. Mit diesen Bekenntnissen ist in einem Land, in dem die individuellen Freiheitsrechte und die soziale Wohlfahrt größer als irgendwo anders sind, kaum noch politisches Profil zu gewinnen. Die wirklichen Defizite, die die SPD für viele unwählbar erscheinen ließ, lagen, wie Reuter immer wieder beklagte, in erster Linie in der ihr zugeschriebenen geringen Kompetenz auf dem Feld der Finanz- und Wirtschaftspolitik.

Vor dem »Seeheimer Kreis«, einer Vereinigung von Bundestagsabgeordneten des rechten SPD-Flügels, rief er seine Partei im März 1984, eineinhalb Jahre nach der Bonner Wende, auf, sich »von Methoden zu lösen, die auf allzuviel künstliche Arbeitsbeschaffung oder den Ruf hinauslaufen, die SPD tauge nur für kreditfinanzierte Scheinlösungen«. Es müsse der Eindruck beseitigt werden, »Ratio und Erfolg sozialdemokratischer Wirtschaftspolitik hingen von Allmacht und Allzuständigkeit des Staates ab«. Reuter: »Wer einen starken Staat will

– und gerade als Sozialdemokrat wird man ihn, etwa beim Widerstand gegen die Macht der Verbände, brauchen –, muß den staatlichen Aufgabenbereich eher zu eng bemessen.« Eindringlich redete er seinen Parteifreunden ins Gewissen, sich in ihrem Denken und Handeln ganz besonders davor zu hüten, »dem ihnen nun einmal anhängenden Ruf gerecht zu werden, wonach sie allzuleicht wirtschaftspolitische Rahmenbedingungen mit staatlichen Einzelinterventionen zu verwechseln pflegen, wenn sie erst einmal an der Regierung sind«.

Zum offenen Streit mit seiner Partei kam es schließlich über den »Fall MBB«. Daß die Sozialdemokraten der von Wirtschaftsminister Martin Bangemann angeregten und von Helmut Kohl nachdrücklich unterstützten Übernahme des Luft- und Raumfahrtkonzerns durch Daimler-Benz äußerst kritisch gegenüberstanden, wußte Reuter spätestens nach einem Essen mit Partei- und Fraktionschef Hans-Jochen Vogel und anderen führenden SPD-Abgeordneten auf der Bonner »Cäcilienhöhe«, bei dem er sein Vorhaben eingehend erläutert und verteidigt hatte. Was ihn jedoch persönlich traf, waren die unter anderem von Wolfgang Roth, dem wirtschaftspolitischen Sprecher der SPD-Fraktion, abgefeuerten Breitseiten gegen den durch die Fusion seiner Meinung nach entstehenden »militärisch-industriellen Komplex«. Bei diesem Wort handele es sich, wie er der Bonner Parteiführung vorhielt, genau um jenen auf Lenin zurückgehenden Begriff, den auch die RAF-Terroristen in ihren Bekennerbriefen nach Mordanschlägen zu verwenden pflegten. »Ich finde es außerordentlich bedauerlich, daß dieser Wortschatz jetzt auch von Parteien dieser Republik im Zusammenhang mit unserer Konzernerweiterung verwendet wird«, beklagte er im September 1988 in einem Interview mit der »Stuttgarter Zeitung«.

Im Jahr der Wiedervereinigung wurde der Riß eher noch tiefer. Reuter hielt die Politik Kohls, die Gunst des Augenblicks zu nutzen und auf eine schnelle Einheit hinzuarbeiten, für richtig. Am Ende eines langen Gesprächs, das er am 6. September 1990 mit dem Kanzler führte, erwähnte er die Ansprache, die bei der Trauerfeier für seinen Vater am 3. Oktober 1953 auf dem Zehlendorfer Waldfriedhof der damalige Bundespräsident Theodor Heuss hielt und in der dieser sagte: »Die Unruhe seines Lebens aber hoffte dem Tag entgegen, da das Unheil des Zerrissenseins von dieser Stadt genommen würde, von diesem Land, und wieder die Freiheit des bürgerlichen Verträgnisses den dumpfen Haß und die böse Gewalt verdränge. Er hat diesem Tag entgegengelebt – er ist diesem Tag entgegengestorben ... Und wenn dieser Tag gekommen sein wird, wandert jener Mann aus Dresden und diese Frau aus Rostock, aus Halle und Magdeburg an das Grab nach Zehlendorf, legt eine Blume nieder, eine Nelke, eine Rose, eine Aster und sagt: Dank, Dank!«

Genau 37 Jahre später, am 3. Oktober 1990, sollte die Wiedervereinigung feierlich vollzogen werden – in Berlin. Kohl verstand und ließ an diesem Tag für die Bundesregierung am Grabe Ernst Reuters einen Blumenstrauß niederlegen – eine Geste, die ihre Wirkung auf den Sohn nicht verfehlte. Die distanzierte Art, in der der SPD-Kanzlerkandidat Oskar Lafontaine auf die durch den Zusammenbruch des SED-Regimes entstandene Lage reagierte, bot ihm demgegenüber wenig Anlaß, sich in dieser für ihn äußerst bewegenden Zeit seiner eigenen Partei innerlich verbunden zu fühlen.

Nach Ausbruch des Golfkrieges am 15. Januar 1991 hat sich Edzard Reuter, wie er zugibt, mehr als einmal die Frage gestellt, ob er »nach seinem eigenen moralischen Verständnis noch Mitglied einer solchen Partei sein dürfe«. Angesichts der Tatsache, daß auf der Grundlage von UN-Beschlüssen »amerikanische Bürger, denen wir unsere eigene Freiheit und Demokratie verdanken, nach intensiver Diskussion ihren Kopf hinhalten«, empört ihn die »windelweiche« Haltung der SPD, empören ihn die abwertenden Äußerungen Lafontaines über die amerikanischen GIs zutiefst. Sicherlich hätte er seine Stimme erheben und die Partei öffentlich zu einem deutlichen Zeichen der Solidarität mit den Golfalliierten auffordern können. Doch anders als in St. Gallen zehn Jahre zuvor, als er nach allen Seiten kräftig austeilte, ist er jetzt der erste Mann im Konzern. Die Sorge des Bürgers Reuter, als Vorstandsvorsitzender von Daimler-Benz in die innenpolitische Auseinandersetzung hineingezogen zu werden, läßt den Gedanken an ein vernehmbares Wort der Kritik an der SPD gar nicht erst aufkommen.

Vor der letzten Etappe seiner Karriere, in der er die von ihm ins Werk gesetzte Metamorphose des schwäbischen Nobelwagen-Herstellers in einen breit diversifizierten international tätigen Technologiekonzern vollenden und absichern muß, hat Edzard Reuter von allen Überlegungen Abstand genommen, von anderer Stelle aus politisch zu wirken. Ernst Reuters Sohn ist den Sozialdemokraten nichts schuldig geblieben. Er hat ihnen beruflich nichts zu verdanken: Was er erreichte, erreichte er nicht wegen, sondern trotz seiner Parteizugehörigkeit. Daß sein Wort zu Fragen, die weit über den engen Rahmen eines Unternehmens hinausgehen, Gewicht hat, garantiert ihm, abgesehen von seiner Position als Chef des größten deutschen Industrieimperiums, allein schon politische Wirkungen. Denkt er über den Bau eines neuen Werks oder den Bau einer Teststrecke nach, stehen Minister und Länderchefs bei ihm Schlange. Nach der Konzentration der gesamten deutschen Luft- und Raumfahrtindustrie unter dem Dach der Daimler-Benz AG ist er durch die zunehmende Internationalität dieses Wirtschaftszweiges auch zu einem Faktor europäischer Industriepolitik geworden.

Daß Edzard Reuter die ihm als Spitzenmanager zugewachsene Position für seine politischen – nicht parteipolitischen – Anliegen durchaus zu nutzen versteht, läßt er vor allem in ereignisreichen Zeiten erkennen. Als er Ende April 1991 in

Washington eine Konzernrepräsentanz eröffnete, hielt er nicht nur vor dem US-German Business Council eine über weite Strecken politische Rede, in der er seinen amerikanischen Zuhörern die schwierige Selbstfindung der Deutschen nach der Wiedervereinigung verständlich zu machen suchte. Er benutzte die Gelegenheit auch dazu, dem Sprecher des Repräsentantenhauses, Thomas Foley, und dem Stabschef des Weißen Hauses, John Sununu, seine Aufwartung zu machen, um beiden für den Einsatz der Amerikaner im Golfkonflikt zu danken. Welcher andere deutsche Unternehmer hätte sich zu einer solchen Mission verstanden?

13. Eine Kultur für einen Konzern

Der lange Weg zum »Wir-Gefühl«

Jedes Unternehmen hat seine eigene Kultur – gleichgültig, ob sich alle Mitarbeiter ihrer jederzeit bewußt sind, ob sie in einer »Verfassung« oder in Führungsleitlinien kodifiziert ist oder einfach nur gelebt wird. Der Begriff, an sich nicht neu, ist in den letzten Jahren zu einem Lieblingsthema für Firmenberater, Seminar- und Kongreßveranstalter geworden. Der vielbeschworene »Wertewandel« hat der Beschäftigung mit dem Thema »Unternehmenskultur« zusätzliche Nahrung gegeben. Zu den überkommenen Tugenden wie Pflicht, Gehorsam und Fleiß sind neue Werte wie Kreativität, Kommunikationsfähigkeit und Teamgeist hinzugetreten.

So neigt man heute auch dazu, in der Kultur eines Unternehmens weit mehr Identifikationsmerkmale zu erfassen als nur internen Umgangsstil, Qualitätsbewußtsein oder eingeprägtes Marktverhalten. Wie stark sich Mitarbeiter mit ihrer Firma verbunden fühlen, hängt vielmehr auch davon ab, in welchem Maße Fairneß und Mitmenschlichkeit, soziales Engagement, Ästhetik in allen Formen der Selbstdarstellung, kulturelle Aufgeschlossenheit, nicht zuletzt auch Rituale, Bräuche und Feiern eine anziehende Atmosphäre schaffen. In der Grundstoffindustrie ist die Unternehmenskultur eine andere als in Ingenieurunternehmen, in Familienfirmen anders als in Kapitalgesellschaften mit breiter Kleinaktionärsstruktur, in multinationalen

Konzernen anders als in Häusern mit stark regionalem Appeal. Die Thyssen- oder Krupp-Kultur unterscheidet sich von der Bayers, die bei Gerling von der in der Allianz-Gruppe, und selbst zwischen Bosch und Daimler-Benz haben urschwäbische Schaffer- und Tüftlertugenden sowie die gemeinsame Ausrichtung auf das Auto noch genügend Raum für einen eigenen unverwechselbaren Stil gelassen.

Altgediente im Zeichen des Sterns behaupten, selbst bei Daimler-Benz gebe es, 65 Jahre nach der Fusion, immer noch zwei Kulturen – die derjenigen, die in Sindelfingen und Untertürkheim »beim Daimler schaffen«, und die ihrer Kollegen »beim Benz« im badischen Mannheim. Mag sein, daß sich darin ein gewisser Hang zu lokalpatriotischer Profilierung widerspiegelt, so wie in der Selbsteinschätzung der Sindelfinger, mit ihrem 47000 Beschäftigte zählenden Pkw-Werk den »wahren Daimler« zu verkörpern – und nicht die Aggregatebauer am Stammsitz Untertürkheim. Gemeinsam war allen jedoch von Anbeginn der Stolz auf das gefertigte Produkt und seine Qualität, das Ergebnis von Sorgfalt und Solidität. »Wir wissen, was für den Kunden gut ist, und nicht der Kunde weiß, was für ihn gut ist, das ist bewiesen, weil es immer so war«, beschreibt Edzard Reuter die aus dem Bewußtsein, die besten Autos der Welt zu bauen, resultierende Denkweise des typischen Daimler-Mitarbeiters. Die Kehrseite dieses an Dünkel grenzenden Selbstbewußtseins: In einem solchen Unternehmen, so die verbreitete Einstellung, könne einfach nichts schiefgehen! »Es gehörte zu dieser Unternehmenskultur, daß man keinen Fehler zugab, sondern ihn in bewährter Kameraderie kollegial zudeckte«, erinnert sich Reuter. Das Gefühl tiefer Befriedigung, »beim Daimler schaffen« zu dürfen, erstickte jede Versuchung, sich allzu viele Freiheiten herauszunehmen oder gar wegen Aufmüpfigkeit gegenüber Vorgesetzten unangenehm aufzufallen. Man paßte sich geräuschlos in die funktional gegliederte Hierarchie ein, tat gewissenhaft seine Pflicht und übte sich ansonsten in Bescheidenheit.

Das Unternehmen dankte seinen Mitarbeitern das hohe Maß an Identifikation. In einem fast patriarchalisch anmutenden Klima traten Lehrlinge in aller Regel eine Lebensstellung an. Wer nicht gerade die berühmten silbernen Löffel klaute, mußte kaum damit rechnen, jemals entlassen zu werden. Wer das Pech hatte, aus Krankheitsgründen vorzeitig ausscheiden zu müssen, und noch nicht die Anwartschaft auf die volle Altersversorgung besaß, durfte zuversichtlich hoffen, daß die Firma ein bißchen nachhalf.

Weniger bescheiden als im Unternehmen traten die leitenden Herren demgegenüber oft draußen in Erscheinung. Ein Daimler-Direktor war ein kleiner Herrgott, und er trat in der Öffentlichkeit vielfach auch so auf. »Es ist wahr, daß Daimler-Mitarbeiter durch die Form ihres Auftretens gegenüber Lieferanten, Kunden und der Allgemeinheit ein sehr schlechtes Image hatten«, räumt sogar Edzard Reuter selbstkritisch ein. Ihr Stil unterschied sich damit sehr von dem ihrer meisten Kollegen bei Bosch, die einen von Firmengründer Robert Bosch geprägten und von seinen Nachfolgern teilweise bis heute kultivierten Puritanismus auch nach außen nicht ganz verleugnen können.

Eigentlicher Mittelpunkt von »Daimler-Benz alt« war das Führungskräftekasino in Untertürkheim. Mit Ausnahme der Vorstandsmitglieder, die in einem separaten Raum bei Tisch saßen, versammelten sich hier jeden Tag etwa 150 Direktoren und Hauptabteilungsleiter zum Essen. Gegessen wurde in zwei Schichten, jeder hatte seinen festen Platz. Daß er an dieser Börse für Informationen, Meinungen und Gerüchte willkommen sei, erfuhr der betreffende Mitarbeiter aus einer förmlichen schriftlichen Einladung der Personalabteilung. Viele aus diesem Kreis verkehrten auch privat miteinander. Da man auf dieser Hierarchieebene nur in seltenen Ausnahmefällen einmal jemanden von außen engagierte, verjüngte sich Daimlers Führungsgarde fast ausschließlich von unten, woran sich bis heute nicht viel geändert hat. Das vertraute Bild wurde kaum gestört, wenn zum traditionellen Neujahrsempfang zusätzlich die Geschäftsführer der Auslandsgesellschaften anreisten. Wenn sich heute im Werksmuseum an die 1600 Manager von Mercedes-Benz, AEG, der Deutschen Aerospace und der Dienstleistungsfirma debis mit den Holding-Kollegen der Daimler-Benz AG zum Lagebericht Reuters mit anschließendem Imbiß einfinden, fühlen sich manche der altgedienten Automobilisten fast ein wenig fremd.

Der plötzliche Aufbruch von der verläßlichen Basis zu neuen, zunächst nicht klar umrissenen Zielen bedeutete für viele das jähe Ende einer festgefügten Ordnung, die im Laufe der Zeit manche Stürme ausgehalten und ihnen auch außerhalb ihrer Firma gesellschaftliches Ansehen garantiert hatte. Würde man sich durch die neuen Dinge, auf die man sich eingelassen hatte, nicht das gute Image, auf das man doch mit Recht so stolz sein konnte, kaputtmachen, womöglich noch AEG-Kühlschränke mit dem Stern auf der Tür herausbringen? Weil man auf die in den Medien und sogar in den Parteien diskutierten Akquisitionen, vor allem den MBB-Mehrheitserwerb, nicht vorbereitet war, löste die in extrem kurzer Zeit vollzogene Konzernerweiterung eine Art Kulturschock aus: Die tragende Schicht der Daimler-Direktoren, von denen viele bereits auf die 60 zugingen, mußte nach Jahrzehnten des Erfolgs plötzlich erleben, daß ihr Unternehmen im Mittelpunkt harter öffentlicher Kritik stand. Entsprechend groß waren die Vorbehalte gegen den für sie innerlich nicht nachvollziehbaren Kurs. Pannen und Rückschläge im Automobilgeschäft, wie die Qualitätsmängel bei der neuen Mittelklasse, oder Absatzeinbrüche von unerwarteten Ausmaßen wurden zur eigenen Entlastung elegant der angeblich einseitigen Ausrichtung des Konzerns auf die neuen Bereiche angelastet.

Offiziell jedoch opponierte kaum jemand gegen Reuters Politik. Zivilcourage war »beim Daimler« nie Pflichtfach gewesen. Wer es dennoch gelegentlich gewagt hatte, Fehler und Mißstände in größerer Runde offen anzusprechen, hatte dafür bei seinen Vorgesetzten nicht nur Anerkennung geerntet. Selbst ein so schwerwiegender Schritt wie die tiefe Verankerung des Konzerns im Rüstungsgeschäft, eine auch an ethische Überzeugungen von Mitarbeitern rührende Weichenstellung, wurde allenfalls in kleinen Zirkeln, aber kaum mit einem dem Thema wirklich angemessenen Engagement in breiterem Rahmen erörtert.

Edzard Reuter wäre vermutlich sehr an einer offeneren Debatte gelegen gewesen, schon um die – wie er sie nannte – »Reichsbedenkenträger« von der Richtigkeit seiner Strategie zu überzeugen. Bevor er am 3. September 1987, nur zwei Tage nach seinem Amtsantritt als Vorstandsvorsitzender, zur Motivation seiner durch die internen Querelen der letzten Monate verunsicherten Führungskräfte eine betont kämpferische Rede hielt, warb ein Mitarbeiter durch gezielte Ansprache sogar zu möglichst reger Teilnahme an der sich anschließenden Diskussion. Der Erfolg dieser Animation hielt sich allerdings in Grenzen. Reuter-Kollegen vermuten, daß der Vorstandschef selber durch die rhetorische Brillanz und das intellektuelle Niveau seines Vortrags, gelegentlich auch durch einen leicht gereizten Ton bei der Beantwortung kritischer Diskussionsbeiträge, nicht gerade Debattierlust verbreitet. »Überfährst du die Leute, oder trauen die sich nicht?« fragt er sich inzwischen schon selber. »Vielleicht traut sich ein Vertriebsdirektor Pkw nicht, etwas über Weltraumtechnik zu fragen, weil er fürchtet, auf dem falschen Bein erwischt zu werden.« Die grüblerische Frage, »ob die vielleicht einen Überrespekt vor dir haben«, führt ihn indes immer wieder zu der Feststellung, daß es »bei Breitschwerdt, Prinz und Zahn auch nicht anders war«.

Zu dem stillen Frust, den viele jener unbeirrt an eine große Auto-Zukunft glaubenden Skeptiker mit sich herumschleppen, hat eine Menge beigetragen: etwa daß die Mercedes-Benz AG, in der das Automobilgeschäft konzentriert ist, nach dem neuen Konzernaufbau nicht mehr ganz oben rangiert, sondern eine Ebene unter der Holding Daimler-Benz AG auf gleicher Stufe wie die unattraktive AEG und die Deutsche Aerospace. Wer fast sein ganzes Leben »beim Daimler« gearbeitet hatte, registrierte es mit einiger Wehmut, daß in »seinem« Unternehmen der Name des Cannstatter Gründervaters plötzlich gar nicht mehr zu finden war, sondern nur noch in dem der Holding. »Das Selbstgefühl der Mercedes-Leute ist ungeheuer sensitiv«, erklärt sich Reuter die Widerstände, die er auf seinem Weg in der traditionellen Führungsschicht zu überwinden hatte und zum Teil noch zu überwinden hat. Dabei spiele auch schmerzlich empfundener »Liebesentzug« eine Rolle, wie der Konzernchef kühl diagnostiziert. »Früher«, so hört er sie klagen, »war der Herr Reuter, der einer von uns war, mindestens einmal im Jahr im Werk und hat mit den Leuten gesprochen, doch jetzt kommt er nicht mehr.« Natürlich, so gibt er zu, habe sich in dieser Beziehung vieles geändert. Vorrangig sei nach den Akquisitionen für ihn gewesen, die Werke von AEG, Dornier und MBB kennenzulernen. Mit der ganzen Distanz des Berliners erkennt der Daimler-Chef bei den Schwaben ein »offensichtliches Bedürfnis«, immer wieder zu hören, wie gut sie sind. Doch für soviel emotionale Zuwendung bringt Edzard Reuter nur bescheidenes Talent mit. Ein Schulterklopfer ist er nicht. »Launige Volksreden vor Mitarbeitern, auf die Bühne gehen und Lieder singen oder einen Bierkrug schwingen, das mag ich nicht, auch nicht bei andern«, gesteht er.

Ein Konzernbewußtsein, so Reuter im November 1990 vor Führungskräften, könne nicht »herbeibefohlen« werden. Der Münchener Professor Lutz Rosenstiel brachte das Problem auf den Punkt, als er auf einem Kongreß der Bertelsmann-Stiftung zum Thema »Unternehmenskultur in Deutschland« 1986 feststellte: »Die Unternehmensspitze, die Führungskräfte, werden jedoch nicht determinieren können, wie die Kultur des Unternehmens morgen aussieht. Kultur entsteht aus dem Handeln vieler. Dies ist ein Prozeß, der Zeit braucht, die Beteiligung möglichst aller, glaubhaftes Vorleben zentraler Werte, Wissen um eigene Tradition und um künftige Perspektiven.«

Aus der Tradition wird der neue Daimler-Benz-Konzern indes kaum so schnell eine gemeinsame Identität gewinnen. Mit einer zu unterschiedlichen Geschichte, einem zu unterschiedlichen Bewußtsein ihrer Mitarbeiter sind die unter dem Symbol des Sterns vereinigten Unternehmen zueinandergekommen. Bei allen Akquisitionen standen andere, in erster Linie technologische Überlegungen im Vordergrund und nicht die Frage der kulturellen Harmonisierung. Läßt sich überhaupt eine gegensätzlichere Erfahrungswelt denken als die der erfolgsverwöhnten Daimler-Beschäftigten und die ihrer aus dem langen, dunklen Tal der Insolvenz emporgestiegenen Kollegen der AEG? Wie können zwei Unternehmen wie MBB und Dornier in kürzester Zeit in einer gemeinsamen Daimler-Benz-Kultur aufgehen, die sich noch bis vor kurzem als erbitterte Konkurrenten verstanden und wechselseitig recht unfreundliche Vorurteile kultivierten? Aus der Sicht der Dorniers war der Marktführer, auf eine saloppe Formel gebracht, vor allem wegen seines kurzen Drahts in die Münchener Staatskanzlei und seine mächtige Lobby in Bonn so erfolgreich. Dornier, so schallte es bei MBB zurück, sei überhaupt nur so lange im Rennen geblieben, weil es die Bundesregierung davon überzeugt habe, daß nicht alle Aufträge an den Größten gehen dürften.

Edzard Reuter bemühte sich denn auch von Anfang an, den langen Weg zu einem verbindenden »Wir-Gefühl« über die Entwicklung eines gemeinsamen Stils zu finden. Gemeint war damit der Stil im Umgang miteinander, aber auch der Stil in der Darstellung nach außen. Nach einer »Übergangs- und Umbruchphase«, so ließ Reuter in einem Führungskräfte-Kolloquium im November 1990 den Blick weit in die Zukunft schweifen, werde sich »dann schließlich irgendwann einmal«

eine Unternehmenskultur entwickelt haben, in der sich »alle, die bei uns arbeiten, zu Hause fühlen können, aber die auch das Bild prägt, mit dem dieser Konzern sich in der Öffentlichkeit präsentiert«.

Zunächst ging es schlicht darum, daß sich die Führungskräfte des neuen, vorerst nur juristisch und finanziell miteinander verbundenen Industrieimperiums persönlich kennenlernten. Daneben mußte Reuter daran gelegen sein, leitenden Mitarbeitern durch Jobrotation innerhalb des erweiterten Konzerns ein Gefühl für die gewachsenen Kulturen der jeweils anderen Firmen zu vermitteln. Eine solche Rotation ist in der Praxis oft nur schwer in Gang zu setzen. Wo eigene Interessenten an einer vakanten Position ihre Wünsche anmelden, sind Leute von außen nicht unbedingt gefragt, selbst wenn sie aus demselben Konzern kommen. Ebenso menschlich ist es, daß niemand einen wirklich guten, für höhere Aufgaben ausersehenen Mitarbeiter gerne zu einer Schwesterfirma ziehen läßt.

Im Rahmen von »Personal-Entwicklungsprogrammen«, intern unter dem Kürzel »PEP« geläufig, versucht Reuter deshalb, jüngere Führungskräfte in unteren Positionen durch einen sechsjährigen Einsatz an verschiedenen Stellen des Konzerns zu Allroundmanagern im Range von Hauptabteilungsleitern (Gehaltsspanne: zwischen 180 000 und 260 000 Mark) heranzubilden. Zweimal im Jahr laden Reuter und seine Kollegen aus der Holdingspitze die Vorstände der Unternehmensbereiche Mercedes-Benz, AEG, Deutsche Aerospace und debis sowie die zweite Führungsebene – Direktoren, Werksleiter und Geschäftsführer von Auslandsgesellschaften – zum sogenannten »Team-Gespräch« über ein den Gesamtkonzern betreffendes Thema ein. So diskutierten die rund 180 Teilnehmer im April 1991 einen Tag lang das Thema Unternehmenskultur. Reuter übernahm nach der erstmalig überaus lebhaften und teilweise äußerst kritischen Diskussion das Schlußwort.

Daß er den internen Integrationsprozeß nicht nur formal zur

Chefsache erklärt hat, unterstrich Reuter auch durch seine Mitwirkung an den »Konzern-Kolloquien«. In einer ersten Veranstaltungsreihe konfrontierte er an drei Wochenenden jeweils ein Drittel seines »Team-Kreises« mit dem Thema »Macht im Spannungsfeld von Wirtschaft, Politik und Gesellschaft«. Als Referenten hatte er den Bonner Politikwissenschaftler Karl Dietrich Bracher, den SPD-Linken Professor Peter von Oertzen und den Vorsitzenden der Bosch-Geschäftsführung, Marcus Bierich, in das Daimler-Bildungszentrum auf den »Lämmerbuckel« eingeladen.

Persönlich teilte Edzard Reuter auch einer Gruppe junger Abteilungsleiter »mit hohem Potential« Projektthemen für »Konzernseminare« zu. In zwei mehrtägigen Sitzungen erarbeiteten sie konkrete Vorschläge, wie sich Daimler-Benz auf ganz bestimmten Gebieten ihrer Meinung nach verhalten sollte, etwa im Umweltschutz. Um ihre Vorstellungen fachlich abzusichern, durften sie im gesamten Konzern mit Experten ihrer Wahl Gespräche führen. Nachdem er sich die Vorschläge zunächst allein angehört hatte, ließ Reuter seine Seminaristen die Klausurergebnisse in einer Vorstandssitzung vortragen – »um meinen Kollegen zu zeigen, was die jüngeren Leute denken«.

So wichtig solche Schritte zum gegenseitigen Kennenlernen auch sein mögen – die eigentliche Frage ist: Welches könnten die Grundelemente einer Unternehmenskultur in einem Mammutkonzern mit bald 100 Milliarden Mark Jahresumsatz und über 376 000 Mitarbeitern sein, der Autos und Flugzeuge, U-Bahn-Wagen und Briefsortieranlagen, Nierensteinzertrümmerer und Elektroherde, Personalcomputer, Finanzdienstleistungen und vieles mehr im Programm hat? Wie soll ein Konzern, der fast ein Konglomerat darstellt, für die Menschen, die in ihm arbeiten, als ein Unternehmen mit eigener Identität erkennbar und erfahrbar sein? Worauf sollten diese Mitarbeiter stolz sein können, was sollte sie über die üblichen »Arbeitsbedingungen« hinaus mit ihrer Firma verbinden?

In seiner Sitzung am 26. März 1990 beauftragte der Vorstand eine Arbeitsgruppe damit, »Möglichkeiten zur gezielten Weiterentwicklung der Unternehmenskultur im Konzern zu untersuchen«. Strategieprojekt Kultur? Auch wenn Edzard Reuter in seinem Ressort eigens einen für das Gebiet »Visionen, Szenarien, Leitbilder« verantwortlichen Mitarbeiter beschäftigt, lassen sich solche schwierigen Grundorientierungen nicht vom Schreibtisch aus gewinnen. Visionen hat man, oder man hat sie nicht. Leitbilder entstehen und gewinnen ihre verbreitende Wirkung allein durch Vorleben einzelner exponierter Bezugspersonen. Die spröde Formel vom »integrierten Technologiekonzern«, an der der kühle Rationalist Reuter als Identitätsklammer nach wie vor festhalten möchte, taugt vielleicht gerade zum Selbstverständnis einer technokratischen Führungsschicht. Den Mitarbeitern unterhalb dieser Ebene gibt sie wenig. Werte und Ziele, an denen sich die Mitglieder von Großorganisationen ausrichten sollen, müssen einfach und verständlich sein, sie müssen nicht nur die Köpfe erreichen, sondern auch Gefühle und Empfindungen ansprechen.

Manches an möglichen Inhalten einer späteren Gesamtkultur bringt Mercedes in das größere Haus mit: den zur Norm erhobenen Sinn für Qualität und technische Perfektion, aber auch das über Managergenerationen eisern verfolgte Prinzip einer stocksoliden Finanzführung. Darauf läßt sich vieles aufbauen. Zur Unternehmenskultur gehören aber auch Formen und Inhalte individueller Arbeit. Leistungsbereitschaft und Zufriedenheit sind um so größer, je kleiner und überschaubarer Unternehmenseinheiten sind, je klarer Verantwortlichkeiten voneinander abgegrenzt sind und je weiter der Spielraum für eigenverantwortliche Arbeit bemessen ist. Genau die umgekehrte Tendenz bewirkte Reuters Konzept eines dreistufig gegliederten Vielproduktkonzerns: Abstimmungsprobleme im Verhältnis zwischen operativen Gesellschaften und Holding, längere Entscheidungswege und eine mit der Größe zwangsläufig zunehmende Tendenz zur Bürokratisierung.

Edzard Reuter weiß nur allzugut, daß dieses Problem bereits im Altbereich, dem Automobilgeschäft, nach einer Lösung verlangt. Die alte funktionale Organisation mit ihrem Nebeneinander von Entwicklung, Materialwirtschaft, Produktion und Vertrieb hat die Jahrzehnte eines ungebrochenen Wachstums nahezu unverändert überdauert. Der Pkw-Bereich, für sich genommen, brachte es 1990 auf einen Umsatz von 34 Milliarden Mark, mehr als der gesamte Thyssen-Konzern oder der Energieriese RWE. Allein das Werk Sindelfingen ließ Wagen im Gesamtwert von 18 Milliarden Mark vom Band rollen. Etwa in dieser Größenordnung liegen die addierten Umsätze von AEG, MBB und Dornier.

Die Krux dieser Monolithen ist, daß sich die auf das wirtschaftliche Ergebnis gerichtete unternehmerische Verantwortung auf die Managementspitze beschränkt. Alle Führungskräfte darunter sind als »Funktionalisten« nur für ihr eigenes Segment zuständig. Um dies zu ändern, müssen die alten Strukturen aufgebrochen, muß unternehmerischer Elan an der Basis entfacht werden. Als Pilotprojekt haben die Mercedes-Manager eine Reihe von Oasen wie das gesamte Werk Bad Homburg (Produktion: Ventile) und die Getriebefertigung in Untertürkheim unter der Leitung eines »Generalisten« zu sogenannten »Profit-Centern« erklärt. Eine wirkliche »Kulturrevolution« müßte jedoch gleichzeitig mit dem traditionellen »bürokratischen Entlohnungssystem« (Reuter) Schluß machen. Bis heute ist bei Mercedes-Benz der Anteil von flexiblen, leistungsorientierten Vergütungsregelungen, so klagt der Konzernchef, »nahezu Null«. Selbstkritisch räumt er ein: »Keiner von uns hat den Mut, zu sagen: Du hast deinen Job wirklich gut gemacht und bekommst dafür einen Sonderbonus, und dir, der du im vergangenen Jahr viel Geld bekommen hast, streichen wir wieder etwas davon.«

Für Edzard Reuter hat Unternehmenskultur immer auch mit Kultur im engeren Sinne des Wortes zu tun gehabt. Mitarbeiter sollten nicht nur funktionsgerechte Büros erhalten, sondern auch mit einem ästhetischen und künstlerisch anspruchsvollen Ambiente konfrontiert werden, so seine Überzeugung. Obwohl er, als die Planung der Konzernzentrale in Stuttgart-Möhringen 1980 begann, noch unter Gerhard Prinz Finanzchef war, hatte er am Bau von »Mercedes City« entscheidenden Anteil. Vor allem die konzeptionellen Vorgaben für die Architekten tragen seine Handschrift.

Ursprünglich war das Gebäude lediglich für den Fahrzeugvertrieb vorgesehen. Der Vorstand, so hieß es damals, gehöre auf das Werksgelände in Untertürkheim mitten in die Produktion. Erst mit dem Umbau des Konzerns fiel 1988 die Entscheidung, mit der Holding nach Möhringen zu gehen. Zentralen großer Unternehmen haben zu allen Zeiten architektonische Zeichen gesetzt. Markante Beispiele sind Poelzigs I.G.-Farben-Haus in Frankfurt, die Hoechst-Zentrale von Behrens, Thyssens Drei-Scheiben-Hochhaus von Schneider-Esleben in Düsseldorf oder der Münchener BMW-Zylinder des Wiener Architekten Schwanzer.

Edzard Reuter hat seit frühester Jugend ein reges Interesse an Architektur. Ein enger Freund seiner Eltern war der berühmte Berliner Stadtplaner Martin Wagner. Während Ernst Reuter in den zwanziger Jahren als Verkehrsstadtrat neue U-Bahn-Linien in die äußeren Bezirke der Hauptstadt führte, plante Wagner parallel dazu in der Nähe der Bahnhöfe im Grünen gelegene Wohnsiedlungen. Als Emigrant in der Türkei verkehrte er ebenso im Hause Reuter wie die Brüder Max und Bruno Taut. Letzterer hatte unter anderem die bekannte Hufeisen-Siedlung in Berlin-Britz gebaut und arbeitete später an der Kunstakademie in Istanbul. Inspiriert durch viele Gespräche und die Lektüre der Veröffentlichungen Ludwig Mies van der Rohes, erwärmte Edzard Reuter sich vor allem für die Ideen des

Bauhauses, zu denen auch seine Eltern eine große Affinität hatten. Als junger Student verkehrte er im Hause des Bauhaus-Meisters Hinnerk Scheper, der unter Ernst Reuter Stadtkonservator wurde. Bei Scheper und seiner Frau Lu, ebenfalls eine Künstlerin, konnte er eine große Zahl von Bauhaus-Originalen – Möbel, Bilder und auch Bücher – bewundern.

»Fortschrittlichkeit, Maß und Ausgewogenheit der Form, unaufdringliche und doch präsente Schönheit« sind für den Daimler-Chef Inbegriff geglückter Architektur. Freimütig räumt er ein, daß auch ihn der originelle BMW-Zylinder am Münchener Olympiapark anfänglich beeindruckt habe. Doch dann meldete sich schnell sein ausgeprägter Sinn für Funktionalität, dem die runden Wände und »komischen Ecken« im Wege stehen. »Menschen, deren Arbeit auf Maß und Ausgewogenheit ausgerichtet ist, sollten sich nicht in den schrillen Moden einer Bauwut einrichten müssen, die in einem oberflächlichen Verständnis von Originalität nach schnellen Sensationen giert«, schrieb er zur Eröffnung der Metropolis von Möhringen. Das »menschliche Maß« findet er in der aus 175 Entwürfen ausgewählten Dorfarchitektur des Düsseldorfer Büros Dansard, Kalenborn und Partner am besten gewahrt: Zehn vier- bis sechsgeschossige Bürogebäude gruppieren sich um das elfstöckige Vorstandshaus, in dessen oberster Etage, direkt unter dem rotierenden Mercedes-Stern, der erste Mann des größten deutschen Industriekonzerns seine Strategien entwickelt.

Auch wenn er es nicht gerne zugibt: Geärgert hat es ihn schon, daß die Architekturpäpste der Presse mit ätzender Kritik über die Daimler-Zentrale herfielen. »Harmlose Buchhalter-Architektur mit ein paar Schöner-Wohnen-Akzenten« attestierte die »Stuttgarter Zeitung« dem Bauherrn, der »FAZ« dünkte der »erschreckend einfallslose« Bau »wohlhabend und bieder wie ein aufgeblasener Mittelklassewagen«. Die Reaktionen gipfelten in dem Verdacht, der Riese habe sich bewußt geduckt. »Sie haben ja bloß nicht den Mut gehabt, die Macht Ihres Konzerns in einem richtigen Hochhausklotz zu zeigen, Sie verstecken sich doch, Sie heucheln doch nur mit dieser Architektur«, zitiert Reuter einen der Kritiker. Für ihn, so konterte er, zähle allein, daß sich die 3500 Mitarbeiter in den durch ihr offenes Treppenhaus besonders kommunikationsfreundlichen Bürogebäuden wohl fühlten, und er habe noch nie gehört, daß sich hier einer nicht wohl fühle.

Edzard Reuter hätte gerne auch zeitgemäße architektonische Formen der Produktion zu entwickeln versucht. »Wie kann man eine größere Fabrik mit unserem herkömmlichen Bild von städtischem Leben außer durch ein Wegrücken an den Rand vereinbaren?« fragte er 1987 in der Vortragsreihe »Berliner Lektionen« im Renaissance-Theater. Doch gegen die »Mafia von Mercedes-Benz« mit ihren »festgefahrenen Strukturen« vermochte selbst er wenig auszurichten. Mit der zweiten Baustufe des Daimler-Forschungszentrums ergab sich plötzlich jedoch die Chance, dem neuen Anspruch eines »Global Player« auch sichtbare Geltung zu verschaffen. Für die Denkfabrik auf dem Ulmer Eselsberg engagierte er den New Yorker Stararchitekten Richard Meier, von dem unter anderem das neue Museum für Kunsthandwerk in Frankfurt stammt. Die größte Herausforderung steht Reuter jedoch noch bevor: für das bereits lange vor der Präsentation eines architektonischen Konzepts im Mittelpunkt öffentlichen Interesses stehende Prestigeprojekt am Potsdamer Platz in Berlin die für eine Weltstadt gemäße Kombination von Ästhetik und Funktionalität zu finden.

Alle Unternehmen, ob klein oder groß, täten gut daran, sich mit Kunst zu beschäftigen, hat Edzard Reuter einmal gemeint und hinzugefügt: »Wir bei Daimler-Benz tun das nicht zuletzt deswegen, weil wir unseren Mitarbeitern einen selbstverständlichen Umgang mit der Kunst ermöglichen wollen, ja ich scheue mich nicht, hier sogar das Wort ›einüben‹ zu gebrauchen. Kunst muß und kann auch eingeübt werden.« In Möhringen, so sein Plan, sollten Angestellte und Besucher in der zentralen Halle buchstäblich auf Kunst stoßen. Entgegen dem architektonischen Grundprinzip, die Mitte repräsentativer Räume freizuhalten, bestimmte er diesen Platz als Standort für die monumentale Skulptur »Fünf Kontinente« des amerikanischen Minimalkünstlers Walter de Maria. 250 Tonnen Urgestein – Marmor, Quarz und Magnesit aus Europa, Asien, Afrika, Nord- und Südamerika – in einem von weißen Stahlstreben zusammengehaltenen Plexiglaswürfel sollen die Einheit der Erde sowie ihre räumliche und zeitliche Distanz symbolisieren. Mit welcher Art von Kunst er seine Mitarbeiter konfrontierte, bestimmte der Daimler-Chef praktisch allein. »Das geht nicht ohne eine gewisse Diktatur, das ist nie anders gewesen«, erteilt er jedem Gedanken an eine demokratische Kunstauswahl eine Absage.

So spiegelt sich in der künstlerischen Ausstattung der Hauptverwaltung haargenau jener abstrakte, konstruktivistische Stil wider, der – weniger von der Emotionalität als vom Intellekt bestimmt – Reuters ganzer Art entspricht. Fast einer mathematischen Ableitung gleicht die farbige Bildersäulen-Dreiergruppe des Schweizer Großplastikers Max Bill. Den 1908 geborenen einstigen Bauhaus-Schüler, der nach dem Zweiten Weltkrieg die zeitweise von ihm geleitete Ulmer Hochschule für Gestaltung gebaut hatte, verehrt der kunstsinnige Konzernchef als »väterlichen Freund«. Herausragend auch im wörtlichen Sinne ist die 42 Meter hohe Lichtstele von Heinz Mack, eine mit reflektierenden Blechen verkleidete Stahlkonstruktion. Mack war zusammen mit Otto Piene 1958 Begründer der Düsseldorfer Künstlergruppe ZERO, die den Ausdruck ihrer Arbeiten auf Licht und Farbe reduzierte und der bis heute Reuters private Sammelleidenschaft gilt. Schon Ende der sechziger Jahre, als die meisten Manager zeitgenössischer Kunst noch skeptisch bis ablehnend gegenüberstanden, war Edzard Reuter bei avantgardistischen Galeristen bereits ein gern und oft gesehener Gast und – soweit es seine Finanzen als Hauptsekretär erlaubten – gelegentlich auch schon ein Käufer.

Zu diesem Zeitpunkt war Daimler-Benz, was Kunst betrifft, noch ein ziemlich unbeschriebenes Blatt. Außer einigen deutschen und niederländischen Landschaftsbildern in den höheren Etagen gab es kaum Beachtenswertes – abgesehen vielleicht von einem großvolumigen Revolutionsgemälde, das der sowjetische KP-Generalsekretär Leonid Breschnew Vorstandschef Zahn geschenkt hatte. Zahn, der abends gewöhnlich erst spät das Büro verließ, hatte wenig Verständnis dafür, wenn Mitarbeiter früher gehen wollten, weil sie sich mit ihrer Frau fürs Theater oder Konzert verabredet hatten. Die Karten blieben meist in der Tasche. Zwar gab man sich hin und wieder generös, etwa wenn Hermann Josef Abs, ein großer Musikliebhaber, für einen talentierten Künstler das Geld zum Kauf eines Cellos zusammensammelte oder ein Museum ein Gemälde erwerben wollte. Doch der Spender blieb in aller Regel anonym; Kunst war nach damaligem Verständnis Privatsache und für das Unternehmen damit tabu.

Das änderte sich, als Edzard Reuter 1978 – wie er betont, »unter Überschreitung aller Kompetenzen« – für die Firma »hier und da mal so ein bißchen Kunst zu kaufen« begann. »Da ich das als Vorstandsmitglied abzeichnen konnte, machte das keine Schwierigkeiten«, erinnert sich der Kunstfreak. Allerdings war Reuter so klug, Zahn gelegentlich ein gerade erworbenes Bild zu zeigen, von dem er annehmen durfte, daß es auch dem Vorstandsvorsitzenden gefallen würde. Taktisch äußerst geschickt, legte Reuter ein von Experten der Stuttgarter Staatsgalerie kunsthistorisch abgesichertes Sammelkonzept vor, nach dem Werke zeitgenössischer Maler aus dem südwestdeutschen Raum gekauft werden sollten: Hoelzel, Schlemmer, Baumeister, Arp, Vordemberge-Gildewart und andere.

Die regionale Spezialisierung, so Reuter, habe ein wenig »Feigenblatt-Funktion« erfüllt, weil sich das ehrgeizige Projekt einer eigenen Kunstsammlung als Beitrag bodenständiger Kulturpflege hausintern besser »verkaufen« ließ. Alle Bilder, auch das war Bestandteil des Konzepts, sollten nur an Stellen zu sehen sein, die den Mitarbeitern zugänglich waren. Sie erlebten so tagtäglich eine Umgebung, die ihnen die Beschäftigung und Auseinandersetzung mit Kunst abverlangte – bis hin zum Mittagessen in der Kantine, in der Bilder von Fruhtrunk, Grieshaber und Hajek aufgehängt sind. Inzwischen ist Reuters Kunstkabinett auf über 150 Bilder angewachsen – längst nicht mehr alles nur Werke der württembergischen Moderne.

Der wohl spektakulärste Kauf jenseits der selbstgesteckten Grenzen: Andy Warhols »Cars«-Serie. Die Anregung zu dieser Auftragsarbeit kam 1986 von dem Düsseldorfer Galeristen Hans Mayer, seit vielen Jahren mit dem Privatsammler Reuter bestens bekannt. Der amerikanische Pop-Künstler sollte die schönsten Daimler-Benz-Autos aus hundert Jahren malen. In seiner New Yorker »Factory« brachte er es auf 35 Bilder, als er im Februar 1987 plötzlich starb. Der Zyklus wurde so Warhols letztes, unvollendet gebliebenes Werk. Nach einer Ausstellungsreise um die halbe Welt – eineinhalb Jahre wurde die Serie allein in Japan gezeigt – kehrten die popfarbenen Klassiker 1990 wieder nach Stuttgart zurück.

Gleichgültig, wie man zu Edzard Reuters Vorstoß in neue Konzerndimensionen auch immer stehen mag – daß er den behäbig und selbstzufrieden dahintrottenden Riesen nicht nur wirtschaftlich, sondern auch mental aus seiner Lethargie aufgescheucht hat, ist kaum zu bestreiten. Unter seiner Führung ist Daimler-Benz offener, politischer, in mancher Hinsicht auch sensibler, auf alle Fälle jedoch nachdenklicher geworden. Keiner seiner Vorgänger hat auf allen Ebenen so intensiv das Gespräch mit den leitenden Mitarbeitern gesucht wie er. Auch eine gemeinsame »Diskussionskultur« gelte es zu entwickeln, predigte er im November 1990 den Teilnehmern eines »Konzern-Kolloquiums«.

Die Frage ist, wieviel Edzard Reuter von dem, was er in seinem Amt an Haltung und Stil vorzuleben versucht, dauerhaft auf das Unternehmen übertragen kann. Auch für ihn ist dies eine »Kardinalfrage«, die ihn »in düsteren Stunden zu Frustrationen und manchmal auch Verzweiflung« führe, wie er bekennt. Ob man »durch eine gewisse Vorbildhaftigkeit stilbildend wirken« könne, wie er es sich in jüngeren Jahren erträumt habe, erscheint ihm heute eher zweifelhaft. Nicht daß es an genügend qualifizierten, moralisch fühlenden und denkenden Menschen im Unternehmen fehlte. Doch ob sie mutig genug wären, um dagegenzuhalten, falls jemand an die Spitze käme, der alles ganz anders sieht, weiß er nicht. »Zivilcourage«, so Reuter, »ist etwas, das sich nur schwer mobilisieren läßt.« Immer wieder hat er daher an seine Führungskräfte appelliert, bei Beförderungen darauf zu achten, inwieweit Kandidaten »den Mut aufbringen, Höhergestellten auch unangenehme Dinge zu sagen«. »Für mich verdient niemand die Bezeichnung ›leitender Angestellter‹ oder gar ›Direktor im Hause‹*, der nicht den Mut hat, seine Meinung gegenüber dem Vorgesetzten mit aller Konsequenz zu vertreten«, erklärte er Anfang 1991 vor Führungskräften. »Wir leben nicht mehr in Zeiten, in denen Unternehmenserfolg mit Duckmäusertum sichergestellt werden kann. Wer das begriffen hat, der wird es dann auch nicht mehr nötig haben, seine innere Würde durch Protzerei oder sonstige Stillosigkeiten nach außen zum Ausdruck zu bringen.« Manchmal fielen solche Mahnungen durchaus auf fruchtbaren Boden, sagt er, so als wolle er sich selber Mut zusprechen.

Kommt in solchen Gedanken schon ein bißchen Altersresi-

* Führungsebene unter dem Vorstand.

gnation eines Mannes zum Ausdruck, der – mittlerweile jenseits der 60 – den Ruhestand näher rücken sieht? Selbst einem so nachdenklichen Mann wie Reuter geht eine solche Deutung zu weit. Allenfalls die Erkenntnis läßt er gelten, »daß man diese riesengroße, lebende Organisation nur sehr schwer prägen kann«.

14. Mehr Sparta als Sanssouci

Edzard Reuter: Exot, Antityp, Kultfigur

Wie konnte Edzard Reuter nur die Nummer eins in Deutschlands erstem Industriekonzern werden! Kaum ein Chef aus den Chefetagen der Wirtschaft entspricht so wenig dem gängigen Managerbild wie der Vorstandsvorsitzende der Daimler-Benz AG. Seine Körpersprache drückt nicht Dynamik, Energie und Machtbewußtsein aus, eher Vorsicht, Nachdenklichkeit, ja fast eine gewisse Scheu. »In der Klischeerolle des Big Boss wäre er sicherlich eine Fehlbesetzung, als Nobelpreisträger, gleich welcher Disziplin, gäbe er eine Idealfigur ab«, hat Jürgen Leinemann 1989 im »Spiegel« über den hageren Mann mit den tiefen Furchen in den Wangen geschrieben.

Dabei verrät er wenig Ehrgeiz, seiner naturgewollten Erscheinung nachzuhelfen. Im Gegenteil, manchmal scheint es, als wolle er seiner Umgebung geradezu demonstrieren, daß Autorität nicht jener Insignien und Statussymbole bedürfe, die – äußerlich Distanz schaffend – Schwächeren als Halt dienen. Und schon gar nicht jenes Hofschranzentums, das manche aus dem Kreis der Wirtschaftswürdenträger um sich verbreiten. Seinen Aktenkoffer läßt er sich nicht einmal von seinem Fahrer auf dem Weg vom Wagen in sein Büro hinterhertragen. Vieles von dem, was da an Stil zum Ausdruck kommt, geht auf seine Erziehung zurück. Sich selber nicht ganz so ernst nehmen gehörte zu den Prinzipien, die vor allem sein in einem norddeutsch-protestantischen Milieu aufgewachsener Vater der Familie vorlebte. Jedes Imponiergehabe, jede überzogene Selbstdarstellung ist Edzard Reuter deshalb zuwider. An seinem 60. Geburtstag nach dem Vorbild vieler Jubilare aus seiner Zunft das Defilee einer vielköpfigen Pilgerschar prominenter Gratulanten abzunehmen – das wäre ihm nie in den Sinn gekommen. Statt dessen fuhr er an diesem Tag mit seiner Frau in die von allen Restaurantführern hochgelobte »Traube« im schwarzwäldischen Tonbach.

Auch auf fremder Bühne macht sich der Star der deutschen Managerelite rar. »Diese ganze Festivalitis mag ich nicht«, erklärt er rundheraus. Beim »Ball des Sports« war er einmal – »und nie wieder«, wie er sofort hinzufügt. Als unbegabter Tänzer mache ihm dies ohnehin keinen Spaß und »um bloß gesehen zu werden, schon gar nicht.« Überkäme ihn – unwahrscheinlich genug – die Lust, in traditioneller Garderobe zu einer Festspielpremiere nach Bayreuth zu fahren, müßte er schon eidbrüchig werden: »Ich habe mir mal geschworen, meinen Lebtag nie einen Frack zu tragen, und so werden Sie mich weder beim Wiener Opernball noch auf der Schaffermahlzeit oder sonstwo sehen.« Mit Einladungen zu irgendwelchen Fernseh-Talkshows läßt sich der frühere Ufa-Produktionschef gar nicht erst behelligen: »Wir haben von Anfang an festgelegt, daß ich das nicht mache.« Allenfalls wenn sich unter den Eingeladenen jemand befände, der ein »intellektuell anregendes Gespräch führen« könnte, ließe er vielleicht mit sich reden – aber so etwas sei, wie er glaubt, ja für das »breite Fernsehpublikum wirklich nicht geeignet«.

Hielte man Reuter für boshaft, könnte man leicht auf den Gedanken kommen, daß er mit seiner besonderen Art von Askese dem einen oder anderen aus seiner Umgebung den Spaß an all den schönen Dingen verderben wollte, die ihrer Eitelkeit schmeicheln. Zunehmend lassen sich die Chefs großer Unternehmen, wenn sich das Silbergrau ihrer Schläfen über das ganze

Haupt auszubreiten beginnt, durch Orden und Titel bescheinigen, daß ihnen außer reichlich Verdienst auch Verdienste zukommen. Den Titel »Professor«, wie ihn das Land Baden-Württemberg Alt-Konzernchef Zahn und die Universität Bremen Werner Niefer verlieh, wünscht Reuter »unter anderem deshalb nicht, weil ich mich nicht so unbedingt lächerlich machen will«. Allerdings wäre er »ganz froh und stolz«, wenn ihm eines Tages seine Heimatstadt Berlin irgendeine Ehrung zuteil werden ließe – »aber was anderes bestimmt nicht«. Selbst als die Stuttgarter Staatskanzlei bei ihm anfragte, ob sie ihn in Bonn für das Bundesverdienstkreuz vorschlagen dürfte, winkte er ab.

Ähnlich erging es mindestens zwei Universitäten (Reuter: »Ich nehme an, es waren schon ein paar mehr«), die ihm einen Ehrendoktorhut aufsetzen wollten. Die im Blickfeld der Möhringer Konzernzentrale liegende Universität Hohenheim, vor der er 1985 seine vielbeachtete Rede »Über Macht und Ohnmacht des Geistes« hielt, hatte über die geplante Auszeichnung sogar schon einen förmlichen Fakultätsbeschluß herbeigeführt, als Reuter den Dekan bat, von der Ehrung wieder Abstand zu nehmen. Ähnlich erging es der Universität Gießen, die in dem Daimler-Chef den um die Kooperation von Wissenschaft und Praxis bemühten Vorsitzenden der »Gesellschaft für Unternehmensplanung«, die ihren Sitz ebenfalls in Gießen hat, auszeichnen wollte. Nicht einmal der Hinweis, daß man in der Promotionsurkunde auch sein gesellschaftspolitisches Engagement in der Öffentlichkeit herausstellen würde, konnte Reuter, der einst vor Abschluß seiner Dissertation an der FU über ein Thema des öffentlichen Rechts in die Praxis gewechselt war, schwankend machen.

Der »Exot« mit dem falschen Parteibuch, als den ihn nach seinen ersten »Nestbeschmutzungen« viele betrachteten, ist Edzard Reuter längst nicht mehr, ein Unangepaßter, ein »Antityp« ist er gleichwohl geblieben. Das exponierte Amt, in das er

1987 doch noch berufen wurde, hat seinen privaten Lebensstil wenig verändert. So wie er sich allen Ehrungen und Schauläufen verweigert, so auch allen sonstigen »gesellschaftlichen Verpflichtungen«, denen sich Wirtschaftler im allgemeinen nicht glauben entziehen zu können – einschließlich der, ein »großes Haus« zu führen. Die »schrecklichen Diners, wo livrierte Kellner herumstehen und denselben Käse servieren, den sie am Tag zuvor woanders schon einmal serviert haben, das machen wir nicht«, haben die Reuters beschlossen. Bemüht, seine Privatsphäre zu wahren, lädt der Daimler-Chef nur höchst selten Gäste aus der Wirtschaft zum Essen ein, nicht einmal Leute, deren Einladung er aus irgendwelchen Gründen schlecht ausschlagen kann. »Es sei denn, jemand wäre darunter, der uns ganz besonders gefällt, aber nicht aus formaler Verpflichtung«, wie er hinzufügt. So bleibt es in der Regel bei den zwei Essen im Jahr, zu denen Edzard und Helga Reuter einen bunt gemischten Kreis von Freunden zu sich nach Hause einladen, wobei sich die Gastgeberin vorbehält, ihre Gäste selber zu bekochen.

In ihrem privaten Lebensstil, von dem Johannes Rau einmal sagte, er sei »mehr Sparta als Sanssouci«, folgen die Reuters absolut übereinstimmenden Vorstellungen. Wie Edzard Reuter, so verspürt auch seine Frau wenig Ehrgeiz, sich den in ihren Kreisen gültigen gesellschaftlichen Konventionen zu fügen. Die aus Bad Kissingen stammende Tochter eines im Krieg gefallenen Offiziers, die nach dem Urteil ihres Mannes »immer schon eine große Klappe hatte, wie man auf Berlinisch sagt«, verschreckte mit ihren pointiert formulierten Ansichten über prominente Unionspolitiker wie Ludwig Erhard oder Franz Josef Strauß mehr als einmal empfindsame Schwaben. Daß sie, wie manche wissen wollen, politisch aktiv, sogar in der Partei ihres Mannes ist, stimmt nicht. Sie wäre nicht traurig gewesen, wenn bei Daimler-Benz 1987 ein anderer den Vorstandsvorsitz übernommen hätte – wegen der zusätzlichen gesundheitlichen und psychologischen Belastungen, die mit dieser Aufgabe verbunden sind, aber besonders auch wegen des erhöhten Sicherheitsrisikos. Edzard Reuter sagt ohne Umschweife: »Meine Frau war dagegen.«

Mit einer ganzen Reihe seiner privaten Freunde fühlt sich der Konzernchef über den Sport verbunden. Es dürfte wohl nur ganz wenige in seiner Position und in seinem Alter geben, die so vielseitig und intensiv auf so hohem Leistungsniveau Sport treiben wie er. Die im Keller seines Privathauses aufgehängten Schleifen zeugen von zahlreichen guten Plazierungen bei regionalen Reitturnieren. Noch 1990 nahm er an einem MA-Springen (mit einer Hindernishöhe von 1,40 Metern nach der S-Klasse die zweitschwerste Kategorie) teil. Die Konkurrenten sind hier teilweise schon Profireiter. Reuter, der sich durch regelmäßige Gruppengymnastik unter Anleitung einer Sportlehrerin elastisch hält, sucht die Atmosphäre des Reitstalls als notwendigen Kontrast zur durchorganisierten Welt des Geschäfts, in der sich alles auf seine Person hin orientiert. »Viele Leute, auch meine Frau, belächeln es, daß ich so gerne zum Reiten gehe«, erklärt er seine Passion, derentwegen er früher schon einmal eine wichtige Sitzung vorzeitig verließ, »aber im Reitstall bin ich ein ganz normaler Mensch unter anderen.« Für Edzard Reuter ist der Sport – er ist auch begeisterter Tennisspieler und Segler sowie ein in Tiefschneeabfahrten geübter Skiläufer – ein Medium, »sich loszulassen«, wie er die Befreiung von den Zwängen seines Managerberufs empfindet.

Das zweite Medium ist die Kunst. Derselbe Mann, der in seiner Möhringer Führungsetage mit der Präzision eines Uhrwerks sein tägliches Arbeitsprogramm abwickelt – kühl, routiniert, sachbezogen –, kann Zeit und Raum vergessen, wenn er bei einem sonntäglichen »Kulturfrühstück« eines Freundes in Jeans und Cashmere-Pulli mit dem Documenta-Chef plaudert oder das Atelierfest der von ihm geleiteten Karl-Hofer-Gesellschaft in Berlin besucht. Die 1953 auf private Initiative zur Förderung begabter junger Künstler ins Leben gerufene Vereinigung – eines ihrer Gründungsmitglieder war seinerzeit Ernst Reuter – hatte Anfang der achtziger Jahre auch dem Maler Günter Scharein mit einem Atelierstipendium berufliche Starthilfe gewährt. Überdies durfte der Absolvent der Berliner Hochschule der Künste durch Vermittlung der Gesellschaft 1981 in den Schauräumen von Daimler-Benz auf dem Kurfürstendamm ausstellen und sogar arbeiten. Dort entdeckte der Finanzchef bei einem Berlin-Besuch den jungen Künstler und war, wie er bekennt, von seinen Werken »hingerissen«. Aus der zufälligen Begegnung erwuchs eine enge Freundschaft mit dem Ehepaar Reuter. »Ich war total erstaunt«, erinnert sich der 1949 geborene Maler an sein erstes Gespräch mit Reuter, »daß jemand, der nicht beruflich mit Kunst zu tun hat, sich in meine Arbeit inhaltlich so leicht hineinfinden konnte.« Anders als der »intellektuelle« Ausdrucksstil der ZERO-Gruppe fordern Schareins nach Art eines Fernsehbildes aus winzigen Farbpunkten zusammengesetzte Stimmungsgemälde eher emotionale Reaktionen heraus.

Was er 1990 in einem Ausstellungskatalog über seinen Freund »Schari« schreibt, verrät denn auch kaum mehr den »kopfgesteuerten« Planer und Strategen, als den ihn seine Mitarbeiter und über die Medien die Öffentlichkeit wahrnehmen: »Man muß ihn erlebt haben in seinem Elternhaus bei Bremen, die Mutter oder den Bruder. Man muß die Relikte vom Anfang seines künstlerischen Weges gesehen haben, die Pinsel, die Kartonstücke, den Kleister. Man muß begriffen haben, daß und warum eine kaum nachvollziehbare Arbeitsdisziplin, eine kaum vorstellbare Arbeitsintensität seine Kunst von Anbeginn an bis zum heutigen Tage prägen ... Man muß – und sei es nur an der Oberfläche – das Leid und das Glück verstehen können, das diesen Mann bis heute angetrieben hat, sich selbst immer wieder höchste Qualität abzufordern, die Tränen und das Jauchzen.« Werden in solchen Worten über einen Mann, der mit seiner »Kompromißlosigkeit des

Anspruchs an sich selbst« (Reuter) gegen alle Marktgesetze zu verstoßen scheint – Günter Scharein arbeitet an einer seiner sphärischen Farbsinfonien bis zu 3000 Stunden – gewisse Analogien zur eigenen Lebensgeschichte sichtbar? Edzard Reuter, der – so jedenfalls scheint es seinem Künstlerfreund – eine »hohe Emotionalität« im Unternehmen »nicht einsetzen und abarbeiten« kann, hat mit seinem persönlichen Zuspruch wohl einiges dazu beigetragen, daß seine Entdeckung die auf einem so schwierigen Weg unvermeidlichen Enttäuschungen und Krisen immer wieder überwand und seiner mutigen Linie treu blieb.

Wenn der kunstsinnige Konzernchef auf Atelierfesten oder bei Vernissagen die Honneurs machen muß, ist er stets darum bemüht, die »unheimliche Mauer, die um einen herum aufgebaut ist«, die Aura des »kapitalistischen Tycoons« mit ein paar rhetorischen Floskeln zu durchstoßen. Seine Rede, mit der er 1988 in der Tübinger Kunsthalle die Ausstellung der »Cars«-Serie von Andy Warhol eröffnete, leitete er mit der Feststellung ein, daß er gar nicht wisse, »ob es richtig ist, hier in diesem Kreis zu reden, immerhin in einem Tempel der schönen Geister, wo solche Tölpel aus der Fabrik wohl immer mit dem Ruch behaftet sind, Gäste in einer fremden Welt zu sein«. Sich »drastisch zu relativieren« nennt Reuter, der Vorsitzender des Stuttgarter Galerievereins ist, diesen Abbau von Distanz.

Private Freunde im vergleichbaren beruflichen Umfeld hat der Vorstandsvorsitzende des größten deutschen Industriekonzerns nicht. Er gehört keinem Golfclub an und ist in seiner Freizeit auch sonst nicht an jenen Plätzen zu finden, wo sich die höheren Chargen der Wirtschaft gerne unter ihresgleichen mischen. Selbst mit seinem siamesischen Daimler-Zwilling Werner Niefer verbindet ihn außer einer hohen kollegialen Wertschätzung und der Erinnerung an manch gemeinsam geschlagene Schlacht in Wahrheit nicht allzuviel – und ihre

Frauen miteinander praktisch nichts. Aber ebensowenig wie er in seinem Privatleben die Nähe zu Männern seines Ranges sucht, umgibt er sich mit einem ausgesprochen intellektuell geprägten Umfeld. In einem modernen »Tabakskollegium« gelehrter Köpfe – sollte es so etwas heute überhaupt noch geben – sucht man Edzard Reuter vergebens. Die meisten Anregungen über die rein geschäftliche Sphäre hinaus verdankt er der Bekanntschaft einer Vielzahl von Künstlern, Wissenschaftlern, Politikern, Schriftstellern und Journalisten, denen er vor allem in Gremien regelmäßig begegnet – vom Aspen Institut Berlin über den Senat der Max-Planck-Gesellschaft, vom Kuratorium der Friedrich-Ebert-Stiftung in Bonn bis zu dem von ihm geleiteten Förderkreis Deutsche Oper Berlin.

Die Menschen, mit denen sich der bekannteste deutsche Industrielle privat umgibt, sind dieselben geblieben, die auch schon seine Freunde waren, als sein Name außerhalb des Unternehmens noch niemandem etwas sagte. Daß er ihnen auf der Karriereleiter enteilte, hat seinen Eifer keineswegs erlahmen lassen, mit dem er seinen Kreis einschließlich der Ehefrauen von Zeit zu Zeit zu Wochenendreisen in europäische Kulturmetropolen führt. Das Angespannte, Asketische, das von seinen strengen Zügen vielfach ausgeht, ist während dieses Kontrastprogramms wie weggeblasen.

Intellektuelle Manager, die sich auch noch mit Hilfe der Medien zu Themen äußern, die jenseits von Soll und Haben liegen, stehen bei vielen ihrer Kollegen nicht hoch im Kurs, jedenfalls in Deutschland nicht. Die Gründe dafür sind vielfältiger Art. Da ist zum einen sicherlich eine Menge Neid im Spiel gegenüber Männern mit einem breiteren Blickfeld, die auf dem Markt der Meinungen stärker »gefragt« sind. Hinzu kommt vor allem in der älteren Generation eine tief wurzelnde Aversion gegen jegliche Abweichung von interessengebundenen Standpunkten und damit gegen eine Unabhängigkeit des Denkens. Dies führt bei ihnen im Ergebnis zu der Überzeugung, daß sich ein nach dem Aktiengesetz für fünf Jahre bestelltes Vorstandsmitglied allein um das Geschäft zu kümmern habe und um nichts weiter.

Sicherlich mißt die breite Öffentlichkeit Spitzenmanager, die in einer offenen Gesellschaft Kompetenz beanspruchen, an höheren Maßstäben. Gerade in einer Zeit, in der wirtschaftliche Fragen mehr als jemals zuvor nicht nur die Innenpolitik, sondern auch die Beziehungen zu anderen Staaten bestimmen, ist das Urteil renommierter Praktiker unverzichtbar. Wenn sich Alfred Herrhausen zur Schuldensituation der Dritten Welt oder – kurz vor seiner Ermordung – zur Sanierung der ostdeutschen Wirtschaft äußerte, konnte er deshalb auch allgemeiner Aufmerksamkeit sicher sein, vielleicht mehr als der eine oder andere Wirtschaftsexperte der Parteien. Dennoch: Zur Idealfigur eines modernen Managers ist der vielseitig gebildete, politisch sensible und kulturellen Neigungen folgende Unternehmenschef bei uns nicht geworden. Niemand muß Angst haben sich zu blamieren, wenn seine bei Tisch vorgetragenen Diskussionsbeiträge zu Fragen der Politik wirklich nur Stammtischniveau erreichen, sofern sich nur seine Bilanz sehen lassen kann. Beim westlichen Nachbarn Frankreich gilt ein Directeur Général mit intellektueller Ausstrahlung ungleich mehr als ein noch so erfolgreicher Geschäftsmann, der Stellung und berufliches Ansehen nur seinem durch Glück und Tüchtigkeit erworbenen Reichtum verdankt. Ein breiter angelegter Typ von Wirtschaftsführer wie Edzard Reuter entspricht daher eher dem französischen Leitbild als dem unseren.

Auch wenn er allen Verlockungen, Daimler-Benz zu verlassen und in die Politik zu gehen, beharrlich widerstand, blieb Edzard Reuter entschlossen, die ihm durch sein Amt gegebenen politischen Kontakt- und Einflußmöglichkeiten intensiv zu nutzen. Eine bessere Basis als der größte deutsche Industriekonzern mit seinem weltweiten Bekanntheitsgrad und Markenimage ließe sich dafür kaum denken. Mit der Vereinigung der nationalen Luft- und Raumfahrtaktivitäten unter dem Stern-Zeichen wurde er zum gesuchten Gesprächspartner ausländischer Politiker. Dem spanischen Regierungschef Felipe González machte er ebenso seine Aufwartung wie im April 1990 François Mitterrand. Mit Frankreichs sozialistischem Präsidenten erörterte der Konzernchef mit dem SPD-Parteibuch Möglichkeiten eines noch engeren Zusammengehens zwischen der Deutschen Aerospace sowie französischen Unternehmen, wie der Daimler-Benz über das Airbus-Konsortium verbundenen Staatsfirma Aérospatiale und der Matra-Gruppe.

Sein kühner Entschluß, mit dem Angebot einer »Strategischen Allianz« auf breiter Basis an Japans Firmenkonglomerat Mitsubishi heranzutreten, hätte jedem anderen deutschen Unternehmen zwar die ungeteilte Aufmerksamkeit der Business Community garantiert – mehr jedoch nicht. Daß Daimler-Benz als erstes Unternehmen Mitsubishi eine so weitgehende Offerte unterbreitete, weckte hingegen sofort politische Assoziationen. Die französische Tageszeitung »Le Monde« sprach in Anspielung auf die Waffenbrüderschaft im Zweiten Weltkrieg von einem neuen »japanisch-deutschen Achsenbündnis«, die linke Berliner »taz« sah Reuter bei seiner Tokio-Visite im September 1990 »weniger als Geschäftsmann denn als Weltpolitiker auftreten«. Das ist sicherlich übertrieben – unbestritten ist jedoch, daß Daimler-Benz in seinen größer gewordenen Dimensionen und in seiner neuen Rolle als führender deutscher Hersteller von Rüstungsgütern in eine Position hineingewachsen ist, in der nahezu jeder strategische Schritt in irgendeiner Form politische Reaktionen auslöst. Auf der anderen Seite gibt diese Position dem ersten Mann eines solchen Konzerns auch das Gewicht, um in seinem Sinne in die politische Meinungsbildung einzugreifen.

Edzard Reuter hat von dieser Möglichkeit verschiedentlich Gebrauch gemacht. Unter Berufung auf Jean Monnet, den »Vater der westeuropäischen ökonomischen Friedensstruktur«, erhob er im Frühjahr 1990 in einem »ZEIT«-Beitrag »Strategische Allianzen« internationaler Konzerne, wie er sie vor allem in der Luft- und Raumfahrtindustrie anstrebt, in den Rang friedens- und stabilitätsfördernder Bündnisse. Ein auf diese Weise entstehendes weltweites Netzwerk von Abhängigkeiten zwischen großen Unternehmen, so seine These, könne am wirksamsten die obsolet gewordenen Militärpakte ersetzen.

Sprach da ein Regierungs- oder ein Konzernchef, der am 24. Januar 1991 in einer von seiner Pressestelle verbreiteten Erklärung den Vereinigten Staaten »für ihren Einsatz zur Sicherung von Frieden und Freiheit« am Golf dankte? Gerade die Bürger des vereinten Deutschlands, so Reuter, sollten sich ins Bewußtsein rufen, daß die USA gemeinsam mit den Alliierten und in Übereinstimmung mit der UNO im Golfkonflikt wiederum die schwere Bürde des Kampfes gegen Diktatur, Aggression und Völkerrechtsmißachtung auf sich genommen hatten. Verärgert über die Sprachlosigkeit der meisten deutschen Politiker nach Ausbruch des Krieges, fuhr er spontan nach Frankfurt, um vor einer Versammlung von Angehörigen am Golf eingesetzter GIs persönlich seine Verbundenheit mit den Amerikanern zu bekunden – sicherlich eine einmalige Geste eines Managers. Als Solidaritätsbeitrag stellte er ein halbes Jahr lang 35 Mercedes-Minibusse mit Fahrern für Frauen und Kinder bereit, die sich aus Furcht vor anti-amerikanischen Demonstrationen nicht mehr im eigenen Wagen zum Einkaufen oder zum Kindergarten trauten.

Ist ein Mann, der sich die üblichen Formen des Personenkults verbittet, der seine Eitelkeit auf einem höheren, intellektuellen Niveau befriedigt und – durch die imagebildende Kraft der Medien – von vielen als eine Art Kultfigur der Managerszene bewundert wird, in der Gefahr, allzuleicht »abzuheben«? Müßte er mehr in die Niederungen seines Konzerns hinabsteigen, statt so stark nach draußen zu wirken? Edzard Reuter weiß sehr wohl, daß solche Fragen, auch wenn sie in seiner engsten Umgebung nicht laut gestellt werden, den einen oder anderen Mitarbeiter beschäftigen. Aber er ist fest davon überzeugt, daß er sich auch in einer so schwierigen Phase der Unternehmensentwicklung nicht einigeln, nicht vergraben darf, sich als Vorstandsvorsitzender des größten deutschen Industriekonzerns vielmehr gerade jetzt der Öffentlichkeit stellen muß.

Das Urteil über seine relativ kurze Ära wird eines Tages jedoch vor allem von der wirtschaftlichen Situation bestimmt sein, in der das nach seinen Intentionen geformte Unternehmen in jüngere Hände übergeht. Daß die strategisch-organisatorische Neuausrichtung der Daimler-Benz-Gruppe Reuters ganz persönliche Handschrift trägt, ist unbestreitbar. Er entwarf die Grundgedanken der neuen Konzernstruktur, formulierte und vermittelte sie seinen Führungskadern. Er fügte Altes und Neues zu einer gesellschaftsrechtlich logischen, zugleich beherrschbaren Ordnung zusammen und sicherte seinem Management den notwendigen Freiraum zu eigenverantwortlicher Arbeit. Schließlich gab er seinen Mitarbeitern die moralische Orientierung, die das Unternehmen mit seinen neuen Interessen in politisch hochbrisanten Bereichen dringend benötigt.

In der mit der Gründung der debis, des vierten Unternehmensbereiches, abgeschlossenen ersten Etappe auf dem Weg zu einem integrierten Technologiekonzern hat Edzard Reuter vor allem seine langjährigen Erfahrungen als Planer, Organisator und Finanzmann nutzen können. Seit er 1964 in die Dienste seines Ziehvaters Zahn trat, hat er sich weit oben in der Führungshierarchie, in Stabs- und Koordinierungsfunktionen, später in der Steuerung des Finanzkreislaufs bewährt. Er hat nie ein Werk, nie eine ausländische Daimler-Gesellschaft, nie ein »frontnahes« Ressort wie Produktion oder Vertrieb geleitet, nie als »Truppenkommandeur« kriegsentscheidende Schlachten geschlagen. Seine Welt war stets mehr die abstrakte

Seite des Unternehmens als die konkrete Wirklichkeit der Produkte und Märkte.

Das auf der zweiten Etappe gesteckte Ziel, den Konzern so umzustrukturieren, daß er auf allen Märkten, auf denen er tätig ist, zu den weltweit führenden Anbietern zählt, verlangt vom Vorstandsvorsitzenden einer geschäftsführenden Holding sicherlich eine intensivere Beschäftigung mit Kunden und Konkurrenten. Der mißglückte Start der AEG unter der Flagge des guten Sterns wirft die Frage auf, ob es (zumal wenn man sogar noch Aufsichtsratschef dieser Gesellschaft ist) genügt, den Kontakt im wesentlichen auf die erste Führungsebene zu beschränken. Nach den Erfahrungen in anderen Großunternehmen läßt sich ein profundes Urteil über einzelne Märkte und Markttendenzen erst durch die unmittelbare Beziehung zu marktnah tätigen Mitarbeitern gewinnen. Eine Diskussion mit zehn bis zwanzig Leuten, die das eigentliche Geschäft machen, vermittelt in aller Regel tiefere Einsichten als noch so aktuelle Zahlen und kluge Expertisen von Unternehmensberatern. Dazu jedoch wäre der Wille Voraussetzung, Menschen anzusprechen, Meinungen (auch von Kunden) anzuhören, bei dieser Gelegenheit auf der zweiten Ebene auch mögliche Kandidaten für höhere Aufgaben kennenzulernen – ein Führungsstil, der dem an hierarchische Ordnung gewöhnten Konzernchef nicht unbedingt liegt.

Mindestens ebenso schwierig wie die Umstrukturierung der AEG zu einem auf stabilen Säulen stehenden Konzern ist die Aufgabe, die Deutsche Aerospace auf eine langfristig gesunde Basis zu stellen. Dabei geht es inzwischen um weit mehr als »nur« darum, die deutsche Luft- und Raumfahrtindustrie an das sinkende öffentliche Auftragsniveau anzupassen, Programme zu bereinigen und die vier DASA-Unternehmen – MBB, Dornier, MTU, Telefunken Systemtechnik – organisatorisch und im Denken ihrer Mitarbeiter zu integrieren. Das Ende des Kalten Krieges und der damit verbundene Beginn einer wirklichen Abrüstung zwingt Daimler-Benz, parallel dazu große Anstrengungen zu unternehmen, Teile der Rüstungsproduktion durch zivile Fertigung zu ersetzen. Darin liegt nicht nur eine immense technische Herausforderung; ein ganz auf die speziellen Kundenbeziehungen zu staatlichen Auftraggebern eingestelltes Management muß lernen, sich auf die Verhältnisse dynamischer Märkte einzustellen.

Ende 1989 übernahm Daimler-Benz die Mehrheit an der Messerschmitt-Bölkow-Blohm GmbH, den letzten und zugleich wichtigsten Baustein der Deutschen Aerospace. Für eine endgültige Antwort auf die Frage, ob Edzard Reuters großes Wagnis ein Volltreffer wird, ist es noch zu früh. Die Neuordnung der Branche, für die sich nie ein einzelner industrieller Eigentümer primär verantwortlich fühlte, wird viele Jahre dauern und nicht ohne neue Probleme und Rückschläge zu schaffen sein. Welches andere deutsche Unternehmen wäre denn bereit und in der Lage, diese Aufgabe zu übernehmen? Gedrängt hat sich niemand. Vermutlich wäre das unternehmerische Risiko auf Dauer beim Staat, also beim Steuerzahler geblieben. Für Daimler-Benz stehen diesem Risiko ebenso große Chancen gegenüber. Mit einem für einen so finanzstarken Konzern relativ bescheidenen »Eintrittsgeld« von fünf Milliarden Mark (in der Bilanz 1989 standen unter den Positionen »Wertpapiere« und »Zahlungsmittel« allein neun Milliarden Mark zu Buch) verschafften sich die Stuttgarter die Kontrolle über eine der innovativsten Branchen. Nirgendwo wird mehr Spitzentechnologie und Projekt-Know-how hervorgebracht als in der Luft- und Raumfahrtindustrie – ein Wissen, das für das mit Elektronik vollgestopfte Auto von morgen ebenso von Bedeutung sein kann wie für die Entwicklung neuartiger, integrierter Verkehrssysteme.

Mögen auch Wehretats schrumpfen, Weltraumprogramme aus finanziellen Gründen zeitlich gestreckt werden – zivile und militärische Flugzeuge, Hubschrauber, Trägerraketen und

Erdsatelliten wird es auch in Zukunft geben. Und es gibt keinen Grund, warum Europas führendes Industrieland nicht auch auf diesem Gebiet eine führende Rolle spielen sollte. Wie es auch kein Naturgesetz gibt, wonach Luft- und Raumfahrt nicht neben Automobilbau unter einem gemeinsamen Konzerndach erfolgreich betrieben werden kann. Eine ganz andere Frage ist, ob sich für Daimler-Benz Edzard Reuters Griff nach dem Paradestück deutscher High-Tech als Glücksgriff erweisen wird. Eine endgültige Antwort wird wohl erst möglich sein, wenn die »Ära Reuter« längst der Vergangenheit angehört.

Edzard Reuter

16. Februar 1928	Edzard (friesisch, von Ekkehart) Reuter wird als Sohn von Ernst und Hanna Reuter in Berlin geboren
Frühjahr 1931	Umzug nach Magdeburg, wo Ernst Reuter Oberbürgermeister geworden war
Oktober 1934	Umzug der Familie nach Hannover nach der Entlassung Ernst Reuters aus seiner zweiten KZ-Haft
August 1935	Ankunft mit dem Orientexpreß in Istanbul
November 1946	Rückkehr nach Deutschland nach über elfjährigem Exil in der Türkei
Herbst 1947	Abitur nach einem Sonderlehrgang an der Paulsenschule in Berlin-Steglitz
Herbst 1947	Beginn des Studiums der Mathematik und Physik an der Humboldt-Universität
Herbst 1948	Fortsetzung des Studiums in Göttingen
Herbst 1949	Aufnahme des Jura-Studiums an der Freien Universität in Berlin
16. Juli 1952	Erste juristische Staatsprüfung, anschließend Assistent
4. Oktober 1952	Ehe mit Christel Willner
30. November 1955	Zweite juristische Staatsprüfung

1. Mai 1957	Eintritt in die Universum-Film AG
5. Januar 1960	Erteilung der Prokura
1. April 1962	Geschäftsführer der Bertelsmann Fernseh-Produktion, München
31. August 1963	Ausscheiden aus dem Bertelsmann-Konzern
1. März 1964	Eintritt in die Daimler-Benz AG
1. Juli 1966	Ernennung zum Hauptabteilungsleiter, gleichzeitig Berufung zum Geschäftsführer der Deutschen Automobilgesellschaft mbH, Hannover (Daimler-Benz/VW)
1. Januar 1968	Ernennung zum Abteilungsdirektor, Berufung zum Leiter des Hauptsekretariats
1. Dezember 1968	Ernennung zum »Direktor im Hause«
5. August 1971	Leitung des Direktionsbereiches Unternehmensplanung und Organisation
11. August 1972	Zweite Ehe mit seiner heutigen Frau Helga
9. März 1973	Berufung zum stellvertretenden Vorstandsmitglied für das Ressort Unternehmensplanung
24. März 1976	Berufung zum ordentlichen Vorstandsmitglied
1. Januar 1980	Übernahme des Vorstandsressorts Finanz- und Betriebswirtschaft
11. März 1987	Berufung zum stellvertretenden Vorstandsvorsitzenden
22. Juli 1987	Berufung zum Vorstandsvorsitzenden
1. September 1987	Übernahme der Amtsgeschäfte von Werner Breitschwerdt

Personenregister

Sachregister